한국사, 더 쉽고 재밌고 생생하게!

생방송 한국사

05
조선 전기

동영상 강의 및 감수 고종훈
서울대학교 동양사학과를 졸업했습니다. 한국사검정시험에서 수많은 합격자를 배출, 메가스터디 한국사 9년 연속 유료 수강생 1위, 누적 수강생이 70만 명 이상인 검증된 한국사 대표 강사입니다. 검증된 역사 지식을 바탕으로 많은 사람들에게 올바른 역사 인식을 심어주고자 노력하고 있습니다.

기획 및 감수 최인수
이화여자대학교에서 지리교육 및 역사교육을 전공, 구리 인창중학교에서 역사를 가르쳤습니다. 많은 아이들이 바른 역사를 알기를 바라는 마음으로 어린이 도서 전문 기획자로 활동하고 있습니다.

감수 공미라
이화여자대학교에서 역사교육을 전공, 교육대학원에서 석사학위를 받았습니다. 현재 남양주시 주곡중학교에서 역사를 가르치고 있습니다.

글 장선미
중앙대학교 문예창작학을 전공, 동대학원에서 석사학위를 받았습니다. 문화예술교육진흥원의 〈꿈다락 토요문화학교〉와 〈상상어린이 문학학교〉에서 문학예술강사로 활동 중입니다. 아이들이 더 많은 꿈을 꾸기를 바라면서 역사와 문학, 철학을 가르치고, 글을 쓰고 있습니다.

그림 박종호
동아, LG 국제만화페스티벌에서 〈세상에서 가장 행복한 날〉, 〈여섯 번째 손가락 이야기〉로 상을 받았습니다. 어린이들에게 가장 좋은 작품을 선보이기 위해 노력하고 있으며 재미있는 캐릭터와 생동감 넘치는 연출이 매력적입니다. 대표작으로는 〈이이화 선생님이 들려주는 만화 한국사〉, 〈바로 보는 세계사〉, 〈세계대역사 50사건〉, 〈Hello! MY JOB〉 등이 있습니다.

 조선 전기

글 장선미   그림 박종호
감수 고종훈 공미라 최인수

1판 1쇄 발행 2017년 1월 20일
1판 3쇄 발행 2020년 9월 15일

펴낸이 김영곤
키즈융합부문대표 이유남   **키즈융합부문이사** 신정숙
키즈사업본부 김수경   **기획개발** 탁수진 유하은   **에듀1팀** 김지혜 김지수
영업본부장 김창훈   **영업1팀** 임우섭 송지은   **영업2팀** 이경학 오다은
마케팅본부장 변유경   **마케팅1팀** 김영남 문윤정 임수진 구세희   **마케팅2팀** 김세경 박소현 최예슬
표지·본문디자인 씨디자인_조정은   **본문편집디자인** 02정보디자인연구소
사진 제공 이뮤지엄(국립중앙박물관 외), 문화재청, 사천문화원, 국립중앙박물관 도록, 국립공주박물관 도록, 왕의 초상, 조선중앙력사박물관 도록, 육군박물관 도록, 국립광주박물관 도록, 국립대구박물관 도록, 두암 기용두 도록, 위키피디아

펴낸곳 (주)북이십일 아울북
주소 (우 10881)경기도 파주시 회동길 201
연락처 031-955-2100 (대표) 031-955-2729 (내용문의)
홈페이지 www.book21.com

등록번호 2000년 5월 6일 제 406-2003-061호
이 책 내용의 일부 또는 전부를 재사용하시려면 반드시 (주)북이십일의 동의를 얻어야 합니다.
잘못 만들어진 책은 구입하신 서점에서 교환해 드립니다.

- 제조자명 : (주)북이십일
- 주소 및 전화번호 : 경기도 파주시 문발동 회동길 201(문발동) / 031-955-2100
- 제조연월 : 2020년 9월 15일
- 제조국명 : 대한민국
- 사용연령 : 8세 이상 어린이 제품

한국사, 더 쉽고 재밌고 생생하게!

생방송 한국사

글 장선미　**그림** 박종호　**기획** 최인수　**강의** 고종훈

05 조선 전기

구성과 특징

인물의 주요 사건과 업적이 한눈에
보기 쉽게 그림과 연표로 구성되어 있어요.

그 시대의 다양한 뒷이야기를 통해
지루한 역사가 더욱 재미있어져요.

역사 현장이 한눈에!

뒷이야기가 궁금할 땐, 스페셜 뉴스

타임라인 뉴스 → **주요 뉴스** → **스페셜 뉴스**

성종의 후원자, 정희 왕후
역사 현장을 취재하다!

교과서 핵심 개념을 뉴스 취재 형식으로 보여주어
쉽게 이해하고 깊이 생각할 수 있게 해요.

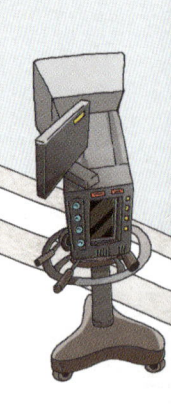

사건과 인물을 하나하나 연결하면서 복잡한 인물들의 순서도 금방 익혀요.

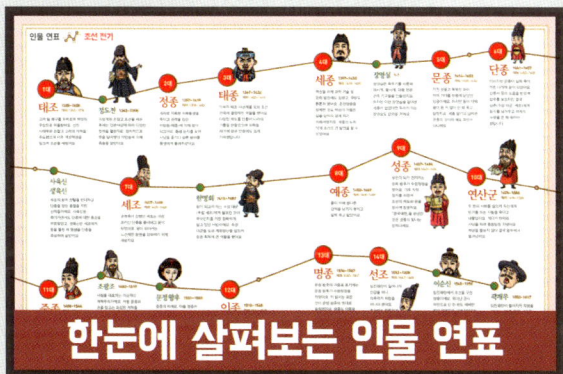

한눈에 살펴보는 인물 연표

"역사 현장 어디든 출동!"

"바쁘다 바빠!"

 **고종훈의 한국사 브리핑** ▶ **인물 연표** ▶ **동영상 강의**

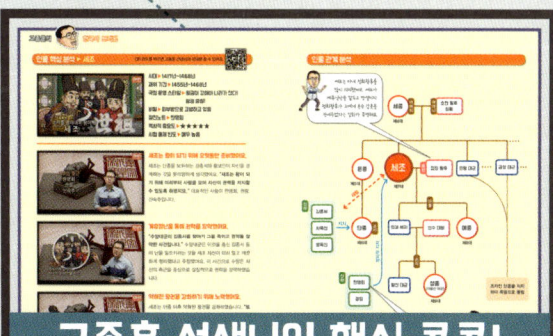

고종훈 선생님의 핵심 콕콕!

고종훈 선생님과 함께 인물과 사건의 핵심 내용을 알기 쉽게 다시 한 번 요약해요!

동영상 강의로 다시 한번 정리

고종훈 선생님의 각 인물별 5분 동영상 강의로 17명의 인물을 완벽하게 정리해요! ('고종훈의 한국사 브리핑' 상단의 QR코드를 찍으면 영상을 볼 수 있어요.)

▶ 방송 순서

생방송 한국사 소개 … 4
구성과 특징 … 6

01 태조 이성계 조선을 건국하다 … 12
1 헤드라인 뉴스 – 이성계, 위화도에서 회군하다!
2 심층 취재 – 드디어 왕위에 오른 이성계!
3 헤드라인 뉴스 – 새로 세워진 나라의 이름은 조선!
스페셜 뉴스 ▶ 인물 인터뷰 – 조선을 건국한 태조 이성계를 만나다 ▶ 문화계 소식 – 이방원의 「하여가」와 정몽주의 「단심가」
고종훈의 한국사 브리핑

02 정도전 조선의 설계자 … 30
1 인물 초대석 – 정도전이 꿈꾸던 조선은?
2 심층 취재 – 계획 도시, 한양에 가다
스페셜 뉴스 ▶ 현장 브리핑 – 정도전과 함께 하는 경복궁 탐방 ▶ 비하인드 뉴스 – 정도전에게서 온 편지
고종훈의 한국사 브리핑

03 태종 이방원 조선의 왕권을 세우다 … 44
1 헤드라인 뉴스 – 1차 왕자의 난
2 인물 초대석 – 이방간, 이방원 형제를 만나다
3 심층 취재 – 중앙 집권화를 위하여
스페셜 뉴스 ▶ 10분 토론 – 호패법과 신문고, 과연 백성을 위한 제도일까? ▶ 비하인드 뉴스 – 조선 건국 주역들의 속마음 전격 공개
고종훈의 한국사 브리핑

04 세종 조선의 문화를 꽃피우다 … 64
1 헤드라인 뉴스 – 세종의 시대, 집현전의 활약
2 인물 초대석 – 인재 채용의 신, 세종
3 헤드라인 뉴스 – 세종, 훈민정음을 만들다
스페셜 뉴스 ▶ 비하인드 뉴스 – 훈민정음 창제를 둘러싼 논쟁, 최만리 VS 세종
고종훈의 한국사 브리핑

신분의 한계를 뛰어넘은 능력자, 장영실

05 장영실 조선의 과학자 ········· 80
1 인물 초대석 – 신분의 한계를 뛰어넘은 능력자, 장영실
스페셜 뉴스▶비하인드 뉴스 – 세계를 놀라게 한 과학 기술, 장영실과 물시계
고종훈의 한국사 브리핑

비운의 왕, 단종

06 단종 삼촌에게 왕위를 빼앗기다 ········· 87
1 헤드라인 뉴스 – 준비된 왕이었지만 병약했던 문종
2 심층 취재 – 비운의 왕, 단종
3 헤드라인 뉴스 – 단종, 폐위되다
스페셜 뉴스▶체험! 역사 현장 – 단종이 살았던 영월 기행 ▶**인물 포커스** – 한스러운 삶, 정순 왕후
고종훈의 한국사 브리핑

사육신, 죽음과 바꾼 충정

07 사육신과 생육신 충신은 불사이군 ········· 99
1 헤드라인 뉴스 – 사육신, 죽음과 바꾼 충정
2 인물 초대석 – 생육신, 사육신의 정신을 물려받다
스페셜 뉴스▶10분 토론 – 신숙주는 변절자인가?
고종훈의 한국사 브리핑

수양, 힘을 기르다

08 세조 왕위를 찬탈하다 ········· 110
1 헤드라인 뉴스 – 수양, 힘을 기르다
2 헤드라인 뉴스 – 계유정난을 통해 권력을 잡다
3 인물 초대석 – 세조, 왕권 강화에 박차를 가하다
스페셜 뉴스▶비하인드 뉴스 – 말 못할 세조의 고통 ▶**인물 포커스** – 바른 수렴청정의 표본, 정희 왕후
고종훈의 한국사 브리핑

세조의 최고 책사

09 한명회 세조의 최고 책사 ········· 126
1 인물 초대석 – 세조의 최고 책사
스페셜 뉴스▶비하인드 뉴스 – 한명회가 아꼈던 정자, 압구정
고종훈의 한국사 브리핑

▶ 방송 순서

왕으로 굳건히 선 성종

10 성종 조선을 완성하다 ········· 134
1 헤드라인 뉴스 – 성종의 후원자, 정희 왕후
2 헤드라인 뉴스 – 왕으로 굳건히 선 성종
3 심층 취재 – 조선의 기틀을 완성하다
스페셜 뉴스 ▶ **현장 브리핑** – 조선의 입시?! 열혈 엄마 나극성의 장원급제 아들 만들기 대작전!
고종훈의 한국사 브리핑

갑자사화와 연산군의 끝

11 연산군 왕이 되지 못한 임금 ········· 148
1 인물 초대석 – 외로웠던 세자, 연산
2 헤드라인 뉴스 – 무오년에 사림들이 화를 입다
3 헤드라인 뉴스 – 갑자사화와 연산군의 끝
스페셜 뉴스 ▶ **비하인드 뉴스** – 연산군은 한글 파괴자? ▶ **취재 수첩** – '흥청망청'에 대해 아시나요?
고종훈의 한국사 브리핑

반정으로 왕이 되다

12 중종 반정으로 왕이 되다 ········· 163
1 헤드라인 뉴스 – 반정으로 왕이 되다
2 인물 초대석 – 중종의 개혁, 그것이 알고 싶다
스페셜 뉴스 ▶ **비하인드 뉴스** – 왕의 여자들의 속사정 ▶ **체험! 역사 현장** – 조선 왕들의 무덤
고종훈의 한국사 브리핑

혜성 같은 등장, 그리고 개혁

13 조광조 과감한 개혁을 꿈꾸다 ········· 173
1 인물 초대석 – 혜성 같은 등장, 그리고 개혁
2 헤드라인 뉴스 – 주초위왕과 기묘사화
스페셜 뉴스 ▶ **취재 수첩** – 개똥이도 말쇠도 다 같이 지키는 향약
고종훈의 한국사 브리핑

수렴청정, 문정 왕후의 시대

14 문정 왕후 조선의 여장부 ········· 185
1 헤드라인 뉴스 – 대윤과 소윤의 싸움
2 헤드라인 뉴스 – 을사년에 사림들이 다시 화를 입다
3 심층 취재 – 수렴청정, 문정 왕후의 시대
스페셜 뉴스 ▶ **인물 포커스** – 상징어로 알아보는 정난정 ▶ **취재 수첩** – 명종 시절의 의적, 임꺽정
고종훈의 한국사 브리핑

명종의 뒤를 잇는 선조

15 선조 임진왜란이 벌어지다 ········ 198
1 **헤드라인 뉴스** – 명종의 뒤를 잇는 선조
2 **인물 초대석** – 붕당의 출현
3 **헤드라인 뉴스** – 임진왜란이 일어나다
스페셜 뉴스 ▶ 10분 토론 – 김충선, 그는 과연 평화주의자인가, 배신자인가? ▶ **현장 브리핑** – 동아시아의 판도를 바꾼 임진왜란
고종훈의 한국사 브리핑

임진왜란의 결과

16 이순신 조선을 구하다 ········ 212
1 **헤드라인 뉴스** – 임진왜란에서 승리하다!
2 **인물 초대석** – 빛나는 이순신의 전법
3 **심층 취재** – 관군의 승리
스페셜 뉴스 ▶ 그때 그 물건 – 화제의 그 물건! 임진왜란을 극복한 조선의 신무기 4종 전격 소개 ▶ **문화계 소식** – 임진왜란과 관련된 기록들
고종훈의 한국사 브리핑

의병의 활약

17 곽재우 칼을 들고 일어선 백성들 ········ 226
1 **헤드라인 뉴스** – 의병의 활약
2 **헤드라인 뉴스** – 천대받던 승려들의 눈부신 활약
스페셜 뉴스 ▶ 체험! 역사 현장 – 조선인의 한이 서린 귀 무덤 ▶ **현장 브리핑** – 신출귀몰 의병들의 눈부신 작전들
고종훈의 한국사 브리핑

인물 연표 ··· 236
찾아보기 ··· 238

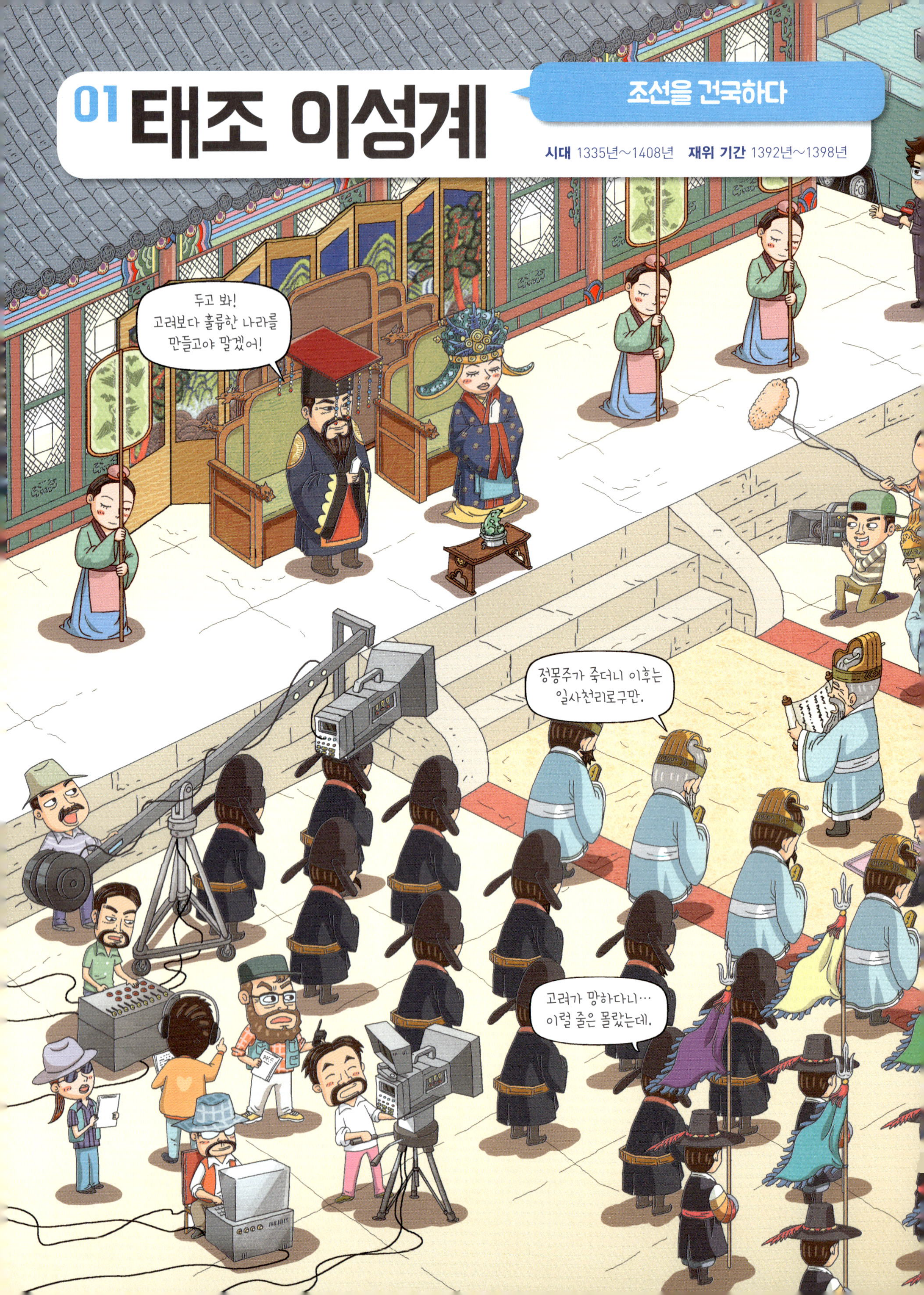

타임라인 뉴스

1335 — 태조 이성계 태어나다

1356 — 쌍성총관부를 공격하다

1361~1384 — 홍건적, 여진, 왜구를 물리치며 장수로 승승장구하다

1388 — 명이 철령 이북의 땅을 요구하다
▶ 명의 철령위 요구
최영이 요동 정벌을 주장하다
요동 정벌길에 오르다
위화도에서 회군하다
▶ 위화도 회군
최영을 죽이다
우왕을 쫓아내고 창왕을 왕위에 올리다

1389 — 창왕을 몰아내고 공양왕을 왕위에 올리다

1392 — 고려를 무너뜨리고 새 나라를 세우다

1393 — 나라의 이름을 조선으로 정하다

1394 — 도읍을 개경에서 한양으로 옮기다

1398 — 셋째 아들이 난을 일으키다
▶ 1차 왕자의 난
둘째 아들에게 왕위를 물려주고 상왕으로 물러나다

1408 — 태조, 창덕궁에서 승하하다

1 헤드라인 뉴스

이성계, 위화도에서 회군하다!

오늘의 첫 뉴스는 고려의 이성계 장군이 위화도에서 군사를 돌렸다는 소식입니다. 이성계는 왕의 명령으로 요동 정벌에 나선 길이었는데요. 그가 군사를 돌렸다는 것은 왕은 물론이고, 고려에 등을 돌렸다는 뜻이 됩니다. 어떻게 된 일인지, 김역사 기자가 전합니다.

네, 김역사입니다. 먼저 이성계 장군에 대해 설명해 드리겠습니다.

김역사 기자

이성계는 최영과 함께 북쪽으로는 **홍건적**, 남쪽으로는 왜구를 물리친 고려의 대표적 장군입니다. 최영이 고려의 이름 있는 가문 출신인 것에 비해 이성계는 중앙 귀족 출신이 아니었어요. 개경과는 먼 **쌍성총관부**가 있던 동북 지역 변방 출신이지요. 이성계의 아버지 이자춘은 그곳에서 원의 관리로 일하며 힘을 키웠어요. 비록 변방이지만 이성계의 가문은 탄탄한 군사력과 지역적 기반을 가지고 있었지요. 이성계는 그곳에서 무예 실력이 뛰어난 청년으로 유명했답니다.

그러던 중 이성계의 아버지 이자춘이 원으로부터 고려가 쌍성총관부 지역을 되찾을 수 있도록 도움을 주었고, 이를 계기로 고려에서 벼슬을 받았어요. 그때 이성계도 아버지를 도운 공이 인정되어 고려 조정에 들어올 수 있었지요. 이성계는 곧 고려의 충신이자 유능한 장군으로 이름

태조 이성계 | 조선을 건국하다

을 떨치게 되었답니다.

현재 중국에서는 원의 힘이 약해지고, 남쪽에서 새로 생겨난 명이 점차 영토를 넓혀가며 중국의 새 주인으로 자리매김하고 있습니다. 그런데 문제는 명이 고려가 원과 힘을 합치진 않을까 의심하면서 원을 치는 데 필요한 물자를 고려에 요구하고 있다는 것이지요.

게다가 얼마 전에는 철령(현재 북한의 함경남도 안변 지방) 이북 지방이 자신의 땅이라며 앞으로 직접 다스리겠다고 고려에 선포하기까지 했습니다. 여러분이 아시다시피 철령은 이전에 원의 쌍성총관부가 있던 지역입니다. 하지만 철령은 이미 반원 정책을 폈던 공민왕 때 원에게서 되찾은 땅이지요.

고려의 우왕은 강경한 태도를 전달하기 위해 요동을 정벌하자고 주장합니다. 그런데 요동 정벌에 대해 고려의 장군들은 서로 반대되는 입장을 펼쳤습니다. 최영 장군은 요동 정벌을 기회로 명의 기세를 꺾자고 했지만 이성계는 네 가지 이유를 들어 반대했습니다.

홍건적
원 말기에 난을 일으킨 반란군으로, 머리에 붉은 수건을 둘렀기 때문에 홍건적이라 불렸어요.

쌍성총관부
고려가 원의 사위 나라이던 시절, 원은 화주(지금의 함경남도 영흥)에 쌍성총관부를 두고 다스렸어요. 한마디로 쌍성총관부는 원이 고려를 자신들의 세력권 안에 두고자 설치한 기구입니다.

〈이성계의 4불가론〉
첫째, 작은 나라가 큰 나라를 치는 것은 잘못이다. 고려는 명과는 대결할 수 없는 약소국이다.
둘째, 많은 군대가 움직일 경우 이 틈을 타 왜적이 쳐들어올 가능성이 크다. 만약 정벌에 나선 사이 왜구가 공격해 온다면 당할 수밖에 없다.

이성계의 4불가론에 대한 자료 화면을 보시겠습니다.

셋째, 여름철이기 때문에 전쟁에 적합하지 않다. 여름은 농사에 있어 굉장히 중요한 시기이다. 여름철에 전쟁이 일어나면 백성들의 지지를 받을 수 없을뿐더러 그들의 생활을 위협할 수 있다.

넷째, 장마철인 지금은 활에 먹인 아교가 풀리고 군사들이 전염병에 걸릴 확률이 높아져 군사적 손실이 클 것이다. 우리의 주 무기인 활은 아교를 사용해 만든다. 더운 여름에는 아교가 풀려 활을 사용하는 것이 쉽지 않다. 또한 장마철이라 위생상의 문제로 집단생활에서 전염병이 돌 확률이 높다.

그러나 이성계의 이러한 주장에도 불구하고 우왕과 최영은 요동 정벌 의지를 굽히지 않았어요. 결국 우왕과 최영은 평양으로, 이성계는 압록강으로 향했습니다. 최영은 이성계에게 하루라도 빨리 가야 한다고 재촉했지만 이성계가 위화도에 도착하는 데는 무려 19일이나 걸렸습니다. 일반적인 도착 시간보다 두 배나 걸린 셈이지요.

오른쪽 지도를 보시지요. 위화도는 압록강 한가운데 위치하나 명의 영토에는 들어가지 않는 곳이에요. 보시다시피 위화도에서 강을 건너면 바로 '요동'입니다. 그러나 이성계의 군대는 강을 건널 생각이 없는 듯 진을 친 채 14일 동안 그저 지켜보고만 있었습니다. 오히려 이성계는 평양에 있는 우왕과 최영에게 군대를 돌리게 해 줄 것을 부탁했습니다. 군사들이 굶어 죽고, 장마철에 불어난 물이 너무 깊어 건너기 곤란하다는 것이 이유였지요. 하지만 우왕과 최영은 빨리 강을 건너 요동 정벌에 나서라고 명령했어요.

이성계는 군사들을 설득했습니다. 이성계의 말을 들은 군사들은 이성계와 뜻을 같이 하기로 결의했지요. 결국 이성계는 위화도에서 요동으로 넘어가지 않고 군대를 돌렸습니다. 이 사건을 위화도에서 군사들을 돌렸다 하여 '위화도 회군'이라고 부릅니다.

한편, 이성계가 위화도에서 군사를 돌려 돌아온다는 소식을 들은 우왕과 최영은 부랴부랴 평양에서 개경으로 돌아갔어요. 최영은 고려 왕실의 명령을 따르지 않은 이성계를 저지하기 위해 군사들을 모아 맞섰지만 결국 패배하고 말았습니다. 애초에 요동을 정벌하라고 이성계에게 많은 군대를 내주었기 때문이었지요. 이성계와의 싸움에서 지고 만 우왕은 강화도로 쫓겨나고 말았어요. 그리고 최영은 유배를 갔다가 결국 참형을 당해 죽고 맙니다.

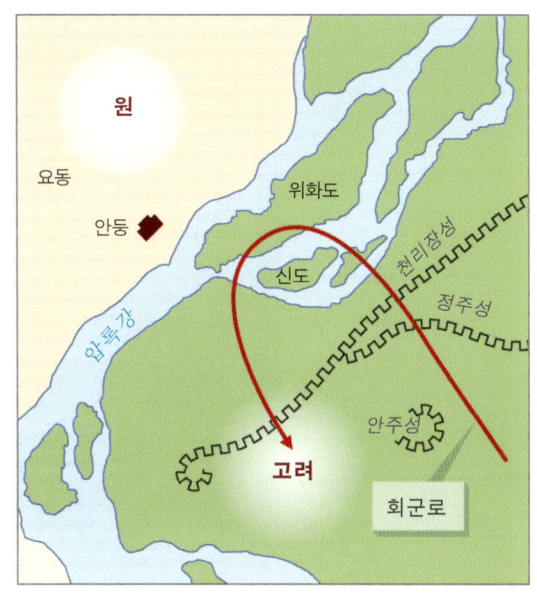
▲ 위화도 회군

▲ 최영 장군의 묘(경기도 고양시 소재) | 최영은 탐욕이 있었다면 자신의 무덤에 풀이 자랄 것이고, 결백하다면 풀이 자라지 않을 것이라고 유언했어요. 그리고 실제로 그의 무덤에는 오랜 세월 동안 풀이 자라나지 않았다고 해요. 하지만 세월이 흐른 후 풀이 돋기 시작하여 현재는 무성한 모습이랍니다. ⓒwikipedia.Jjw

최영은 끝까지 고려를 지키고자 했던 고려의 충신으로, 평생을 외적과 싸우며 전쟁터에서 보냈습니다. 높은 관직에 있으면서도 청렴결백해 백성들에게 칭송을 받았지요. 이렇게 최영까지 제거한 이성계는 고려의 실질적 권력을 쥐게 되었습니다.

2 심층 취재

생방송 한국사

내가 조선의 왕이다!

만세 만세

드디어 왕위에 오른 이성계!

속보를 전해 드립니다. 위화도에서 군사를 돌림으로써 고려 왕실과 대적했던 이성계가 우여곡절 끝에 드디어 왕위에 올랐습니다. 고려가 아닌 새로운 나라를 건국한 것입니다. 위화도 회군에서 왕위에 오르기까지 그간의 이야기를 알아보겠습니다.

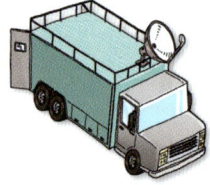

이성계가 왕위에 오르는 데는 많은 사람들의 도움이 있었습니다.

김역사 기자

거기에는 무엇보다 신진 사대부의 도움이 컸는데요. 신진 사대부 중에서도 '더 이상 고려에는 희망이 없다.'고 생각했던 급진파가 이성계를 왕으로 추대하는 데 힘을 모았습니다. 또한 무인들도 이성계의 편에 섰어요. 이성계는 홍건적과 왜구를 토벌하며 고려의 장수로서 역할을 다 했는데 이때 함께 했던 고려의 무인들이 이성계에게 힘을 실어 준 거지요. 위화도 회군 당시 무인들이 이성계와 함께 움직이지 않았다면 쉽게 성공할 수 없었을 거예요.

그럼 먼저 신진 사대부에 대해 알아보겠습니다. 공민왕은 **권문세족**에 대항해 고려를 개혁하고자 했어요. 이를 위해서는 유능한 인재들이 필요했기에 공민왕은 과거를 통해 관리를 선발했지요. 이들이 바로 신진 사대부입니다. 대표적 인물로는 정몽주와 정도전을 들 수 있습니다. 신

태조 이성계 | 조선을 건국하다

진 사대부들은 궁핍하고 어려워진 고려의 상황을 해결하기 위해 개혁이 필요하다는 점에서 의견을 같이했지요.

당시 고려는 80여 년에 걸쳐 몽골의 지배를 받는 동안 나라의 기본이 많이 무너진 상태였어요. 소수의 귀족과 사찰이 전국에 걸쳐 어마어마한 땅을 차지하고 있어 백성들의 생활이 몹시 궁핍했어요. 게다가 홍건적과 **왜구**의 침입으로 그 어려움은 극에 달했지요.

신진 사대부들은 모두 이런 문제점을 비판하고 개혁의 필요성을 절실히 느끼고 있었습니다. 그렇기 때문에 이성계와 뜻을 같이하여 고려를 개혁하고 새로운 세상을 꿈꾸었던 거지요. 또 신진 사대부는 성리학을 적극적으로 받아들여 공부한 사람들이에요. 대부분이 과거 시험을 통해 벼슬에 올랐으며, 원보다는 명과의 관계를 중시했어요. 그들은 이성계를 적극적으로 지지하여 그의 정치적 기반이 되어 주었지요.

이성계와 신진 사대부는 기존의 토지 제도인 전시과를 개혁해서 '과전법'을 만듭니다. 전시과와 과전법은 관리들에게 토지에서 세금을 걷을 수 있는 권리를 준다는 점은 같아요. 하지만 전시과가 온 나라의 토지를 대상으로 관리들에게 세금을 걷을 수 있는 권리를 주었다면, 과전법은 경기도의 토지로 한정시켰어요. 이로써 신진 사대부들이 경제적 기반을 마련할 수 있었지요.

신진 사대부들은 위화도 회군과 과전법까지는 뜻을 같이했지만 고려를 어떻게 개혁할 것인지에 대해서는 서로 의견이 나뉘었어요. 정몽주를 대표자로 한 온건파 신진 사대부는 고려라는 왕조를 지키길 원했고, 정도전이나 조준으로 대표되는 급진파 신진 사대부는 개혁을 위해서라

권문세족
고려 말 원 간섭기에 등장한 정치 세력을 말합니다. 원에 기대어 성장했고, 각종 부정부패를 저질러 재산과 토지를 차지함으로써 고려 사회가 무너지는 데 영향을 끼쳤어요.

왜구
고려 말 해안가에 나타난 일본 해적

역성 혁명

다른 성씨로 왕이 바뀐다는 말로, 왕조가 교체되는 것을 뜻해요. 왕이 덕이 없어 백성들로부터 마음을 잃으면, 덕이 있는 다른 사람이 하늘의 뜻을 받아 새로운 왕조를 세워도 좋다는 유교 정치사상에서 나온 말이에요.

면 고려를 뒤엎어야 한다고 생각했어요. 결국 왕조를 바꾸는 '**역성 혁명**'을 주장한 거예요. 하지만 정몽주를 비롯한 온건파 신진 사대부는 이러한 주장을 받아들일 수 없었어요.

	온건파 신진 사대부	급진파 신진 사대부
공통점	고려의 문제를 해결하기 위해서는 개혁이 필요하다.	
차이점	고려를 바꾸지 않고 그 안에서 개혁을 이루자.	고려 안에서는 제대로 된 개혁이 이루어지기 힘드므로 새 나라를 세워 새롭게 시작하자.

▲ 온건파 신진 사대부와 급진파 신진 사대부의 비교

이들은 왕의 자리에서 쫓겨난 우왕의 뒤를 이어 누가 왕위를 이을 것인지를 두고도 의견을 달리했어요. 온건파 신진 사대부는 우왕의 아들인 창왕이 왕위를 잇는 것이 옳다고 주장했지만, 이성계와 급진파 신진 사대부는 우왕은 호적상으로만 공민왕의 자손일 뿐, 실제로는 신돈의 자손이라고 주장했어요. 그러므로 우왕의 아들인 창왕 역시 공민왕의 혈통이 아니기 때문에 왕위에 오를 자격이 없다는 것이었지요. 사실 우왕의 친아버지가 공민왕인지, 신돈인지는 소문만 무성할 뿐, 사실로 확인된 증거는 없었어요. 처음에는 온건파 신진 사대부의 주장에 따라 왕의 자리에 창왕이 올랐지만, 이성계와 급진파는 창왕을 폐위시키고 이성계의 친척인 공양왕을 왕위에 앉게 했습니다.

정도전을 비롯한 급진파 신진 사대부와 손을 잡은 이성계로서는 온건파 신진 사대부의 반대가 새 나라를 여는 데 큰 짐이 되었어요. 어떻게든 온건파를 설득해야 했지요. 이성계의 아들 이방원은 온건파 신진 사대부의 대표격인 정몽주를 술자리에 초대했습니다. 그리고 자신들과 새 나라에서 잘 살자며 회유해 보았지요.

그러나 정몽주는 완강히 거부했어요. 정몽주에게 왕조가 바뀌는 것은 결코 있을 수 없는 일이었지요. 결국 이방원은 아버지의 앞길을 막는 정몽주를 제거하기로 결심했습니다. 어느 날 밤, 집으로 돌아가던 정몽주는 선죽교라는 다리에서 이방원의 부하에게 죽임을 당하고 말았지요.

정몽주가 죽고 나자, 고려 왕조를 유지하기를 원했던 온건파들은 중심을 잃고 뿔뿔히 흩어지고 말았습니다. 그리고 정몽주가 죽은 지 세 달 후 마침내 이성계가 왕위에 올랐지요. 약 500년의 역사를 가진 고려가 무너지고 새로운 시대가 열린 거예요. 위화도 회군 후 약 4년 만에 새 나라가 세워진 것입니다.

두문불출

정몽주 외에도 고려 왕조가 무너지는 것을 원치 않는 신하들이 많았어요. 70여 명의 신하들은 더 이상 관직에 있기를 거부하고 개경의 광덕산 자락에 있는 두문동으로 들어가 버렸어요. 이들의 능력을 높이 산 이성계가 벼슬을 주며 설득했지만 그들은 그곳에서 나오지 않았어요. 그래서 '두문불출'이란 말이 생겨났답니다.

▲ 정몽주와 선죽교 | 정몽주는 고려 말을 대표하는 뛰어난 학자였어요. 많은 사람의 존경을 받으며 고려 왕조를 지키기 위해 애쓴 사람이지요. 선죽교는 이방원에 의해 정몽주가 죽임을 당한 곳입니다.

③ 헤드라인 뉴스

새로 세워진 나라의 이름은 조선!

드디어 조선의 시대가 열렸습니다. 명으로부터 새 나라 '조선'의 이름이 승인된 것입니다! 새 나라 조선의 시대를 맞아, 조선이 고려와 비교해 어떤 점이 달라졌는지, 조선은 과연 어떤 나라인지 집중 탐구해 보는 시간을 갖겠습니다. 김역사 기자, 나와 주세요.

네! 정말로 새 나라 '조선'의 시대가 열렸습니다.

김역사 기자

먼저 명으로부터 승인받은 '조선'이라는 이름에 대해서 알아보겠습니다.

조선을 연 태조 이성계는 처음에 '고려'라는 이름을 그대로 사용했어요. 그러나 곧 새 나라인 만큼 새 이름이 필요하다는 것을 느꼈지요. 이성계와 신진 사대부들은 '조선'과 '화령' 두 이름을 후보로 하여 명에게 이름을 정해 줄 것을 요청했어요. 이것은 명에게 새 나라를 잘 봐 달라고 넌지시 이야기한 것과 같았지요. 조선은 중국 땅에 새로 세워진 명과 잘 지내고 싶어 했어요. 이것은 이전의 고려와 다른 모습이기도 했지요. 조선이라는 이름은 고조선의 후계자라는 자부심을 드러내고, 정통성을 얻기 위해 지은 이름입니다. 또 다른 이름 후보였던 화령은 이성계의 고향 함경도 영흥의 옛 이름이고요. 명이 새 나라의 이름을 '조선'으로 정해 주면서 새 나라는 정식으로 '조선'이 되었습니다.

태조 이성계는 나라의 이름만 바꾼 것이 아니라 새로운 도읍을 정하기로 했다고 하는데 이 사실도 취재해 보셨나요?

네, 그렇습니다. 조선은 하루빨리 '고려'의 그림자를 벗고 새로운 전통의 '조선'으로 우뚝 서고자 했지만 쉬운 일이 아니었어요. 아직도 고려의 멸망을 아쉬워하는 사람들이 많았기 때문이었지요. 그래서 이성계는 **도읍**을 옮기고자 했어요. 여러 후보들 중 새로운 도읍으로 선정된 곳은 바로 한양(지금의 서울)이었지요. 한양이 도읍이 된 데는 풍수지리설에 능통했던 무학 대사의 공이 컸어요. 풍수지리란 땅, 물, 산의 형세가 인간의 운이나 재산 등에 영향을 준다고 주장하는 사상이에요. 그는 한양이 새 도읍이 되기에 적합한 곳이라 판단했고, 이성계는 이를 받아들여 '한양 **천도**'를 단행했습니다.

도읍
한 나라의 수도

천도
도읍을 옮김.

한양은 매우 아름다운 모습을 하고 있어요. 하지만 한양은 단지 아름답기만 한 곳이 아니에요. 도읍으로서 한양은 정치적, 군사적으로 아주 많은 장점을 갖고 있었으니까요. 먼저 한양은 나라의 중심부에 자리하고 있어요. 위로는 북악산과 인왕산 등 주변이 산으로 둘러싸여 있고, 아래로는 한강이 흐르고 있지요. 이것은 매우 중요했어

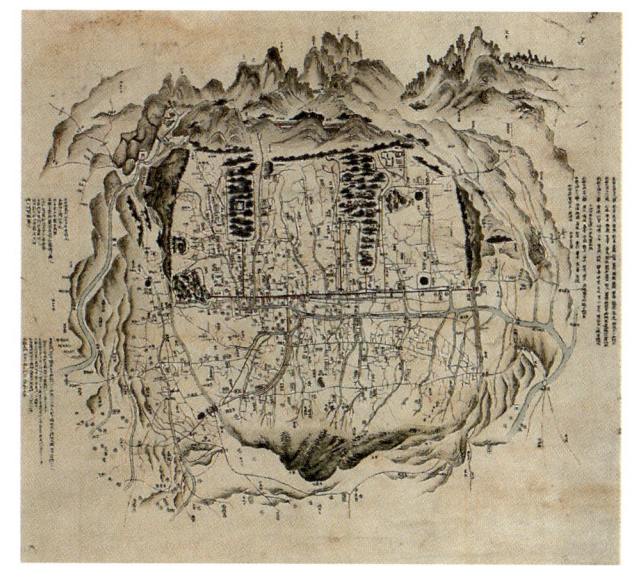

▲ 한양 지도

23

요. 외적이 침입해 왔을 때 방어하기에 유리하고, 겨울철 북쪽에서 불어오는 찬바람도 막아 주니까요. 또 많은 백성들이 모여 살기 위해 필요한 땔감을 구할 산, 농사지을 비옥한 땅과 풍족한 물이 있었어요. 그뿐만이 아니었어요. 한강의 뱃길을 이용하면 전국에서 거둬들인 세금이나 물자들이 도읍으로 오는 게 한결 수월했답니다.

이처럼 여러모로 한양은 도읍으로 매우 적절한 곳이었어요. 그래서인지 한양은 한때 백제의 수도였고, 삼국이 서로 차지하려고 욕심내던 중요 쟁탈지이기도 했지요. 새로운 도읍은 자연의 지형을 거스르지 않고 만들어졌답니다. 그래서 모습을 보면 둥그스름한 형태를 그대로 따르고 있어요. 새 수도는 '한성'이라 이름 붙여졌지요.

'조선'이 전쟁이나 분열로 세워진 나라가 아니라는 점, 유교의 나라가 되었다는 점에 대해서는 어떤 의견들이 있습니까?

조선의 건국은 여러 신하들에 의한 **추대** 형태로 이루어졌습니다. 조선의 건국에 있어 첫 출발점이 되었던 것이 '위화도 회군'입니다. 사실 이것에 대해서도 많은 의견이 있어요. '위화도 회군'을 고려에 대한 반역으로 보는 이들이 있는 반면, 새로운 조선을 건국하는 변화의 시작으로 보기도 합니다.

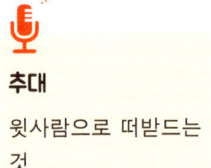

추대
윗사람으로 떠받드는 것

당시에 고려 백성들은 살기가 무척 고통스러웠어요. 여기저기 세금만 뜯기고 제대로 살기 힘들었지요. 이성계가 고려를 개혁하고자 할 때 백성들이 많이 지지한 것도 이 때문이었어요. 또한 불교 국가인 고려에서 불교가 재물과 권력을 탐하며 백성들을 괴롭혔던 것도 문제였어요. 그렇기 때문에 성리학이 새 나라 조선의 바탕이 될 수 있었던 것이지요.

그럼, 고려에서 조선으로 바뀌면서 어떤 점이 달라졌는지 알려주시죠.

고려에서 조선으로 바뀌면서 백성들의 삶도 많이 바뀌었어요. 조선은 불교 국가였던 고려와 달리 **억불 정책**을 펴고, 성리학을 나라를 다스리는 근본 원리로 삼았어요. 성리학은 유교에 뿌리를 두고 만들어진 학문이에요. 유교의 기본 원리는 충(忠), 효(孝)입니다. 임금에게 마음을 다하고, 부모님께 효도를 하는 것이 가장 중요한 것이라고 보았지요.

또한 조선은 농업을 적극적으로 장려했어요. 농사로 백성들의 생활을 안정시키고자 했던 거예요. 고려는 상업 유통이 활발하게 진행되었어요. 그에 따라 사람들의 이동도 잦았지요. 농사가 권장되면서 조선에서 상업 유통이 발달하지 못했다는 점은 아쉽기도 합니다.

고려와 다른 또 하나는 조선이 대외적으로 명과 군주와 신하 관계를 맺고 사대 외교를 펼친다는 점이에요. 사대는 작은 나라인 조선이 중국을 큰 나라로 섬기는 것을 말해요. 중국과의 무역은 주로 조공을 통해 이루어졌어요. 중국은 스스로 부족한 것이 없다 주장하며 신하의 나라인 조선에게 예물을 바치라고 했어요. 그러면 중국에서는 조선이 예의상 바친 조공품보다 더 많은 물건을 보냈지요. 이러한 무역 관계를 조공 무역이라고 해요.

또한 조선은 양인과 천민으로 나누어진 철저한 신분제 사회였어요. 이후 양인은 다시 양반, **중인**, 상민으로 나뉘게 되지요. 이런 특징을 가지고 조선은 500년 왕조를 이어가게 된답니다.

억불 정책

불교를 억압한다는 의미로서, 불교의 수많은 폐단을 없애기 위해 실시한 정책이었어요.

중인

양반과 상민 사이의 중간 신분으로, 중인들은 주로 기술직 관리로 일했어요. 기술직 관리로는 통역하는 역관, 의사인 의관, 법률가인 율관, 화가인 화원이 있어요. 또 중앙 관청에서 일하는 하급 관리나 지방에서 수령을 보좌하던 향리도 중인 계급에 속했어요. 그리고 양반의 첩에게서 태어난 서얼도 중인과 같은 신분적 대우를 받았어요.

 스페셜뉴스 인물 인터뷰

조선을 건국한 태조 이성계를 만나다

안녕하세요. 이성계님 반갑습니다. 왕이 되기 전 재미있는 꿈을 꾸셨다고 들었는데요. 꿈 이야기를 해 주실 수 있으신가요?

물론입니다. 그러니까 그 꿈은 내가 왕이 되기 전 낮잠을 자다 꾼 꿈이지요. 꿈에서 나는 서까래 세 개를 등에 지고 '꼬끼오'하고 울었습니다. 참 이상한 꿈이었지요. 그래서 무학 대사를 찾아가 꿈 해몽을 해 달라고 했습니다. 무학 대사는 승려이지만 나와 뜻이 잘 통해서 자주 어울리던 사람이지요. 무학 대사가 말하더군요. 내가 서까래 세 개를 지고 있는 모습은 '임금 왕(王)'자를 의미하고, 꼬끼오는 고귀위(高貴位)를 뜻한다고 말이지요. 이것은 가장 높고 귀한 자리에 내가 앉게 될 것이라는 이야기였어요. 그 꿈이 맞았는지 정말 신기하게도 난 이렇게 왕이 되었습니다.

신기한 꿈이네요! 조선 건국에 있어 가장 기억에 남는 사건 몇 가지를 더 이야기해 주십시오.

기억에 남는 사건이야 많지만……. 정몽주의 죽음이 가장 기억에 남습니다. 정몽주는 고려를 개혁해야 한다는 뜻을 같이한 인물이지만 내가 조선을 건국하는 것은 무척 반대했어요. 결국 그 사람과 나는 같은 길을 갈 수 없었던 것이지요.

정몽주가 죽었을 때 속이 시원하셨겠군요?

아닙니다. 나는 사실 그런 식으로 왕이 되길 원하지 않았습니다. 최대한 많은 사람들의 지지를 받으며 왕이 되어야 정당성을 얻을 수 있다고 생각했으니까요. 내 아들 방원이가 빠른 결과를 원해 저지른 일이지요. 정몽주가 힘을 보태줬다면 더욱 좋았을 텐데, 그런 식으로 죽음을 맞게 돼 안타깝습니다.

세자 책봉에 대해 말들이 많은데요. 혹시 마음에 둔 분이 있나요?

사실 아들들이 많으니 이 점이 나도 고민이긴 합니다. 하지만 더 마음이 가는 아들이야 있지요. 새 부인이 낳은 막내아들한테 가장 마음이 갑니다. 나를 잘 도와준 정도전도 그 녀석이 왕이 되는 게 좋겠다고 하고요. 잘 생각해 보고 결정할 겁니다. 누가 다음 왕위에 가장 잘 어울리는지 말입니다.

 26 태조 이성계 | 조선을 건국하다

이방원의 「하여가」와 정몽주의 「단심가」

오늘의 〈문화계 소식〉 시간에는 최근 화제가 되었던 시조를 감상해 보겠습니다. 바로 이방원의 「하여가」와 정몽주의 「단심가」인데요. 이방원과 정몽주는 고려 개혁과 조선 건국을 두고 서로 의견을 달리 했지요. 두 사람이 서로에게 지어 보낸 시조에는 과연 어떤 의미가 숨어 있을까요?

> 이런들 어떠하며 저런들 어떠하리
> 만수산 드렁칡이 얽어진들 어떠하리
> 우리도 이같이 얽어져 백년까지 누리리라.
> — 이방원, 「하여가」 —

정몽주는 고려를 끝까지 지키고 싶어 했습니다. 그러기 위해서는 새 나라를 세우려고 움직이는 이성계를 제거해야 했지요. 어느 날 이성계가 사냥을 하다가 말에서 떨어져 몸을 다칩니다. 이를 기회 삼은 정몽주는 병문안을 핑계로 이성계의 몸 상태를 알아보기 위해 집으로 찾아갑니다.

이때 이방원이 시를 한 수 읊는데, 이것이 유명한 「하여가(何如歌)」라는 시조입니다. 복잡하게 생각하지 말고 같이 편을 해 새 나라에서 사이좋게 살아가자는 뜻이 담긴 시였지요.

이에 정몽주는 「단심가(丹心歌)」로 답합니다.

> 이 몸이 죽고 죽어 일백 번 고쳐 죽어
> 백골이 진토되어 넋이라도 있고 없고
> 님 향한 일편단심이야 가실 줄이 있으랴.
> — 정몽주, 「단심가」 —

두 왕조를 섬길 수 없다는 정몽주의 강인한 뜻이 담긴 시였지요. 이 시를 계기로 이방원은 정몽주를 설득하는 것을 포기합니다. 그래서 부하를 보내 선죽교에서 정몽주를 죽입니다.

선죽교의 원래 이름은 선지교였습니다. 하지만 정몽주가 죽은 자리에서 붉은 대나무가 자랐다고 하여 선죽교로 불리게 되었어요. 그 대나무는 고려를 향한 정몽주의 충심을 상징하는 것이겠지요.

고종훈의 한국사 브리핑

인물 핵심 분석 ▶ 태조

QR 코드를 찍으면 고종훈 선생님의 강의를 볼 수 있어요.

- **시대** ▶ 1335년~1408년
- **재위 기간** ▶ 1392년~1398년
- **별명** ▶ 변방 활쏘기왕, 완소장군, 아들 부자
- **절친노트** ▶ 정도전, 신진 사대부, 신흥 무인 세력
- **라이벌** ▶ 최영, 정몽주
- **연관검색어** ▶ 위화도 회군, 조선 건국, 정도전
- **역사적 중요도** ▶ ★★★★★
- **시험 출제 빈도** ▶ 매우 높음

이성계가 왕의 명령을 어기고 위화도에서 회군합니다.

임금의 국가에서 왕의 명령없이 군대를 돌린다는 것은 **사실상 반역 행위입니다.** 이성계는 처음부터 4불가론을 앞세워 요동 정벌을 반대했어요. 그리고 위화도 회군을 일으킴으로 이성계 일파는 정치적 권력을 장악하게 되었지요.

권력을 잡은 이성계는 개혁 정책을 펼쳤어요.

이성계는 기존의 고려가 가지고 있던 문제가 많은 정책들을 고치기 시작했어요. **가장 대표적인 것이 과전법의 실시예요.** 이 과전법을 개혁하면서 이성계는 신진 사대부와 농민들의 지지를 받게 되었지요.

1392년 이성계는 왕위에 올라 조선 건국을 선포했어요.

조선 건국을 두고 신진 사대부들도 고려 안에서 개혁을 하자는 온건파와 새로운 나라를 세우자는 급진파로 나뉘었어요. 이성계의 아들 이방원이 온건파의 정몽주를 제거하고 **새로운 나라 조선을 세웠어요.** 그리고 한양으로 도읍을 옮겼답니다.

인물 관계 분석

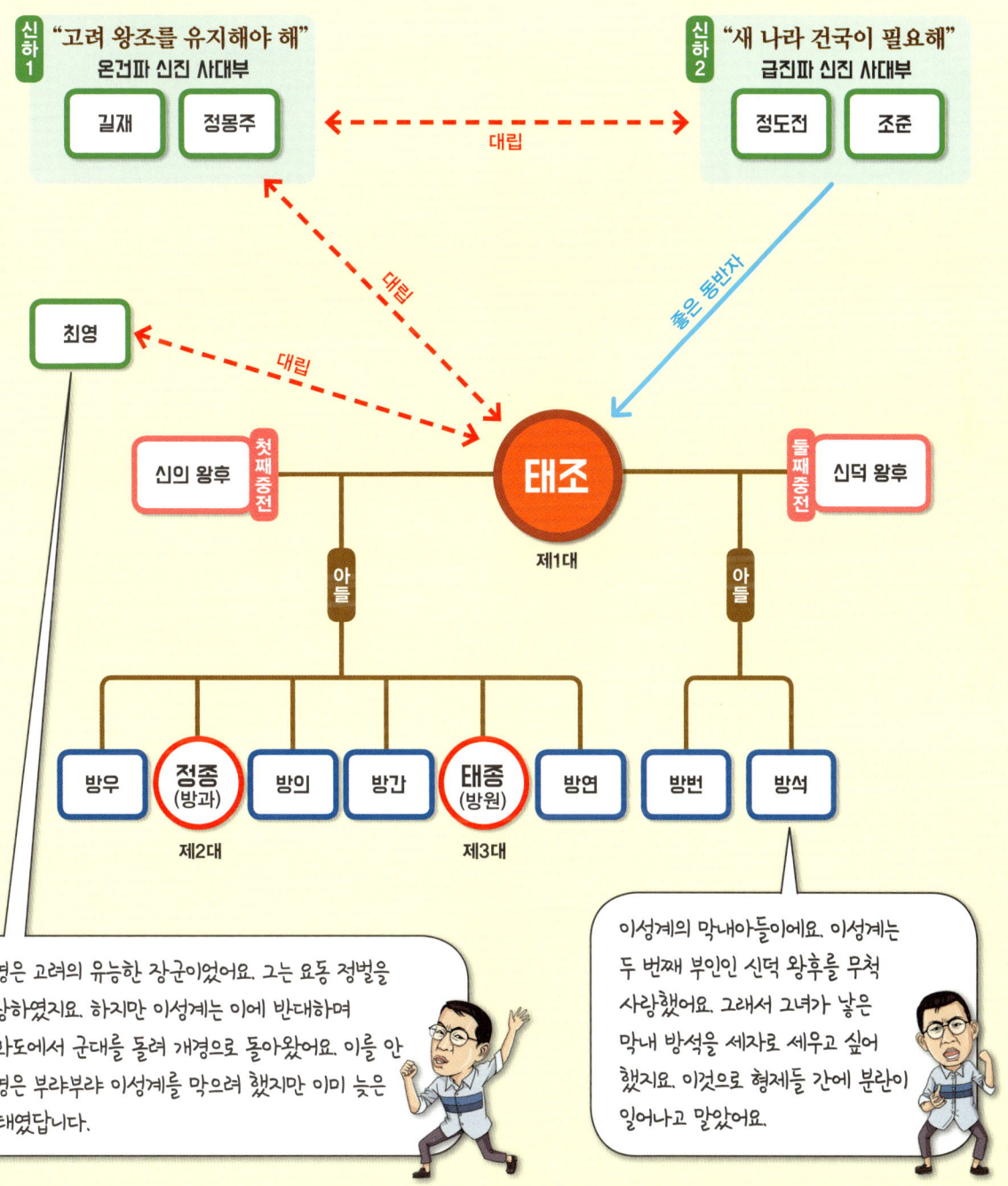

타임라인 뉴스

1342 — 고려의 관리인 정운경의 장남으로 태어나다

1351 — 어린 충정왕이 왜구의 침입 등 나라의 어려움을 해결하지 못하자 원은 공민왕을 왕으로 세우다

1360 — 19세였던 정도전은 고려 시대 성균관에서 유생을 뽑기 위해 실시하던 성균시에 합격하다.

1365 — 24세가 되던 해에 공민왕의 비서일을 보는 관리가 되어 나랏일을 맡아 보게 되다

1376 — 최영이 홍산 전투에서 승리하다

1380 — 이성계가 황산 대첩에서 승리하다

1383 — 이성계가 머물고 있는 곳으로 찾아가 서로 뜻을 살폈고, 이후 같은 뜻을 품게 되다

1388 — 최영의 요동 정벌에 맞서 이성계가 위화도에서 회군하다

1391 — 과전법을 시행하다

1392 — 새 나라 조선이 세워지자 한양을 도읍으로 만들기 위한 작업에 착수해 궁궐을 비롯하여 종묘, 사직단, 성곽 공사 등을 지휘하다

1394 — 『조선경국전』을 완성하다

1395 — 『고려사』를 완성하다
사직단을 건설하다
새 궁궐이 완공되고 여러 전각의 이름을 지어 태조에게 바치다

1398 — 1차 왕자의 난이 일어나 세자인 방석과 함께 죽음을 맞다

1 인물 초대석

*생방송*한국사

정도전이 꿈꾸던 조선은?

안녕하세요. 김역사입니다. '조선 건국'하면 누가 떠오르십니까? 보통 이성계와 그 가족들만 떠올리기 쉬운데요. 사실 이성계와 함께 조선을 만들었다고 해도 과언이 아닐 만한 인물이 있습니다. 정도전 씨, 나와 주세요. 어쩌다 새로운 나라에 대한 꿈을 꾸게 되셨습니까?

정도전

사실 저는 고려 조정에 진출한 제 친구들처럼 아주 좋은 집안 출신이 아닙니다. 그래서인지 출세가 늦었지요. 저는 **성리학**에 빠져 있었습니다. 성리학에서 배운 것을 정치로 실현하고 싶었지만 고려에서는 저의 꿈을 실현시킬 수 없었습니다. 오히려 바른 말을 하고 권력자의 의견에 맞서는 저를 귀양 보내기 바빴지요. 귀양 생활 중에 본 백성들의 삶은 참으로 비참했습니다. 대부분 자기 땅이 없었고 농사지은 것은 거의 다 세금으로 내야 했어요. 굶주린 백성들을 직접 보고 나니 저는 더욱 큰 뜻을 품게 되었습니다. 괴롭게 사는 그들을 보며 바른 정치를 해야 할 필요성을 몸소 느꼈던 거지요.

저의 정치적 꿈을 실현시키기 위해서는 강력한 힘이 필요했어요. 그래서 그러한 힘을 가진 파트너를 찾기 시작했고, 그 와중에 전쟁 영웅으

성리학
유학의 한 종류로 인(仁) 사상을 바탕으로 인간의 심성을 연구하는 학문

 32 정도전 | 조선의 설계자

로 유명한 이성계 장군에 대한 소문을 들었습니다. 저는 즉시 이성계 장군의 막사로 찾아갔습니다.

굉장히 인상적인 만남인데요. 그렇다면 조선을 건국하면서 가장 기억에 남는 사건이 있다면 무엇인가요?

가장 기억에 남는 사건은 다른 신진 사대부들과 함께 개혁의 첫걸음을 내디딘 과전법입니다. 과전법은 고려의 기존 토지 제도인 전시과에 대한 개혁안입니다. 권문세족들이 전국에 걸쳐 차지하고 있던 땅을 빼앗아 토지 대장을 새로 작성했어요. 이로써 권문세족의 힘이 꺾였을 뿐 아니라 관리에게 지급하는 토지에 대해 새로운 기준을 제시해 관리들이 경제적 기반을 갖추게 되었지요.

또한 이곳저곳에 세금을 뜯기지 않게 된 백성이 나라에 착실히 세금을 내게 되면서 백성들의 부담도 많이 줄었습니다. 나라의 재정이 넉넉해지고 백성들도 행복해진 셈이지요.

말씀 중에 백성이란 단어가 계속 나오는 것이 무척 인상 깊습니다. 정도전 씨가 꿈꾸는 정치에 대해 조금 더 설명해 주시겠습니까?

저는 맹자를 존경합니다. 맹자께서는 왕도 정치를 주장하셨지요. 왕도 정치란 덕으로 자연스럽게 백성이 왕을 따르게 하는 정치를 말합니다. 그 바탕에는 유학에서 중시하는 인(仁)과 충(忠), 효(孝)가 깔려 있지요. 또 정치를 하는 사람의 마음에는 백성이 나라의 근본이라고 생각하는 민본주의가 자리 잡고 있어야 합니다. 왕도 정치를 실현해 조선의 백성들이 평화롭게 사는 모습을 보는 게 정치가로서 제 마지막 소망입니다.

정도전 씨의 이상을 실현하기 위해 백성은 어떻게 도와야 할까요?

백성들도 유교에 대해 알아야 한다고 생각합니다. 백성이 알아야 할 유교의 기본은 '삼강오륜'이에요. 유교의 세 가지 기본 강령과 다섯 가지 규범이라 생각하면 됩니다. 제가 자료 화면을 준비했습니다.

자료 화면 ▶ 삼강오륜		
삼강 (三綱)	군위신강(君爲臣綱)	임금과 신하 간의 도리(충: 忠)
	부위자강(父爲子綱)	어버이와 자식 간의 도리(효: 孝)
	부위부강(夫爲婦綱)	남편과 아내 간의 도리(열: 烈)
오륜 (五倫)	부자유친(父子有親)	부모는 자식에게 인자하고 자식은 부모를 효로 섬겨야 한다.
	군신유의(君臣有義)	임금과 신하 사이에는 의리가 있어야 한다.
	부부유별(夫婦有別)	남편과 아내 사이에는 분별이 있어야 한다.
	장유유서(長幼有序)	어른과 아이 사이에는 차례가 있어야 한다.
	붕우유신(朋友有信)	친구 사이에는 신의가 있어야 한다.

네, 소중한 말씀 정말로 감사드립니다. 이상으로 정도전 씨와 함께 했던 인물 초대석을 마치겠습니다.

2 심층 취재

생방송한국사

계획 도시, 한양에 가다

지금 한양은 여기저기에서 공사가 진행되고 있어 활기가 넘친다고 합니다. 조선의 새 도읍이 될 한양의 모습이 벌써부터 궁금해지는데요. 어떤 건물이 들어서게 될지, 또 얼마나 도읍의 모습을 갖추었는지 알아보도록 하겠습니다. 김역사 기자가 자세히 취재했습니다.

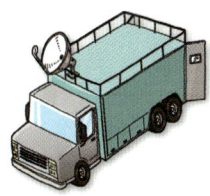

처음 도읍을 정할 때는 풍수지리적으로 우수한 계룡산 일대를 여러 사람들이 후보지로 추천했습니다. 하지만 많은 인구가 살기에는 좁고, 나라의 남쪽에 치우쳐 있다는 반대 의견도 만만치 않아 결국 한양 일대로 결정되었지요.

정도전은 궁궐터, 종묘, 사직단 등의 위치를 선정했어요. 종묘는 왕실의 사당이라고 할 수 있지요. 혹시 "신주 단지 모시듯 한다."라는 말을 들어 본 적이 있으십니까? 신주란 죽은 사람의 이름을 새겨 놓은 작은 나무패입니다. 효를 중시하던 조선 시대에는 이사를 가도, 피난을 가도 가장 먼저 챙기는 것이 신주였기 때문에 이런 말이 생긴 거예요. 그리고 신주를 모셔 놓은 곳이 바로 사당이지요. 유교 국가 조선에서는 당연히 왕실 사당이 무척 중요한 곳이었어요. 이곳에서는 엄숙한 의식과 더불어 제사를

새 도읍 건설에 총책임을 맡은 사람은 다름 아닌 정도전입니다.

김역사 기자

사대문의 이름
- 동대문: 인-흥인지문(인을 흥하게 하다.)
- 서대문: 의-돈의문(의를 돈독히 하다.)
- 남대문: 예-숭례문(예를 높이다.)
- 북대문: 지-숙청문(맑음을 공경하다 → 정도전은 '지' 대신 '청'을 넣어 숙청문이라 이름 지었지만, 나중에 숙정문으로 이름이 바뀜.)

지냈는데 그게 바로 종묘 제례로, 종묘 제례악과 더불어 유네스코 세계유산에 등재되었어요.

사직단(社稷壇)은 토지의 신인 '사(社)'와 곡식의 신인 '직(稷)'에게 제사를 드리고 기우제도 지내던 곳이에요. 조선이 농업을 중시했던 나라라는 것을 사직단을 통해 알 수 있습니다.

또 적으로부터 안전한 곳이어야 하기 때문에 한양을 빙 둘러싸는 성곽도 만들기 시작했어요. 그리고 동서남북 방향으로 사대문을 만들고 그 사이 사이에 사소문을 만들었지요. 지금이야 사대문을 동대문, 남대문 하고 부르지만 유학에서 중시하는 인(仁), 의(義), 예(禮), 지(智)의 뜻을 담은 아름다운 이름이 있답니다. 바로, 흥인지문, 돈의문, 숭례문, 숙청문이에요. 이 이름들도 정도전이 지었지요.

그런데 뭔가 아쉬움이 남지 않으십니까? 네, 유학에서 중시하던 덕목인 신(信)이 빠졌지요. 정도전은 한양의 중앙에 성문을 여는 시각 등을 알리기 위해 설치한 종각의 이름을 보신각(普信閣)이라고 지었어요.

전반적인 도시 계획도 정도전이 맡았습니다. 경복궁 정문인 광화문 앞에서 남쪽으로 길게 뻗은 거리 양쪽에는 정부와 6조 건물을 배치했지요. 6조란 이조·호조·예조·병조·형조·공조를 말합니다. 나라의 중요한 관청이지요. 지금 종각 거리에는 시장이 들어서 있는데, 이곳을 운종가(雲從街)라 부르고 있습니다. 물건을 사기 위해 사람들이 구름처럼 모였다가 흩어지는 모습을 보고 붙인 이름이라고 합니다.

이곳은 경복궁과 가까워 양반들이 지나다니는 일이 많을 수밖에 없습니다. 그럴 때마다 신분이 낮은 사람들은 허리를 숙여 인사를 해야 하기

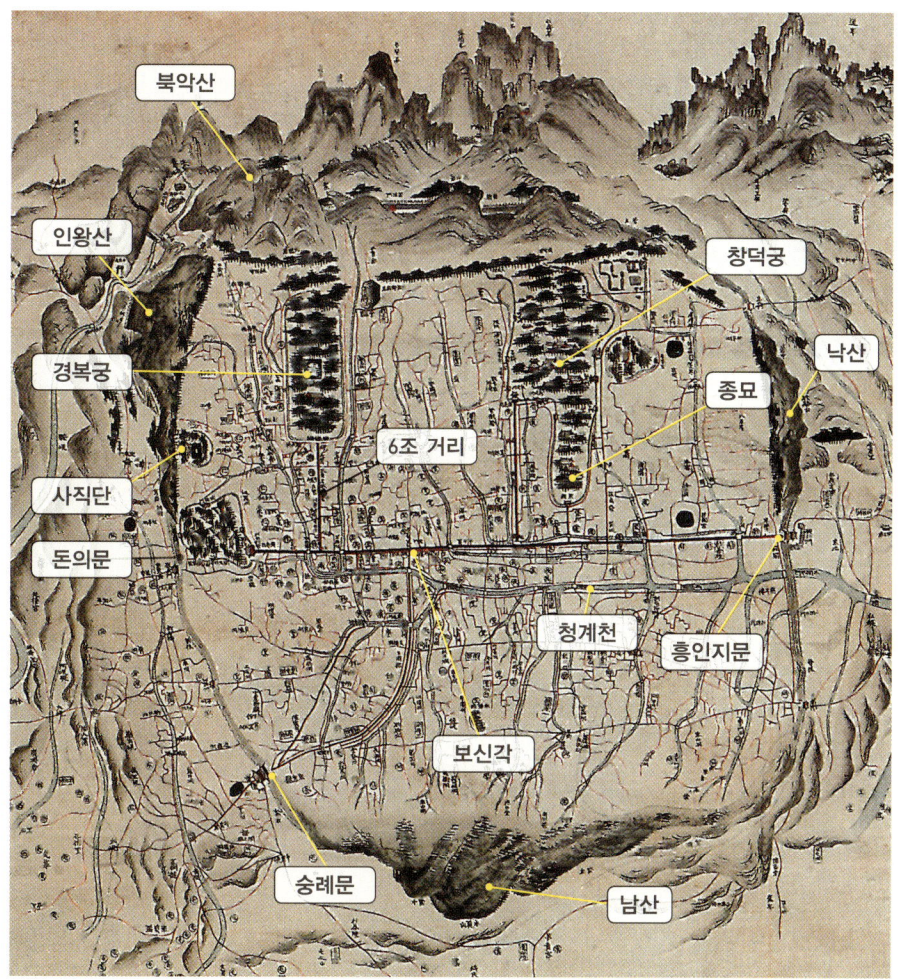

▲ 조선의 도읍지, 한양

때문에 운종가 뒤쪽으로는 양반을 피해 다니기 위한 좁은 골목인 피맛길이 있답니다. 신분제 사회에서나 볼 수 있는 재미있는 모습이죠.

조선 초기, 정도전이 설계한 한양의 모습은 이와 같습니다. 정도전은 자신이 꿈꾸는 성리학적 이상 세계의 모습을 한양에 실현시키기 위해 많은 노력을 한 것으로 보입니다. 그가 뛰어난 정치가이면서, 동시에 뛰어난 유학자였음을 증명하는 것이 바로 한양의 모습일 것입니다.

스페셜뉴스 · 현장 브리핑

정도전과 함께 하는 경복궁 탐방

자, 오늘은 경복궁 탐방을 가 볼까요? 경복궁은 조선 시대에 가장 먼저 세워진 궁궐입니다. 1395년에 지어졌으니 그 역사가 어마어마하지요? 그러나 처음 지어진 경복궁은 임진왜란 때 불타 버리고 지금 우리가 알고 있는 경복궁은 흥선 대원군 때 다시 지어진 것이랍니다.

경복궁을 지을 때 총책임자였던 정도전은 경복궁 전각 하나하나에 자신의 소망을 담은 이름을 붙여 주었는데요. 오늘 그 이름을 생각하며 경복궁 탐방에 나서 볼까요?

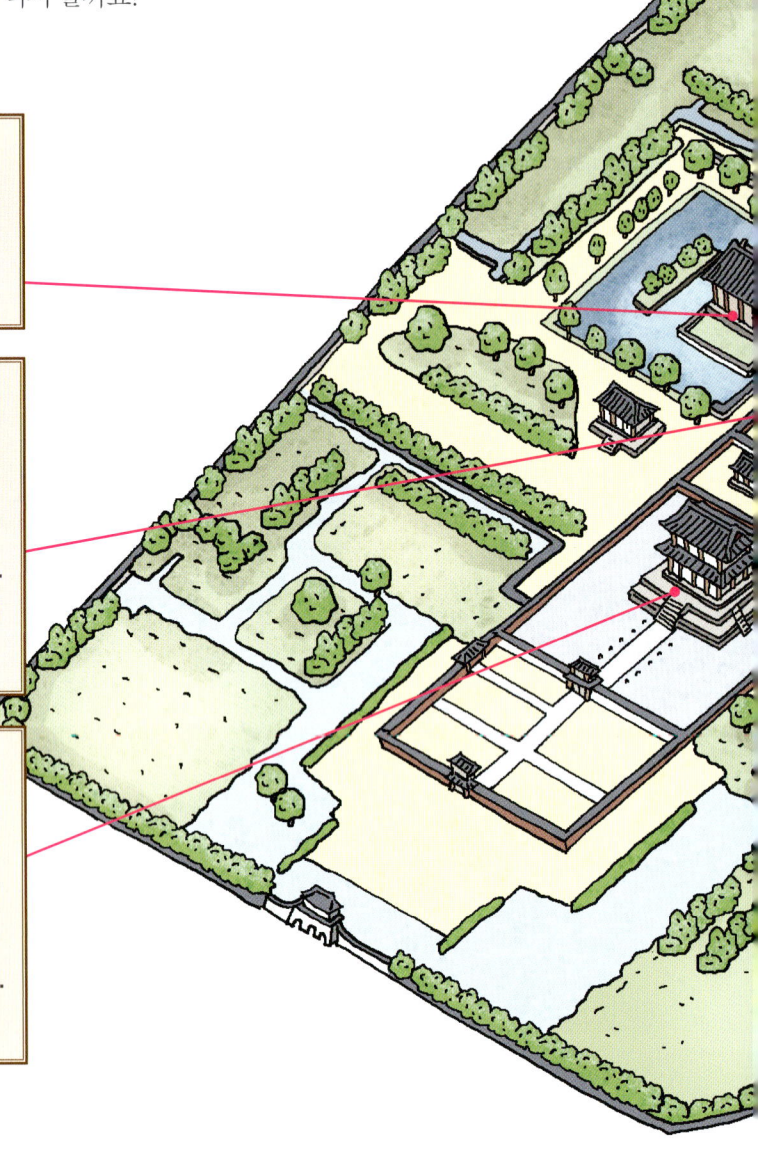

경회루 이곳은 왕실에서 잔치를 베풀던 누각이에요. 텔레비전이나 영화를 통해 왕실 잔치가 벌어지는 모습을 본 적 있을 거예요. 어때요? 보기만 해도 음악 소리가 들리는 것 같나요?

교태전 이곳은 왕비의 침전입니다. 왕의 침전인 강녕전과 가까이에 있지요? 교태전의 교태(交泰)는 천지 음양이 잘 어우러져 태평을 이룬다는 뜻입니다. 왕과 왕비의 사이가 좋아 많은 자손이 번성하길 바라는 마음이 담겨 있지요. 교태전 뒤에는 궁궐 출입이 자유롭지 못한 왕비를 위한 공간인 후원이 가꾸어져 있어요.

근정전 이곳은 궁궐의 중심이라 할 수 있어요. '근정전'이라는 말은 부지런히 정사를 돌보라는 뜻에서 지어진 이름이라고 합니다. 이곳에서는 나라의 중요한 의식이 행해졌습니다. 새해에는 신하들이 임금에게 인사를 올렸으며, 왕위 즉위식이나 세자 책봉식, 혼례 등도 치러졌지요. 외국에서 온 사신을 맞이하는 곳도 이곳입니다.

전각 이름은 모두 제가 지었어요.

향원정 연못 중앙에 자리 잡은 정자예요. 2층짜리 목조 건물로 1867~1873년 즈음에 지어진 것으로 추정하고 있어요.

강녕전 이곳은 왕이 잠을 자는 침전입니다. '강녕'이라는 말은 늘 편안하라는 뜻을 담고 있어요. 강녕전 주위에 건물들이 4채가 더 있었는데, 왕은 이 건물들을 옮겨 다니며 잠을 잤습니다. 늘 암살의 위협에 시달렸기 때문입니다.

사정전 이곳은 왕이 실질적으로 정사를 보는 건물이지요. 올바른 정치를 생각하라는 뜻에서 '사정전'이라 이름을 붙였다고 합니다. 이곳에서 왕은 신하들과 정책에 관한 이야기를 나누고 크고 작은 나랏일을 처리했습니다.

정도전에게서 온 편지

그동안 조선의 건국을 말할 때 내 이름이 강하게 언급되지 못했던 것이 많이 아쉬웠다. 나는 누구보다도 조선의 건국을 원하고, 실제로도 많은 일을 한 사람이건만…….

내가 이렇게 평가된 데는 나와 사이가 좋지 않았던 이성계의 아들 이방원의 영향이 크다. 그는 나와 나라에 대한 생각이 달랐기 때문이다. 나는 재상을 중심으로 합리적 정치를 하는 나라를 꿈꾸었다. 왕 자체를 부정한 게 아니다. 핏줄에서 핏줄로 이어지는 왕이 반드시 똑똑하란 법이 없기 때문이다. 왕이 잘못된 정치를 할 시에 고통을 받는 것은 백성들이다. 하지만 신하들이 중심이 되어 정치가 돌아가면 왕이 어리석다 할지라도 바른 정치가 나올 수 있다.

그러나 이방원은 강력한 왕권 중심의 국가를 꿈꾸었다. 그가 이런 생각을 하고 있는 것을 알았기 때문에 나는 그를 왕으로 지지할 수 없었다. 그래서 나의 신념을 실현시킬 만한 인물을 찾기 시작했다. 나는 신덕 왕후 강씨의 막내아들인 방석을 세자로 밀었다.

이 일로 이방원은 내게 큰 앙심을 품었다고 한다. 그리고 결국 나는 그의 손에 죽고 만 것이다. 하지만 그는 그것만으로는 화가 풀리지 않았는지 나를 두 왕조를 섬기고, 어린 세자 뒤에서 권력을 휘두르려고 한 역적으로 역사에 기록했다. 흥선 대원군이 나를 복권시킬 때까지 나는 억울하게 기록되어 있었던 것이다. 내 뜻이 그런 것이 아니었다는 것을 이 편지를 읽는 사람들은 알아 주길 바란다.

정도전 | 조선의 설계자

정도전을 향한 태종 이방원의 분노는 엄청났어요. 그는 새어머니에게서 태어난 어린 동생 방석을 세자로 지지한 정도전이 미웠던 거예요. 그래서 정도전을 변절자와 모략가로 만들었습니다. 그래야 정도전을 죽이고 권력을 잡은 자신의 행동이 정당화되기 때문이었지요.

  태종 시대의 기록에 의하면, 정도전이 죽기 전에 살려 달라고 싹싹 빌었다는 내용이 있어요. 하지만 최근 들어 태종을 높이고 정도전을 낮추기 위해 만들어진 왜곡된 기록이라고 주장하는 사람들도 있습니다.

> 操存省察兩加功   조심하고 또 조심하며 온통 공을 들여서
> 不負聖賢黃卷中   책 속에 담긴 성현의 말씀 저버리지 않았네
> 三十年來勤苦業   삼십 년 긴 세월 고난 속에 쌓아 놓은 사업
> 松亭一醉竟成空   송현방 정자 한 잔 술에 그만 허사가 되었네
>
>   - 정도전, 「자조」 -

이 시는 정도전이 죽음을 앞두고 지은 시입니다. 비굴한 모습은 사실 찾기 힘들지요?

  태종은 조선이 아닌 고려의 충신이자 자신이 죽이기까지 한 정몽주를 위대한 인물로 떠받들었어요. 조선의 입장에서 고려의 편을 들던 정몽주를 칭송하는 것은 쉽게 이해가 가지 않는 일입니다. 이것은 정몽주가 정도전과 반대되는 인물이었기 때문일 거예요.

  이방원은 정몽주를 충신으로 추켜세운 반면, 정도전의 이름은 문서에서 지워 버렸습니다. 나중에 흥선 대원군이 조선 건국 당시 정도전의 업적을 인정해 복권시켜 줄 때까지 정도전의 이름에는 오랜 시간 변절자라는 낙인이 찍혀 있었지요.

고종훈의 한국사 브리핑

인물 핵심 분석 ▶ 정도전

QR 코드를 찍으면 고종훈 선생님의 강의를 볼 수 있어요.

시대 ▶ 1342년~1398년
별명 ▶ 책벌레, 귀양꾼, 유교홀릭, 이상주의자
호 ▶ 삼봉
좌우명 ▶ 삶의 중심에 유교가 있으니…
업적 ▶ 조선 초기 유교 사상을 튼튼히 함
연관검색어 ▶ 민본주의, 한양, 경복궁, 이성계
역사적 중요도 ▶ ★★★☆☆
시험 출제 빈도 ▶ 보통

정도전은 민본주의 사상을 중요하게 생각했어요.

정도전은 고려 사회의 많은 제도들에 불만을 가지고 있었어요. 그래서 많이 귀양을 다녔지요. 이런 귀양 생활 중에 **민본주의 사상, 백성을 근본으로 하는 사상**이 싹트게 되었어요.

이성계와 손을 잡은 정도전은 많은 제도를 개혁하였어요.

그중 대표적인 것이 '과전법'이에요. 정도전은 권문세족이 가지고 있는 넓은 토지들을 정리하여 백성들의 삶을 보다 윤택한 방향으로 바꾸어주고 싶어 했어요. 또한 **조선이 건국되고 정도전은 이성계와 함께 많은 제도들을 만드는데 공을 세우게 되지요.**

정도전은 새로운 도읍 한양의 밑그림을 그린 사람이라 할 수 있습니다.

경복궁이나 다른 도성, 거리, 사직단 등 한양의 도시계획은 정도전의 손에 의해 탄생한 것입니다. 정도전은 각 명칭마다 조선이 유교적 국가가 되길 바라는 마음을 담아 이름을 붙였어요.

인물 관계 분석

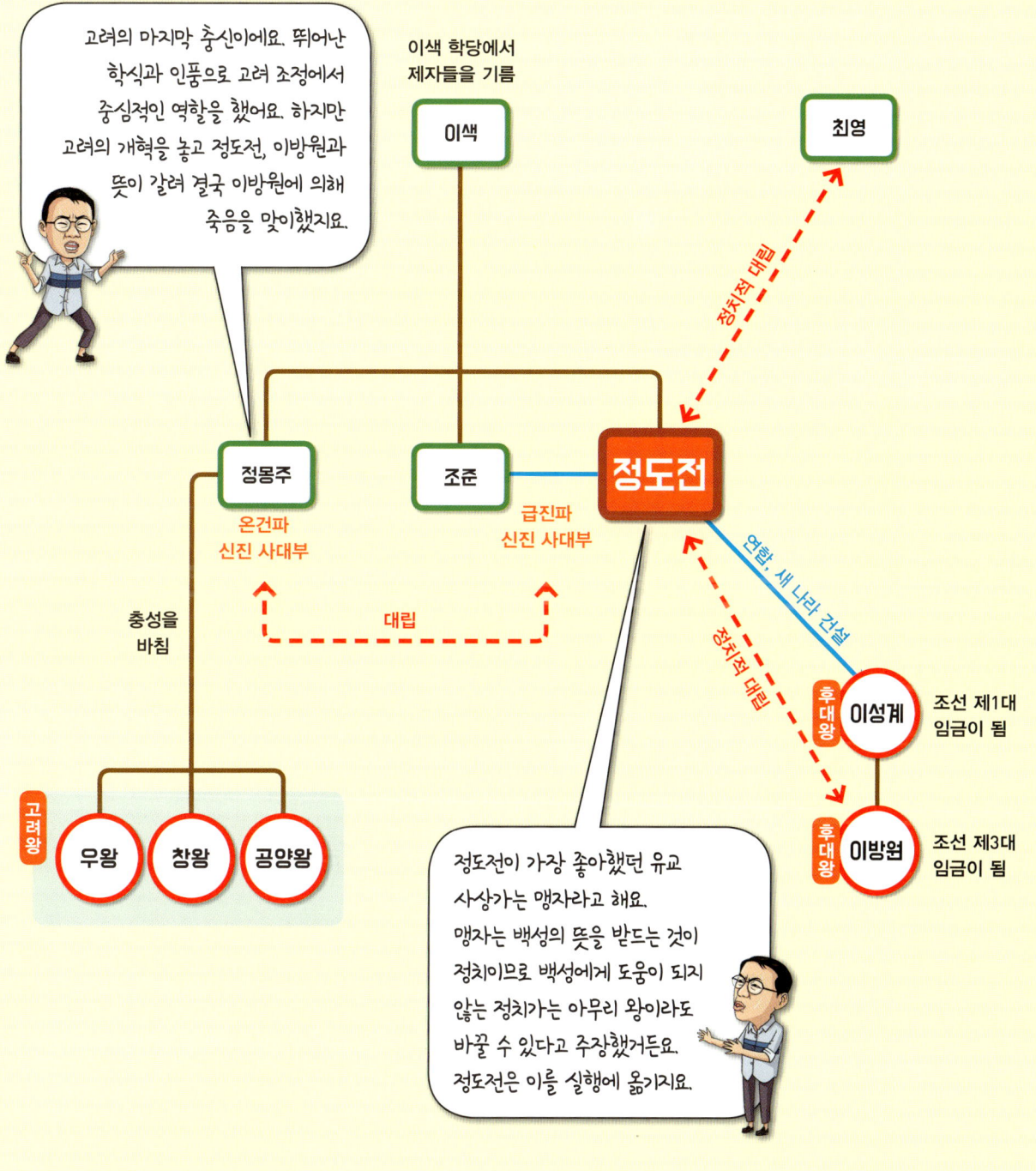

타임라인 뉴스

- **1367** — 이성계와 신의 왕후 한씨 사이에서 다섯째 아들로 태어나다
- **1392** — 조선 건국에 걸림돌이 되는 정몽주를 선죽교에서 철퇴를 내리쳐 살해하다
  이성계가 고려의 최고 자리에 오르면서 실질적으로 고려는 망하고 조선이 들어서다
- **1398** — 신덕 왕후 강씨 소생인 방석이 세자가 되자 방원은 이에 불만을 품고 1차 왕자의 난을 일으켜 세자인 방석과 정도전을 죽이다
- **1400** — 2차 왕자의 난에서 승리한 후 정종에게서 왕위를 물려받아 왕으로 즉위하다
- **1401** — 백성들의 억울한 사연을 직접 듣겠다는 뜻에서 신문고를 설치하다
- **1404** — 양녕 대군을 왕세자에 봉하다
- **1405** — 창덕궁을 완성하다
- **1408** — 새 나라를 세운 태조가 파란만장한 생을 마치고 건원릉에 묻히다
- **1413** — 인구를 파악해 군역과 세금을 정확히 하고자 호패법을 실시하다
- **1416** — 민무구, 민무휼 형제를 자살하게 하다
- **1418** — 양녕 대군을 왕세자에서 폐하고 충녕 대군을 왕위에 앉히다
  세종의 장인인 심온을 역적으로 몰다
- **1419** — 대마도 정벌을 단행하다
- **1422** — 백성을 위한 정책과 왕권 강화 정책을 펼친 태종이 헌릉에 묻히다

1 헤드라인 뉴스

안녕하세요? 오늘은 태종이 왕위에 오르는 즉위식이 있는 날입니다. '1차 왕자의 난'으로 불리게 된 사건이 있은 지 2년 만의 일인데요. 태종의 즉위식을 맞아 그가 왕위에 오르기까지 어떤 일들이 있었는지 김역사 기자가 현장에서 자세히 살펴봤습니다. 김역사 기자?

네, 김역사입니다. 태종의 즉위식을 맞아 지금 대궐 앞에는 많은 사람들이 모여들고 있습니다.

김역사 기자

궐 안팎이 모두 바쁘고 분주한 모습인데요. 이에 비해 전체적인 분위기는 차분합니다. 이방원이 왕위에 오르는 것이 오래전부터 이미 당연한 일로 여겨졌기 때문입니다.

이방원은 태조 이성계와 신의 왕후 한씨의 다섯째 아들입니다. 그는 아버지인 이성계를 도와 고려를 무너뜨리고 조선을 세우는 데 큰 역할을 했어요. 고려의 왕대비를 움직여 고려의 마지막 왕이었던 공양왕을 왕의 자리에서 끌어내린 사람도, 끝까지 고려를 버릴 수 없다며 버티던 고려의 충신 정몽주를 제거한 사람도 모두 이방원이었기 때문입니다.

그런데 정작 조선이 세워지고 나자 이방원은 정치에서 점점 밀려나기 시작했어요. 태조 이성계는 자신을 도와 고려를 무너뜨리고 조선을 세우는 데 힘을 모았던 사람들에게 '공신'이란 칭호를 내립니다. 벼슬을 주고, 땅도 준 것이지요. 하지만 거기에 이방원의 이름은 없었습니다. 이방원은 '공신'의 모든 혜택에서 제외된 것입니다. 이성계의 아들이기 때문에 오히려 정치적인 자리를 차지할 수 없게 된 것이지요.

이방원의 입장에서는 정말이지 속이 상할 수밖에 없는 일이었습니다. 본래 야심이 많은 인물이었기 때문에 자신이 정치에서 배제되는 것을 납득할 수 없었지요. 조선을 여는 데 충분한 공을 세웠다고 생각했으니까요. 그런데 세자 자리마저 막내 동생에게 밀리고 말았지요.

맏형은 조선이 세워진 그 다음해에 죽었기 때문에 둘째(후일 정종)가 왕이 되어야 했지만, 태조는 자신의 막내아들인 신덕 왕후 강씨 소생의 방석을 세자로 책봉합니다. 태조의 사랑을 받았던 신덕 왕후 강씨가 자신의 아들인 방석을 왕으로 만들고 싶었던 소망을 실현시킨 거지요. 위의 형들을 제치고 세자가 된 막내 방석은 아직 어린아이였습니다.

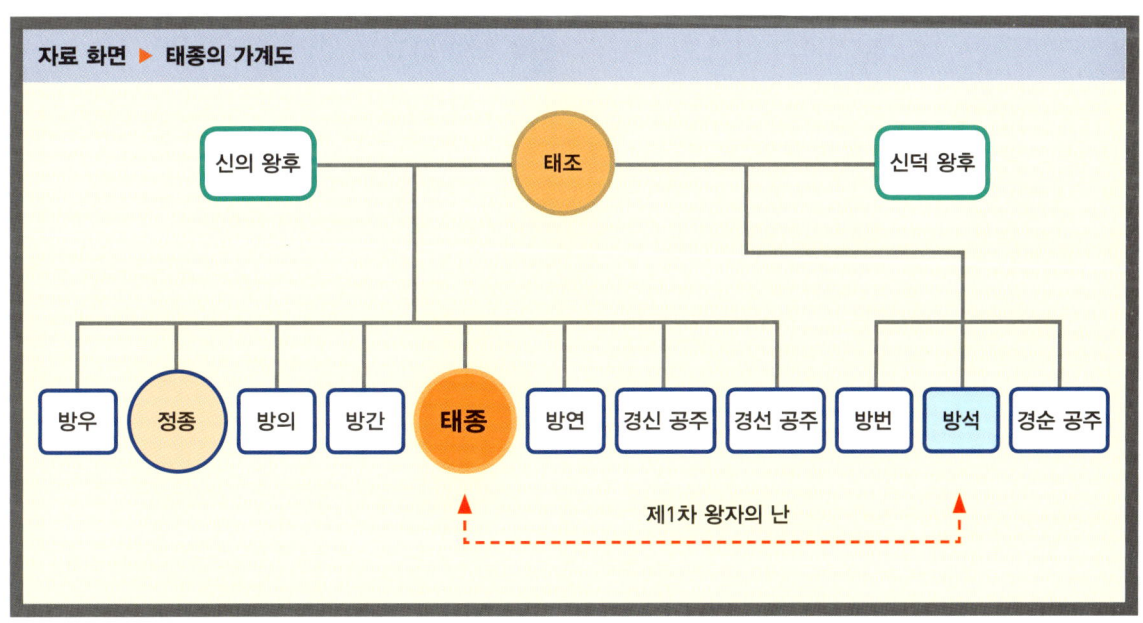

자료 화면 ▶ 태종의 가계도

"나를 이렇게 밀어내다니, 이대로 가만히 두고 볼 수만은 없어!"

누구보다 야망이 컸던 이방원은 왕좌를 향한 첫 발을 내딛기로 결심합니다. 하지만 넘어야 할 산이 많았습니다. 가장 먼저 정도전을 제거해야만 했지요. 정도전은 재상을 중심으로 정치가 이루어지는 세상을 추구했고, 그러기 위해 강한 왕권을 휘두를 사람보다 나이가 어려 신하들을 존중할 수밖에 없는 방석을 왕자로 밀었지요.

철폐
전에 있던 제도나 규칙 따위를 걷어치워서 없애는 것

권력의 중심에 있던 정도전은 사병을 **철폐**하는 제도를 만들었는데, 이방원은 이것도 못마땅했습니다. 사병을 철폐하면 자신은 군사도, 무기도 가질 수 없게 되기 때문에 왕이 되는 일도 아주 힘들어지거든요. 여러모로 정도전은 이방원에게 걸림돌이었습니다.

결국 이방원은 훗날 '1차 왕자의 난'으로 불리는 사건을 일으킵니다. 그날 이방원의 집에는 긴장감이 감돌았습니다. 병사들이 속속들이 이방원의 집으로 모여들었지요. 그들 중에는 이방원의 처남인 민무구, 민무질 형제도 있었고, 방원의 넷째 형인 방간도 있었어요. 마당에는 나중에 원경 왕후가 되는 이방원의 부인이 몰래 숨겨 두었던 무기들이 가득했습니다. 병사들 앞에서 이방원은 소리 높여 외쳤어요.

"이제 때가 왔다! 앞에 있는 무기를 들고 정도전을 처단하자! 아버님 곁에서 어리석은 말로 판단력을 흐리게 해 막내 방석을 세자로 세운 정도전과 그 일당을 몰아내자! 왕은 아무나 될 수 없는 법! 자질과 능력을 타고나야 하는 것이다. 정도전이 지금 편하게 술자리를 하고 있다고 하니, 오늘이야말로 정도전을 치기 가장 좋은 날이다."

이방원의 말이 끝나자 병사들은 환호성을 질렀습니다. 친구들과 술을

태종 이방원 | 조선의 왕권을 세우다

마시며 담소를 나누던 정도전은 급작스러운 병사들의 습격에 저항할 새도 없이 죽음을 맞이했습니다. 이방원은 곧이어 궁궐로 향했지요.

당시 태조 이성계는 몸이 아파 이 상황을 미처 알지 못했지만, 며칠 후 사실을 접하고는 무척이나 가슴 아파했어요. 아끼던 정도전을 자신의 아들 손에 잃어야 했으니까요. 더욱이 이방원 세력은 세자인 막내 동생 방석과 방석의 형인 방번, 누나의 남편도 죽여버렸답니다.

조선의 권력은 이제 이방원의 것이었습니다. 자신이 그토록 원하던 왕좌가 바로 눈앞에 있었지요. 하지만 아직은 일렀어요. 이방원은 바로 왕위에 오르는 대신 자신의 둘째 형 방과를 왕으로 내세웁니다. 하지만 정종은 허수아비 왕일 뿐이었어요. 사실 모든 권력이 정종이 아닌 이방원에게 있었기 때문이지요. 정종이 즉위한 뒤, 이방원은 또다시 때를 기다리기로 합니다. 그리고 그 때는 머지않아 찾아왔습니다. 2년 뒤, '2차 왕자의 난'이 벌어진 거예요.

2차 왕자의 난은 점점 권력이 커진 이방원과 1차 왕자의 난 당시 이방원을 도왔던 넷째 형 이방간 사이의 권력 다툼이었습니다. 이방원과 마찬가지로 왕이 될 욕심이 있었던 이방간은 이방원에게 불만을 품고 있던 박포라는 사람과 모의해 이방원을 공격합니다. 하지만 결과는 이방원의 승리였어요. 이방원은 방간과 박포의 계획을 이미 알고 있었던 거지요. 방간은 맥없이 지고 말았고, 오히려 이방원의 위세는 더욱 드높아졌습니다. 그 후 이방원은 **세자**가 되었습니다. 그리고 9개월이 지난 오늘, 드디어 이방원이 왕위에 오르게 된 것입니다.

세자와 세제

다음 왕위를 이을 사람이 아들이면 세자라고 하고, 동생이면 세제라고 해요. 그런데 정종은 조선 후기인 숙종 대에 와서야 정종이라고 불렸고, 그 전에는 임금으로 생각되지 않았어요. 그래서 이방원은 태조의 뒤를 이었다고 생각하여 세자가 된 것이지요.

2 인물 초대석

생방송 한국사

이방간, 이방원 형제를 만나다

안녕하세요? 오늘 이 자리에는 이방간, 이방원 형제가 나와 계십니다. '2차 왕자의 난' 당시 형제 간에 실제로 군사를 동원해 전투까지 벌였는데요. 어렵게 모신 만큼, 당시의 생생한 이야기를 들어보겠습니다. 어느 분이 먼저 시작하시겠습니까?

이방간

제가 먼저 하지요. 안녕하세요, 이방간입니다. 방원이와는 같은 어머니 밑에서 태어나 자랐어요. 그래서인지 방원이도 저를 다른 형제들보다 특별하게 생각했지요. 저도 마찬가지고요. 실제로 저는 방원이가 처음 왕자의 난을 일으킬 때도 많은 도움을 주었습니다.

그런데 왜 2차 왕자의 난을 일으켰냐고요? 저 역시도 왕위를 노리고 있었기 때문이에요. 당시에 모든 권력이 방원이에게 집중되어 있던 터라 제 야심을 이루기 위해서는 방원이와 부딪힐 수밖에 없는 상황이었어요. 하지만 애석하게도, 저는 능력이나 위세 모두 방원이에게 미치지 못했어요. 그래서 동생을 견제하고 시기하는 한편, 호시탐탐 왕위를 차지하기 위해 기회를 엿보고 있었습니다.

그런데 어느 날, 방원이에게 불만을 품고 있던 박포라는 사람이 저를

태종 이방원 | 조선의 왕권을 세우다

찾아왔어요. 박포는 저를 보는 방원이의 눈이 이상하다고 말하더군요. 방원이가 저를 죽이려고 하는 것 같다고 걱정하는 눈치였어요. 그 말을 듣고 어떻게 가만히 있을 수 있겠습니까? 그래서 저는 박포와 짜고 방원이를 공격할 계획을 세웠지요. 하지만 계획이 새고 말았지요.

그렇다면 이방원 씨, 미리 계획을 알고 계셨단 말인가요?

네, 맞아요. 저는 방간 형과 박포의 계획을 모두 다 알고 있었어요. 그리고 이런 일에 대비해 모든 준비를 다 해놓고 있었지요. 그런데 형은 내가 눈치챘다는 걸 알고도 일을 멈추지 않았어요. 이왕 이렇게 된 거 정면으로 부딪혀 결과를 내는 게 속 편하다고 생각한 것 같았어요.

이방원

제가 듣기로는 아버지 이성계 씨가 이방간 씨를 적극 말리셨다고 하던데요.

맞습니다. 아버지는 더 이상 형제들끼리 싸우는 모습을 보고 싶어 하지 않으셨어요. 아버지뿐 아니라 주변에서도 모두 저를 말렸지요. 하지만 저는 밀어붙였어요. 남자가 칼을 뽑았으면 무라도 썰어야지요, 허허.

수적으로 이방원 씨가 아주 유리했을 것 같군요.

물론 그랬습니다. 사실 이것은 결과가 정해진 싸움이었습니다. 저는 방간 형보다 훨씬 많은 군사들을 가지고 있는데다 형과의 싸움을 철저하게 준비했지요. 우리는 개경에서 맞붙었어요. 싸움은 격렬했지만 형은 저의 상대가 되지 못했어요. 수적으로나 전술적으로나 저의 승리가 확실했지요. 형의 도전은 그렇게 처절하게 끝나고 말았습니다.

그렇다면 이방간 씨, 이후에는 어떻게 되었지요? 이방간 씨와 같이 모의했던 박포라는 인물은 사형되었다고 들었습니다만…….

맞아요. 박포는 사형당했어요. 그런데 박포 그놈이 처음에 한 말은 모두 거짓이었더군요. 1차 왕자의 난 당시 방원이 편에 서서 공을 세웠지만 별로 인정받지 못하자 앙심을 품은 것이었어요. 박포가 저와 방원이를 이간질해서 결국 이렇게 처참한 꼴이 됐지 뭡니까?

저는 싸움에서 진 직후 도망쳤지만 곧 잡혔어요. 잡혀온 저를 보고 방원이는 목숨만은 살려주겠다고 했어요. 한 어머니 밑에서 같이 나고 자란 혈육이니만큼 죽이지는 않겠다고 했지요. 하지만 멀리 떠나라고 하더군요. 대신 제 아이들의 출세는 막지 않겠다고 했어요. 제 아이들은 방원이의 조카이기도 하니까요. 그리고 저는 귀양을 가게 되었습니다. 귀양살이는 힘들었지만 사약을 받거나 죽임을 당하지는 않았고, 자식들도 출세에 지장을 받지 않았습니다. 그런 점에서 방원이에게 매우 고맙다고 생각합니다.

그렇군요. 지금까지 이방간, 이방원 형제를 모시시고 '2차 왕자의 난'에 대해서 들어 봤습니다. 2차 왕자의 난 이후 이방원은 왕위에 올라 태종이 되었지요. 이로써 오늘의 인물 초대석을 마칩니다.

3 심층 취재

중앙 집권화를 위하여

힘겹게 왕위에 올랐지만 태종이 꿈꾸는 조선은 아직 갈 길이 멀었습니다. 태종은 여러 제도를 정비하고 정책을 시행했는데요. 모두 왕에게 권력이 집중되는 중앙 집권화를 이루기 위해서였습니다. 이를 위해 태종은 처남들을 제거하는 일도 서슴지 않았습니다.

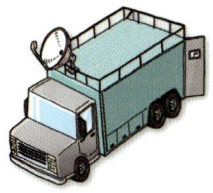

원경 왕후의 친정인 민씨 가문의 권세가 커지고, 동생인 민무구, 민무질 형제의 권력이 커지자 태종은 이를 견제하기 위해 민씨 형제를 귀양 보내고 단호하게 사약까지 내렸습니다. 이러한 모습을 보고 태종과 원경 왕후 사이가 예전만 못하다는 소문까지 돌고 있지요.

사실 원경 왕후는 태종 이방원의 정비로, 태종이 왕위에 오르기까지 여러모로 애를 쓴 인물입니다. 남편을 도와 왕위에 오르도록 큰 공을 세웠지요. 물론 힘 있는 친정 가문의 도움을 받기도 했습니다. 1차 왕자의 난 당시 태종이 정도전을 제거하는 데 사용했던 무기들이 모두 원경 왕후가 몰래 숨겨 뒀던 무기들이라는 것은 다들 잘 아실 거예요.

태종이 왕위에 오르자 원경 왕후의 친정으로 사람들이 모이기 시작했고, 권력이 조금씩 집중되었습니다. 많은 사람들이 민씨 가문을 찾아가

태종이 중앙 집권화를 위해 가장 먼저 한 일은 바로 외척 세력을 제거하는 것이었습니다.

김역사 기자

벼슬을 부탁하거나, 태종이 어떤 결정을 내릴 때 잘 말해 달라고 부탁했지요. 이런 일들이 잦아지자 태종은 문제의 심각성을 느꼈습니다. 외척의 힘이 세질수록 왕은 제대로 된 결정을 하기 힘들어지니까요.

게다가 세자인 양녕 대군은 어릴 적부터 외가에서 살다시피 해 외삼촌들과도 사이가 유독 좋았습니다. 이대로 세자가 왕위에 오른다면 민씨 집안의 권세는 더욱 커질 수밖에 없었지요. 태종은 어떻게 하면 외척 세력을 견제하면서 왕권을 강화시킬 수 있을지 고민에 빠졌습니다.

그러다 한 가지 묘안을 생각해 냅니다. 어느 날 태종은 신하들을 모아 놓고 말했습니다.

"나는 이제 그만 왕의 자리에서 물러나겠다!"

"아니, 전하! 어떻게 그런 말씀을 하십니까? 그것은 말도 안 되는 소리입니다!"

신하들은 모두 엎드려 말렸습니다. 왕위에 오른 지 얼마 되지도 않았는데 왕을 그만두겠다고 하니 말리는 게 당연했지요. 세자도 울며 **어명**을 다시 거둬 주길 간청했습니다. 몇날 며칠이 지나도록 신하들이 어명을 거두어 달라 빌자 태종은 어쩔 수 없다는 듯 자신의 말을 거두어들였어요. 계속 왕의 자리에 있기로 한 것이지요.

이 일은 태종의 변덕으로 일어난 작은 사건 정도로 마무리되는 듯 보였어요. 하지만 여기에는 태종의 계략이 숨어 있었습니다. 바로 외척 세력, 곧 민씨 일가를 잡기 위한 덫이었던 것입니다.

얼마 뒤 태종에게는 상소가 빗발치기 시작했습니다. 태종이 원하던 내용이었지요.

어명
임금의 명령을 이르는 말

얼마 전 전하께서 세자에게 왕위를 물려준다 하셨을 때 다른 신하들은 다들 눈물을 흘리며 반대했습니다. 그러나 어찌된 일인지 중전마마의 동생들인 민무구, 민무질 형제는 웃고 있는 듯했습니다.

왕위를 물려준다는데 웃었다는 내용은 반역이나 다름없었어요. 결국 민씨 형제는 이 일로 귀양을 가게 되었습니다. 그리고 얼마 뒤 태종은 민씨 형제에게 사약을 내려 죽게 했지요. 이후 중전의 아버지가 죽자 남은 두 동생에게도 비슷한 이유로 사약을 내립니다.

외척 세력을 제거한 태종은 본격적으로 왕권 강화와 중앙 집권화에 집중하기 시작합니다. 가장 먼저 한 일은 사병을 금지한 것입니다. 태종은 사병이 왕권에 위협이 된다는 것을 누구보다도 잘 알고 있었습니다. 자신 역시 사병을 이용해 왕위에 올랐으니까요. 그래서 자신이 왕이 된 후에는 정작 개인들이 병사를 갖는 것을 엄격히 금지했습니다.

또 태종은 고려와는 다르게 나라의 근본 사상으로 유교를 선택했습니다. 유교의 이상을 실현하는 '유교 국가'를 만들고 싶었던 것입니다. 그래서 유교 국가에 걸맞게 정책이나 각종 제도에 신경을 썼습니다.

이쯤에서 조선의 교육 제도에 대해 알아볼까요? 지금의 초등학교에 해당하는 서당에서 유교 교육을 하기 시작해 이를 마치면 지방에서는 향교, 서울에서는 **4부 학당**에서 중등 교육을 실시했어요. 또 성균관은 조선 시대 최고 교육 기관으로서 지금의 대학에 해당하는 기관이었습니

4부 학당

조선 시대 한양의 4부에 설치된 관립 교육 기관을 가리킵니다. 동부 학당·서부 학당·남부 학당·중부 학당으로 이루어져 있었어요.

다. 이렇게 교육받은 학생들은 과거 시험을 통해 관리로 선발되었지요. 바야흐로 체계적인 유교 국가로 나아가게 된 것입니다.

태종은 나라를 잘 운영하기 위해 행정 구역을 손보았습니다. 전국을 8도로 나누고, 현재와 비슷한 이름으로 지었어요. 그리고 각 고을마다 왕이 직접 관리를 파견했지요. 이 점이 바로 고려와는 전혀 다른 조선만의 특징이었습니다.

고려 때와는 달리 태종은 중앙에서 직접 관리를 파견해 왕의 명령이 조선 구석구석에 모두 전달될 수 있도록 했어요. 조정의 기구들도 마찬가지였어요. 왕의 명령이 잘 전달되고 왕의 힘이 강해지려면 신하들이 너무 많은 힘을 가져서는 안 되었어요. 정도전은 죽기 전에 의정부의 기능이 강화된 조정을 만들고자 했어요. 의정부는 영의정·좌의정·우의정이 함께 나라의 전반적인 업무를 의논하던 곳이에요. 의정부 아래에는 6조라는 부서를 두어 각각 인사, 재정, 교육, 군사, 형률, 토목 공사 등을 담당하게 했지요.

태종 이전까지 6조에서는 의정부에 각각의 일들을 보고히고, 의정부는 회의 끝에 어떻게 일을 처리할지 왕에게 허락을 받는 식이었습니다. 이것을 의정부 서사제라고 하지요. 그런데 태종은 의정부가 6조와 논의했던 일을 모두 보고하는 것이 아닌데다 나랏일을 의정부에서 먼저 의논하기 때문에 왕권이 약해진다고 생각했습니다. 어떤 일

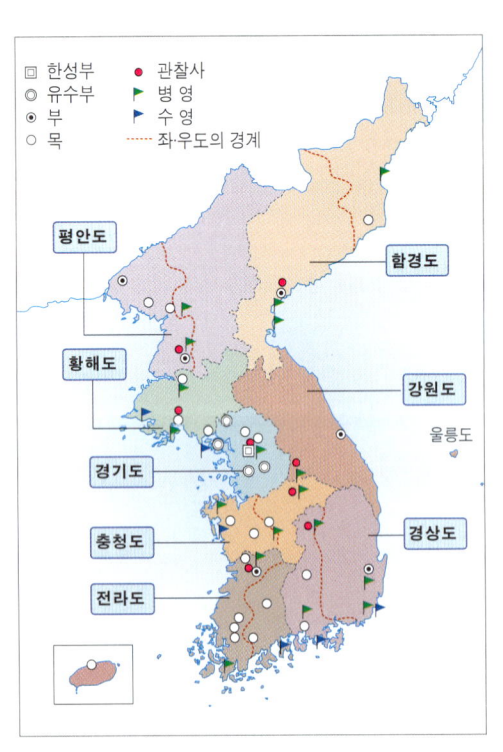

▲ 태종 당시 조선의 행정 구역

을 왕에게 보고할지는 의정부가 결정하는 것이었으니까요. 결국 태종은 의정부 서사제로 신하들의 힘이 너무 강력해져 왕권이 흔들릴 수도 있다고 판단했어요.

그래서 태종은 의정부 중심의 업무 체제를 무너뜨리고 6조가 직접 왕에게 보고하도록 제도를 바꾸었습니다. 이로써 왕의 명령이 제일 밑의 관리와 가장 먼 지역에까지 전달되었고, 왕이 나라의 모든 일을 알 수 있게 되었지요. 이것을 6조 직계제라고 합니다.

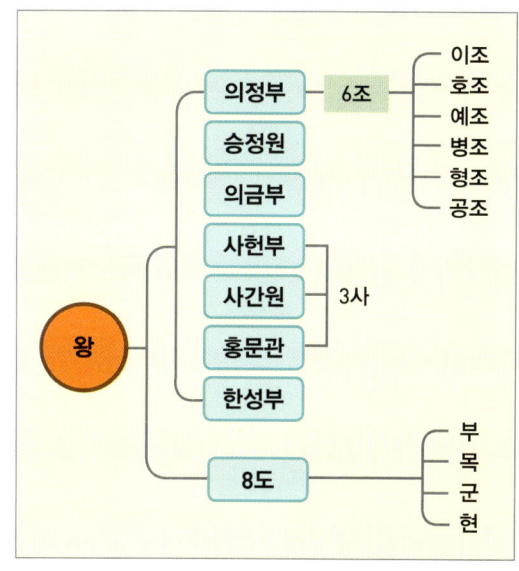
▲ 조선의 정치 기구

하지만 이것만으로는 조선이 강력한 왕권 국가가 되는 데 부족했어요. 왕이 살펴야 할 가장 중요한 것은 바로 백성이었으니까요. 또한 세금을 걷거나, 군대를 유지하려면 백성을 꼭 살펴야 했지요.

태종은 고민 끝에 호패법을 실시했습니다. 호패는 지금의 주민등록증처럼 그 사람의 이름, 나이, 신분, 생김새의 특징 등을 적어 놓은 것이에요. 호패법 덕분에 나라에서는 어느 마을에 남자가 몇 명, 아이는 몇 명인지 체계적으로 파악할 수 있었지요. 세금을 얼마나 걷을지, 군대가 필요할 때 사람을 몇 명이나 모을지 결정할 수 있게 되었어요. 이것은 나라를 꾸려나가는 데 무척 중요한 일이랍니다.

▲ 조선 시대의 호패 | 16세 이상의 남자가 차고 다니던 신분증으로, 백성들은 호패를 관청에 등록해야 했어요.

이렇게 해서 태종은 조선을 전체적으로 정비하고, 강력한 왕권을 바탕으로 한 유교 국가로 만들어 갔습니다.

스페셜뉴스 10분 토론

호패법과 신문고, 과연 백성을 위한 제도일까?

안녕하세요. 얼마 전 왕께서 새로운 정책인 호패법과 신문고 제도를 실시하겠다고 발표하셨는데요. 호패는 그 사람의 이름, 나이, 신분, 생김새 등 특징을 적어 놓은 것으로, 누구나 관청에 등록을 해야 하지요. 또 신문고는 태종이 백성을 위해 대궐 밖에 설치한 북인데요. 억울한 일을 당한 백성은 이 북을 쳐 임금에게 그 사연을 알릴 수 있습니다. 이 제도들에 대해 이야기를 들어보겠습니다.

호패법 찬성 / 반대

 **공무원**

전 이 제도가 참 좋다고 생각합니다. 인구수에 맞게 정확히 세금을 거둘 수 있으니 말이에요. 백성이라면 국가에 세금을 낼 의무가 있지요. 또 군대도 가야 하고요. 세금, 군대 등 백성이 국가에 대한 의무를 다하는 데 있어 호패법은 아주 좋은 제도라고 생각합니다. 국가가 잘 운영되려면 호패법이 있어야 해요. 나라가 잘 운영되면 당연히 백성에게 그 혜택이 돌아가지 않겠습니까? 호패법은 바로 그런 것을 위한 제도예요. 국가가 해야 할 가장 기본적인 일이라고요.

 **김상인**

전 생각이 다릅니다. 호패법이 실시되면 이사 다니기도 어려워져요. 거처를 옮길 때마다 신고를 해야 하니 여간 번거로운 게 아니지요. 또 어쩌다 안 차고 나오면 벌을 받게 되는데, 이거야말로 개인의 사생활을 너무 침해하는 거 아닙니까? 게다가 가난한 백성은 어떻게든 세금을 적게 내고 싶은 마음이지요. 호패 때문에 많은 세금을 꼬박꼬박 내야 하는 건 정말 힘들어요. 그래서 실제로 꽤 많은 사람들이 호패를 위조해 노비인 것처럼 속이는 거 아닙니까?

시청자 의견 ▶ [@태종ㅎㄷㄷ] 이제부터 어디 갈 때마다 호패 차고 다녀야 함? ▶ [@억울한이] 신문고 치고 싶어도

태종 이방원 | 조선의 왕권을 세우다

찬성 신문고 반대

 나관리

 박농민

신문고는 아주 좋은 제도입니다. 여기에는 백성들을 사랑하는 왕의 마음이 담겨 있다고 생각합니다. 백성들이 관리들을 거치지 않고, 자신의 문제를 왕에게 직접 말할 수 있으니까요. 또 왕도 직접 해결해 줄 수 있으니 왕권 강화에도 더욱 좋을 것입니다. 백성들이 정말 살기 좋아진 세상이라니까요.

하지만 신문고를 백성들이 시도 때도 없이 막 두드린다면 나라가 어떻게 되겠어요? 골치가 아파 도무지 나랏일을 할 수 없겠지요. 다행히 전하께서 몇 가지 절차를 만들어 두셨어요. 그 절차만 잘 지킨다면 백성들에게 정말 좋은 제도라고 생각합니다.

천만에요. 취지야 좋지만 저는 효력이 없는 제도라고 생각합니다. 일반 백성이 북을 치려면 엄격한 절차를 얼마나 많이 거쳐야 하는지 아십니까? 억울한 일을 당했다는 확인서를 고을 수령에게 받아야 하고, 또 그 다음에는 관찰사에게 받아야 하고, 그 다음, 그 다음 몇 번이나 확인 절차를 거쳐야 하지요. 게다가 억울한 일은 대부분 관리들한테 당한 것인데 그들이 순순히 확인서를 주겠습니까? 실질적으로 일반 백성이 쓸 수 없는 제도예요.

결국 그 북을 바로 울릴 수 있는 건 중앙 관리들밖에 없는 거지요. 게다가 아무 사연이나 막 올렸다가는 왕에게 닿기도 전에 매나 맞고 쫓겨난다고요. 차라리 억울한 일을 당했을 땐 왕이 지나갈 때 꽹과리나 두들기는 게 더 빠를걸요?

여러분의 의견은 어떠신가요?
같은 제도를 놓고 이렇게 다양한 의견이 나오는 군요. 이런 상반된 견해를 알아보는 것이 역사를 바라보는 튼튼한 시각을 키울 수 있다고 합니다. 그럼 다음 시간에 뵙겠습니다.

동네에는 없어요 ▶ [@호랑나비] 튼튼한 나라가 될 게 분명해. 조선 만세! 주상 전하 만세!

조선 건국 주역들의 속마음 전격 공개

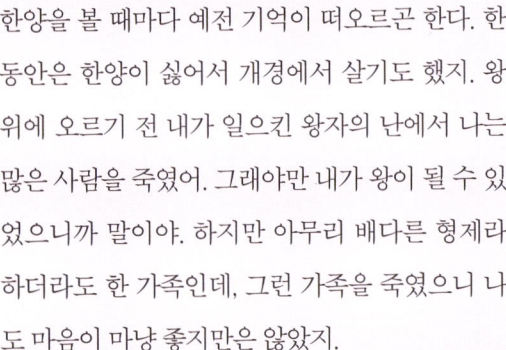

— 태종 이방원 —

한양을 볼 때마다 예전 기억이 떠오르곤 한다. 한동안은 한양이 싫어서 개경에서 살기도 했지. 왕위에 오르기 전 내가 일으킨 왕자의 난에서 나는 많은 사람을 죽였어. 그래야만 내가 왕이 될 수 있었으니까 말이야. 하지만 아무리 배다른 형제라 하더라도 한 가족인데, 그런 가족을 죽였으니 나도 마음이 마냥 좋지만은 않았지.

이런 일이 경복궁에서 벌어져서인지 왠지 경복궁이 싫어지더군. 그래서 개경에서 한양으로 돌아온 뒤에는 궁궐을 하나 더 짓기로 했어. 경복궁을 볼 때마다 그때의 일이 떠올라서 마음이 아프기도 했고, 비상시를 대비해서 궁궐이 하나 더 있어야 할 것 같기도 했기 때문이지. 경복궁에 문제가 생기면 왕이 옮겨 가 있을 궁궐이 더 필요할 테니까 말이야. 그래서 지은 궁궐이 바로 창덕궁이야. 난 거의 대부분을 창덕궁에서 생활했단다.

— 태조 이성계 —

사실 함경도 함흥에 가서 방원이를 엎어 버릴 반란을 꿈꿨지. 내 자식과 친구를 죽이고, 내가 사랑하는 아내의 무덤까지 좋지 않은 곳으로 이장해 버린 방원이가 너무 밉더라고. 함경도는 내 고향이자 나를 영웅으로 생각하는 곳이야. 그야말로 내 권력의 기반인 곳이지. 내가 방원이에게 권력을 잃은 것을 보고 함경도 사람들은 이를 안타까워했어. 내가 함경도로 가 버리자 행여 그곳에서 반란이라도 일으킬까 방원이는 겁이 났던 모양이야. 나를 다시 한양으로 데려가기 위해 심부름꾼인 '차사'를 계속 함흥으로 보냈어. 하지만 나는 오는 차사를 죽임으로써 방원에게 내 의지를 보여 주었어. 나 때문에 함흥에 가면 차사가 돌아오지 못한다고 해서 '함흥차사'라는 말이 생겼지. 결국 나는 조사의란 사람과 반란을 일으켰지만 실패했어. 그런데도 방원이가 날 찾아주더라고. 나는 이게 마지막 기회다 싶어 불러 줄 때 얼른 돌아갔지. 이제는 방원이와 잘 지내려고 해.

― 양녕 대군 ―

저는 권력에는 관심 없어요. 사실 저는 사랑이 제일 소중하다고요! 제가 지금 사랑하는 여자는 세자빈이 아니라 어리라는 여자예요. 어제도 어리를 만났다가 아버지께 혼이 났지요. 오늘은 아버지께 솔직하게 편지를 썼어요.

"아버지는 무수한 첩을 두었으면서 저는 왜 안 된다는 거지요? 사랑하는 여자를 첩으로 두어 제가 안정적으로 공부하고 정치를 하는 게 더 낫다고 생각하지 않으세요?"

그런데 아버지가 그렇게 화를 내시는 건 또 처음 봤네요. 결국 아버지께서는 세자를 바꾸시겠다고 공표하셨어요. 차라리 전 이것이 더 좋아요! 세자가 되면 나중에 왕이 되어야 하는데, 솔직히 저보다는 충녕(훗날 세종)이 훨씬 그 자리에 어울려요. 충녕은 공부를 열심히 하고, 학식이 깊지만 저는 그렇지 않거든요. 저는 그냥 자유롭게 사는 것이 왕이 되는 것보다 더 좋답니다.

― 원경 왕후 민씨 ―

저는 고려 말에 나고 자랐어요. 고려는 조선보다 훨씬 자유로운 나라였어요. 특히 여성의 권리와 활동이 조선만큼 제한되지 않았지요. 남편이 왕이 되는 일에 제가 공을 세울 수 있었던 것은 바로 그런 고려에서 나고 자란 덕분이기도 해요. 하지만 사람들이 저보고 기가 세고, 질투가 심하다고 하더군요. 그런 생각은 모두 조선이 유교 중심의 나라이기 때문에 하는 것이에요. 유교에서는 여자가 남자의 말에 고분고분 따라야 한다고 가르치니까요. 하지만 고려에서는 여자도 이 정도의 말은 할 수 있었다고요.

제가 특히 원통한 것은 남편에 의해 우리 집안이 그렇게 몰락해 버렸다는 것이에요. 우리 집안 모두 남편이 왕이 되는 데 큰 힘을 보탰는데, 결국 동생들이 모두 죽고 말았지요. 또 남편은 후궁을 계속 들였고요. 저는 폐위되지는 않았지만 이후에는 고통스러운 시간을 보내야 했어요.

고종훈의 한국사 브리핑

인물 핵심 분석 ▶ 태종

QR 코드를 찍으면 고종훈 선생님의 강의를 볼 수 있어요.

시대 ▶ 1367년~1422년
재위 기간 ▶ 1400년~1418년
국정 운영 스타일 ▶ 강한 왕만이 나라를 잘 이끌 수 있다. 모든 권력은 왕에게로!
라이벌 ▶ 정도전
상반된 평가 ▶ 비정한 군주 VS 조선의 초석을 다진 군주
역사적 중요도 ▶ ★★★★★
시험 출제 빈도 ▶ 매우 높음

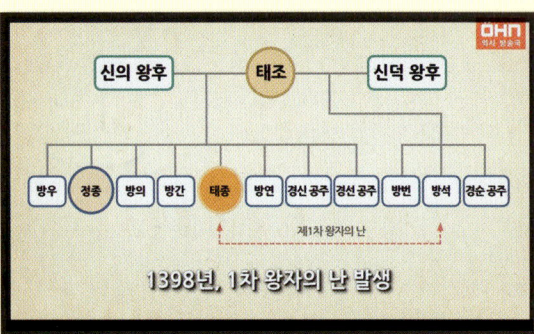

이방원이 왕자의 난으로 권력을 장악했어요.

이방원은 정몽주를 제거하여 조선이 세워지는 데 큰 공을 세웠어요. 그러나 아버지와 정도전이 방석을 왕위에 세우려고 하자 왕자의 난을 일으킵니다. **이 왕자의 난으로 정도전과 방석을 죽인 이방원 일파가 권력을 장악하게 되지요.**

조선의 초석을 다진 왕이에요.

이방원은 왕위에 오르고 나서 강한 왕권을 위해 외척 제거를 하였어요. **이뿐만 아니라 양전법과 호패법을 실시하였지요.** 양전법과 호패법으로 세금을 정확하게 물릴 수 있었어요. 또한 호패법은 인구를 정확하게 파악하게 해 군역을 정확하게 부과할 수 있었답니다.

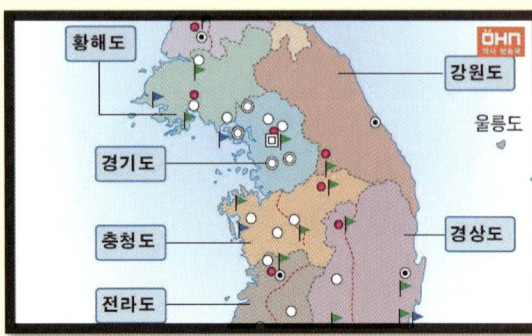

각종 제도와 행정 구역을 정비하여 왕권을 강화했어요.

태종은 각 지방에 관찰사를 파견하여 왕의 명령이 잘 전달될 수 있도록 했어요. 또한 전국을 8개의 도로 나누었고 주요 도시의 앞 글자를 따서 도의 이름을 만들었답니다.

인물 관계 분석

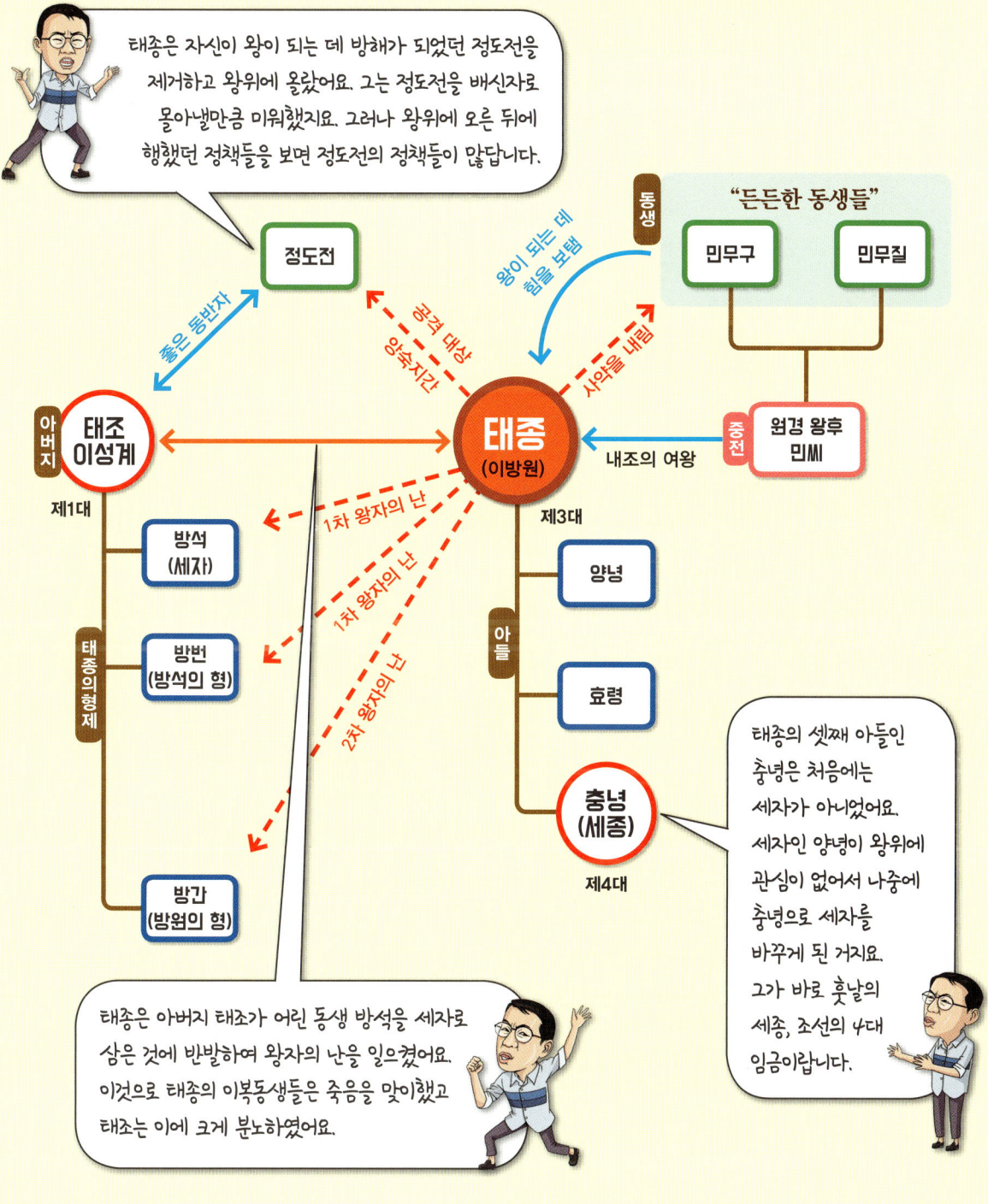

04 세종

조선의 문화를 꽃피우다

시대 1397년~1450년 재위 기간 1418년~1450년

타임라인 뉴스

1397 ● 태종 이방원과 원경 왕후 민씨 사이에서 셋째 아들로 태어나다

1418 ● 제4대 임금으로 즉위하다

1419 ● 상왕인 아버지의 명으로 대마도를 정벌하다

1420 ● 우수한 학자들을 길러내기 위해 집현전을 설치하다

1421 ● 첫째 아들을 왕세자로 임명하다

1429 ● 『농사직설』을 펴내다

1430 ● 노비의 출산 휴가를 100일로 정하다

1434 ● 김종서가 여진을 물리치고 6진을 개척하다
시간에 따라 자동으로 종, 북, 징을 쳐서 알리는 자격루를 발명하다

1441 ● 강수량을 측정하는 도구인 측우기를 발명하다
세자빈 권씨가 원손(단종)을 낳다

1442 ● 건강을 이유로 세자에게 업무를 맡기다

1443 ● 백성들도 쉽게 익힐 수 있는 글자인 훈민정음 28자를 창제하다

1446 ● 훈민정음을 반포하고, 『훈민정음 해례본』을 완성하다

1447 ● 『월인천강지곡』을 완성하다

1450 ● 백성을 사랑하는 마음으로 평생을 살았던 세종이 영릉에 잠들다

1 헤드라인 뉴스

세종의 시대, 집현전의 활약

오늘의 첫 뉴스는 집현전 관련 소식입니다. 세종이 왕위에 오른 뒤 사회 이곳저곳에서 변화가 목격되고 있다고 합니다. 그중 집현전의 활약이 눈부시다고 하는데요. 과연 집현전은 어떤 곳이며, 어떤 변화가 일어나고 있는지 알아보도록 하겠습니다. 김역사 기자 나와주세요.

네, 김역사입니다. 먼저 세종이 왕위에 오르기까지의 과정을 말씀드리겠습니다.

김역사 기자

태종의 맏아들인 양녕 대군이 일찍 세자가 되었기 때문에 누구도 세종이 왕이 될 것이라 생각하지 못했습니다. 그런데 양녕이 세자에 어울리지 않는 행동을 자주 하면서 문제가 생기기 시작했어요. 양녕은 사냥과 활쏘기를 좋아하여 공부를 게을리했고, 궁궐 밖에 나가 불량배들과 어울리거나 여자를 만나기도 했지요. 맏아들에게 왕위를 물려주지 않아 형제 간에 피를 흘리는 싸움을 경험한 태종은 누구보다 양녕에게 왕위를 물려주고 싶었습니다. 하지만 양녕의 그릇된 행동이 계속되자 태종의 근심은 깊어만 갔지요.

결국 태종은 세자를 바꾸기로 결심했습니다. 태종은 충녕 대군이 총명한데다 학문에 힘쓰고 사람을 다룰 줄 안다고 말하며, 충녕을 세자로 책봉합니다. 그리고 충녕은 책봉된 지 두 달 만에 왕위에 오르지요.

그렇군요. 자, 그럼 본격적으로 집현전에 관한 소식을 들려주시겠습니까?

네, 집현전(集賢殿)은 현명한 학자들이 모인 집이라는 뜻을 가지고 있습니다. 말 그대로 유능한 인재들이 모여 공부를 하는 곳이지요. 세종은 집현전에 많은 관심과 아낌없는 지원을 해 주고 있습니다.

대표적으로 '사가독서'란 제도가 있어요. 학사들에게 독서를 위한 휴가를 주어 업무를 잊고 오직 공부에만 전념할 수 있도록 한 것이었지요. 또한 학사들이 학문 연구에 집중할 수 있게 많은 책을 비치해 두었어요.

이곳에서 학사들은 무엇을 했을까요? 집현전 학사들은 유교 정치의 기반이 되는 제도를 정비하고 나라의 정책에 대해 연구했어요. 임금과 함께 나라의 문제에 대해 고민하며 대책을 마련하기도 했지요. 그들이 한 학문 연구는 성리학, 역사, 지리, 의약, 천문 등의 발전을 가져왔습니다.

사실 우리는 그동안 학문이나 생활 양식에서 많은 부분 중국에 의지하고 있었어요. 하지만 우리의 실생활에 그대로 적용하기에는 맞지 않는 부분이 많아 어려움을 겪었던 것도 사실이지요. 집현전 학사들은 우리나라에 맞도록 연구해 책을 발간했고, 그것은 우리의 생활을 바꾸어 놓았습니다.

집현전에서 심혈을 기울여 만든 책인 『칠정산』 같은 경우도 우리의 환경에 맞게 새로 만든 역법서입니다. 역법은 달력

▲ 과거 집현전으로 사용되었던 경복궁 수정전

칠정산

우리나라 최초의 천문 역법서입니다. 조선 시대 한양의 위도를 기준으로 해·달·화성·수성·목성·금성·토성 7개 천체의 위치를 계산하는 방법이 서술되어 있어요.

을 만드는 방법인데요. 천문학 지식이 없으면 감히 만들 수 없는 책이지요. 그전까지는 중국에서 만든 달력을 사용했는데, 중국의 하늘과 조선의 하늘이 달라 우리와 완벽하게 일치하지 못했어요. 달력을 만들려면 해와 달은 물론이고, 여러 행성들의 움직임이 정확히 관측되어야 합니다. 그 움직임에 따라 계절이 바뀌고 해가 뜨고 지는 시간이 바뀌거든요. 과학의 발전으로 혼천의나 간의 같이 천체의 움직임을 관측하는 기구가 발명되자 우리만의 달력을 만들 수 있었던 것입니다.

그동안 조선은 많은 분야에서 중국의 서적이나 제도, 방법들에 의지해 왔는데 착오도 많았어요. 예를 들면 중국에서 일 년 중 가장 추운 날이라고 적어 놓은 날짜가 우리나라에서는 며칠 전이나, 며칠 후에 오는 식이었지요. 그래서 세종은 우리만의 것을 만들고자 했고, 거기에 많은 노력을 쏟았던 거예요.

집현전은 세조 대에 폐지되기까지 36년 동안 수많은 학사들이 이곳을 거쳐 갔습니다. 성삼문, 신숙주, 정인지 등이 대표적 인물이지요. 그 중 세종 대왕과 신숙주의 유명한 일화가 있습니다.

신숙주가 밤늦도록 책을 읽고 있었는데 세종도 잠을 자지 않고 책을 보고 있었던 모양입니다.

"아직까지도 집현전에 불이 켜져 있다니, 누가 있는지 알아보거라."

남아 있는 신하가 신숙주라는 것을 안 세종은 신하가 이렇게 공부하고 있는데 임금이 잘 수 없다며 계속해서 책을 읽었어요. 그러다 집현전을 방문해

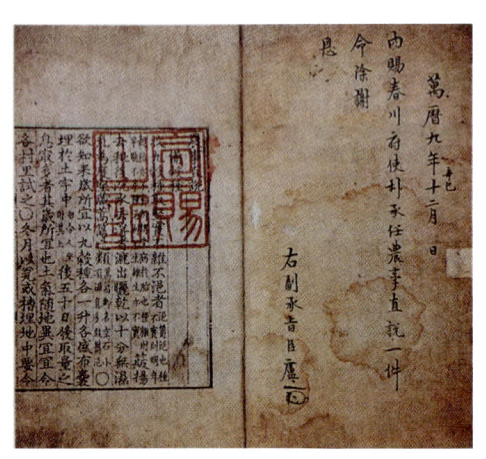
▲ 『농사직설』

신숙주가 책상에 엎드려 자고 있는 걸 보았지요. 이에 세종은 친히 입고 있던 옷을 벗어 그의 어깨에 덮어 주었다고 합니다. 공부하는 신하를 무척이나 아끼는 세종의 마음이 드러나는 이야기입니다.

정말 놀라운 이야기군요. 집현전의 업적을 바탕으로 미루어 보건대 세종 대에는 큰 발전이 있었을 것 같습니다. 맞나요?

네, 맞습니다. 세종 대에는 『농사직설』과 같은 농업서, 『향약집성방』과 『의방유취』 같은 의학서, 『고려사』와 『자치통감훈의』와 같은 역사서, 『팔도지리지』 같은 지리서 등 다양한 분야의 책이 편찬되었습니다. 어마어마한 문화 발전으로밖에는 설명할 수가 없지요.

『향약집성방』은 우리나라 약재에 대한 정보가 담긴 책인데요. 기존에는 중국의 약재들에 대한 정보가 전부였지만 이제는 우리 땅에서 나는 약재와 그 효능에 대해 알게 됐으니 병을 고치기도 한결 수월해질 수 있었지요.

또한 과학이 발전하자 우리는 계절, 날짜, 날씨 등을 예측할 수 있게 되었는데요. 사실 이것은 조선의 근본인 농사의 발전과도 큰 관계가 있습니다. 이 모든 것이 농사를 잘 짓기 위함이었어요. 세종은 이렇게 농사에 도움을 줄 수 있는 과학 기술을 발전시키고 싶었던 거예요. 『농사직설』도 이러한 소망을 담아 만든 책이라고 볼 수 있지요. 땅을 기름지게 잘 관리하는 방법이나, 전국 각지의 농사 기술을 조사해서 좋은 방법들을 모아 기록해 놓았답니다. 그로 인해 곡식 생산량이 크게 늘어나는 좋은 결과를 낳게 되었지요.

2 인물 초대석

@생방송한국사

인재 채용의 신, 세종

오늘은 인재 채용의 귀재이신 분에 대해 알아보고자 합니다. 한 분야에 뛰어난 능력을 갖춘 사람을 알아보고 그에게 걸맞은 임무를 맡기는 것으로 유명하신 분이신데, 바로 세종입니다. 오늘은 세종을 가까이서 모신 신하 한 분과 말씀 나눠 보도록 하겠습니다.

나학자

안녕하세요, 나학자입니다. 세종은 평소 신하들과 토론을 즐겨했어요. 나랏일에서부터 학문에 이르기까지 다양한 주제를 두고 신하들과 생각을 주고받았지요.

"가뭄으로 피해를 입은 백성들에게 세금을 감면해 주고자 하오."

"절반만 감면하시는 게 좋을 듯합니다."

신하들과 생각이 다를 때면 세종은 몇 번이고 다시 설명했어요.

"얼마 전에 받은 보고에 의하면 재정에 여유가 있다고 했소."

"나라의 다른 백성들을 위해서도 쓰여야 합니다. 모두 감면하게 되면 다른 계획을 세워 둔 곳에서 예산이 어긋날 수도 있습니다."

"그렇구려. 경들의 생각이 그렇다면 알겠소."

이렇듯 신하들의 의견이 옳다는 결론이 나오면 겸허히 받아들였답니

다. 또 세종은 신하들에게 힘을 실어 주었습니다. 의정부 서사제를 부활시킨 것이지요. 의정부가 6조의 보고를 받아 일을 앞장서서 처리할 수 있도록 한 것입니다. 신하들의 역할이 중요해진 거예요.

세종이 인재를 얼마나 중요하게 생각했는지 알 수 있는 부분이네요.

그렇지요. 세종은 능력이 뛰어난 사람이라면 신분을 가리지 않았어요. 신분이 낮은 사람이라도 그 일을 하기에 적합하면 뽑아 썼지요. 대표적으로 장영실은 천한 노비 출신이었지만 세종은 그의 재능을 높이 사 중국으로 유학을 보내기도 했어요. 이런 지원이 있었기 때문에 훌륭한 인재들이 정치, 역사, 경제, 언어, 과학, 국방, 음악 등에서 저마다 자신만의 기량을 뽐낼 수 있었던 거예요. 그리고 세종은 맡겨만 두고 끝내는 것이 아니라 그것이 어떻게 진행되고, 얼마나 더 최선의 결과를 가져올 수 있는지 점검하여 더 큰 효과를 끌어냈답니다.

명재상이라고 불리던 황희나 맹사성도 이런 세종을 만났기 때문에 탄생할 수 있었던 것 아닐까요? 김종서를 함경도로 파견하여 두만강 유역에 6진을 설치한 것이나, 최윤덕을 보내 압록강 유역에는 4군을 설치한 것 모두 적절한 인재를 썼기 때문에 가능한 일이었다고 봅니다. 그 덕분에 오늘날과 같은 국경선을 확정지을 수 있었지요.

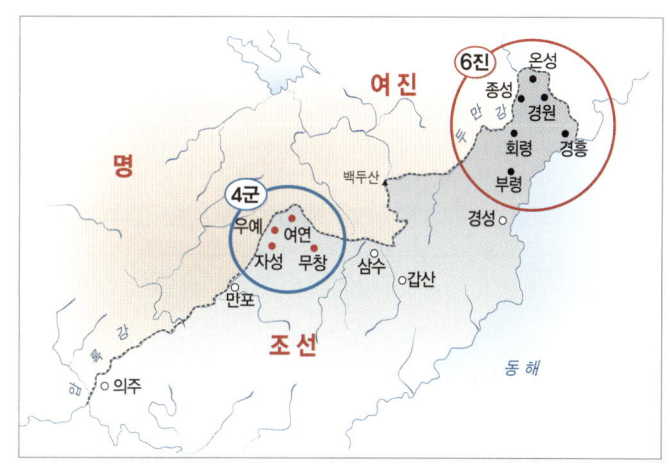
▲ 4군 6진

3 헤드라인 뉴스

속보를 전해 드립니다! 저는 지금 세종 대왕이 훈민정음을 반포하는 장소에 나와 있습니다. 다른 방송국과의 경쟁을 뚫고 어렵사리 세종 대왕을 이곳에 모셨는데요. 세종 외에 몇몇 신하들과 함께 훈민정음을 창제하기까지의 이야기를 들어 보겠습니다.

세종

우리만의 글자가 없어서 우리 조상들은 중국 글자인 한자로 글을 적거나 한자의 음만 빌려와 글을 썼습니다. 하지만 우리말을 한자로 옮기는 것은 어려운 일이었어요. 게다가 한자는 백성들이 배우기도 쉽지 않았지요. 이를 안타깝게 여긴 나는 반드시 우리글을 만들어야겠다고 생각했습니다.

백성을 생각하는 세종 대왕님의 마음이 그대로 느껴지는 말씀이십니다. 그런데 최만리 씨의 생각은 다르다고 들었는데요.

최만리

네, 그렇습니다. 중국과 다른 문자를 만드는 것은 큰 나라를 모시는 예의에 어긋나며 스스로 오랑캐가 되는 것입니다. 그렇기 때문에 저는 아직도 반대입니다.

72 세종 | 조선의 문화를 꽃피우다

우리가 잘 쓸 수 있는 쉬운 글자를 만들어야 백성들이 편하게 사용할 수 있습니다. 나는 그런 글자가 꼭 필요하다고 생각해서 훈민정음을 만들었던 것입니다. 신하들이 반대했지만 우리글을 가지고자 하는 나의 마음을 꺾을 수는 없었습니다.

훈민정음에는 어떤 뜻이 담겨 있으며, 어떤 원리로 만드셨습니까?

> 나랏말씀이 중국의 말과 달라, 한자와 잘 통하지 아니하여 어리석은 백성이 자신의 뜻을 제대로 펴지 못하는 이가 많으니라.
> 내 이를 불쌍히 여겨 새로 스물여덟 자를 만드니
> 사람마다 쉽게 익혀 늘 씀에 편안하게 하고자 함이라.
>
> -『훈민정음』서문 -

훈민정음은 '백성을 가르치는 바른 소리'라는 뜻을 가지고 있습니다. 또한 나는 훈민정음을 만든 이유도 밝혔지요. 내가 문자를 만든 이유는 억울한 일을 당하는 백성이 가여웠기 때문입니다. 가엾은 백성을 볼 때마다 몹시 안타까웠습니다. 글을 알면 벌을 받아야 하는지 받지 않아도 되는지 쉽게 알 수 있으니 억울한 일을 덜 당할 거라고 생각했던 거지요. 그래서 나는 백성을 위해 꼭 필요한 것이 문자라고 판단했습니다.

훈민정음은 나와 집현전 학사들이 공동으로 만들었다고 알려져 있습니다만 집현전 학사들은 훈민정음이 완성된 다음 그것을 책으로 만들 때 참여했답니다. 실제로 글자를 만들 때는 왕자, 공주, 몇 명의 학자들이 참여했지요.

훈민정음에는 내가 이것을 창제한 목적이 책 서문에 분명히 밝혀져 있고, 훈민정음이 만들어진 원리와 **해례** 등도 상세히 설명되어 있습니다. 훈민정음은 사람의 발음 기관을 본떠 초성인 자음을 만들고, 하늘·땅·사람을 본떠 모음인 중성을 만들었으며, 종성은 초성을 다시 활용한 매우 과학적인 글자랍니다.

▲ 『훈민정음 해례본』

네, 소중한 말씀 감사합니다. 세종 대왕께서 훈민정음을 만든 이유 중에는 유교 국가의 백성을 만들기 위해서라는 말도 있었지요?

훈민정음을 창제한 후에는 백성들이 유교의 대표적 덕목인 충과 효를 자연스럽게 익힐 수 있도록 각종 책을 펴냈습니다. 『삼강행실도』가 대표적인데요. 백성들이 쉽게 볼 수 있도록 그림도 함께 실어 놓았습니다.

글을 읽을 줄 알아야 책도 읽을 수 있습니다. 나는 백성들이 쉽게 배울 수 있는 글자를 만들어 백성들에게 유교 덕목을 가르치고자 했던 것입니다. 그것이 조선을 하루빨리 안정시키는 길이며, 나아가 그런 백성이 있으면 임금으로서도 나라

▲ 『삼강행실도』

▲ 『용비어천가』
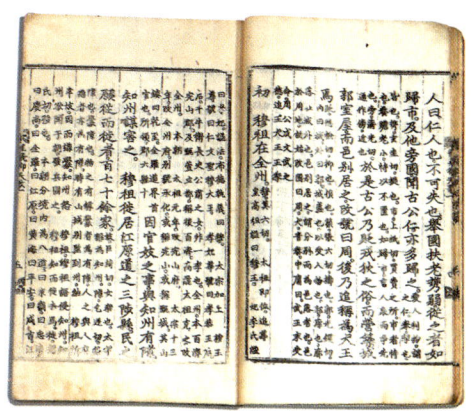

를 바르게 다스릴 수 있다고 믿었던 거지요.

　훈민정음으로 쓴 최초의 책은 『용비어천가』입니다. 장편 시로 이루어진 이 책은 태조 이성계의 4대 조상부터 태종까지의 업적을 찬양하고 있어요. 고려가 멸망하고 조선이 건국된 것은 잘된 일이라는 내용을 통해 조선이란 나라가 생긴 정통성과 정당성을 전달하고자 했던 숨은 뜻이 담겨 있지요. 곧이어 『삼강행실도』, 『효경』 같은 책들도 만들었는데요. 이 책들에도 유교에서 강조하는 '충', '효' 사상이 잘 나타나 있어요. 이 역시 백성들에게 바른 예절과 문화를 가르치는 것이 목적이었지요.

해례
보기를 들어서 풀이한 것을 말해요.

한글
한글은 우리나라 고유 글자를 가리키는 이름이에요. 창제 당시에는 훈민정음이라 했지만, 그 후 언문, 암글, 가갸글 등 여러 이름으로 불리다 주시경이 처음으로 '한글'이라 부르기 시작했어요.

네. 소중한 말씀 정말로 감사드립니다. 훈민정음 창제에 얽힌 여러 가지 이야기를 들어 볼 수 있는 의미 있는 시간이었습니다. 이것으로 뉴스를 마칩니다.

스페셜뉴스 비하인드 뉴스

훈민정음 창제를 둘러싼 논쟁, 최만리 VS 세종

최만리의 상소

언문 창제에 대한 저의 의견을 올립니다.

우리나라는 중국을 대국으로 여기어 섬기고 있습니다. 그런 중국의 글자를 두고 새로운 글자를 만드는 것은 부끄러운 일이 될 것이며, 또한 중국의 귀에 들어갈까 염려스럽습니다. 따로 글자를 만드는 것은 오랑캐들이 하는 행동입니다. 우리가 오랑캐의 행동을 따라할 필요가 무엇이겠습니까.

또한 우리에게는 이미 백성들의 편리를 위한 이두라는 문자가 있습니다. 이두는 한자를 기반으로 하기 때문에 이두를 통해 한자를 배우는 이들 또한 많습니다. 이것은 학문을 증진시키는 데도 도움이 되었습니다.

그러나 언문을 시행하오면 관리들이 오로지 언문만을 배우려 들고 학문하는 한자를 배우려 들지 않을 것입니다. 이렇게 되면 후에는 문자를 아는 자가 적어져 성현의 가르침을 알지 못해 옳고 그름을 판단하는 데 미숙해질 것입니다.

언문이 비록 유익하다 할지라도 문장가의 기예 중 하나일 뿐입니다. 정치하는 도리에 유익한 부분이 없습니다. 학업에 힘을 써야 할 때에 이것을 익히기에만 힘을 쓰고 있으니 학업 손실이 우려됩니다. 마음에 품은 생각을 차마 묵힐 수 없어 고하노니 헤아려 주시기 바랍니다.

이 상소를 통해 당시 조선의 신하들이 얼마나 중국 중심의 세계관에 젖어 있었는지를 알 수 있을 거예요.

최만리의 상소에 대한 세종의 반박문

세종 대왕의 반박문(1444. 2. / 『세종실록』 26년)

너희들은 "음을 사용하고 글자를 합한 것이 모두 옛 글에 위반된다." 하였다. 설총의 이두도 음을 달리한 것이다. 이두를 만든 본뜻도 백성을 편리하게 하려 한 것이라면 이 언문 역시 백성을 편리하게 하려 한 것인데 무엇이 문제란 말이냐? 설총은 옳다 하면서 임금인 내가 하는 일은 옳지 않다고 한단 말이냐? 너희들이 운서를 아느냐, 사성칠음에 자모가 몇인지 아느냐. 내가 저 운서를 바로잡지 않는다면 누가 그것을 대신하겠느냐. 또한 내가 언문으로 삼강행실을 번역하면 어리석은 남녀가 모두 쉽게 깨달아서 충신·효자·열녀가 더 많이 나올 것인데 이것이 더 바람직한 일이 아니겠느냐.

    최만리는 집현전의 유명한 학사였어요. 사실 세종이 훈민정음을 창제한다고 했을 때 반대하는 사람들이 많았는데 최만리도 그중 한 사람이었습니다. 세종이 훈민정음 창제를 발표하고 왕자들과 함께 한자음 통일 사업을 시작하자 최만리는 세종에게 상소문을 올립니다.

    훈민정음을 만드는 것은 명나라에 대한 예의에 어긋난다는 것과 스스로 오랑캐가 되는 것과 다름없다는 것이 이유였어요. 또 문화적으로 선진국인 중국의 글자를 익혀야 선진 문물을 받아들일 수 있는데 쉬운 글자를 알게 되면 누가 한자를 공부하겠냐며 걱정스런 상소를 올렸지요.

    상소문을 받은 세종 대왕은 몹시 화가 나서 최만리를 비롯해 상소문을 같이 올린 다른 신하들을 감옥에 가두었어요. 다음날 석방되었지만 풀려난 최만리는 이내 벼슬에서 물러나 고향에 내려갔다가 세상을 떠나고 말았답니다.

고종훈의 한국사 브리핑

인물 핵심 분석 ▶ 세종

QR 코드를 찍으면 고종훈 선생님의 강의를 볼 수 있어요.

- **시대** ▶ 1397년~1450년
- **재위 기간** ▶ 1418년~1450년
- **별명** ▶ 세종느님, 워커홀릭, 집현전 죽돌이
- **국정 운영 스타일** ▶ 능력 위주 인재 등용!
  집현전에 발 들인 자, 나갈 생각 말아라!!
- **좌우명** ▶ 나랏말싸미 사맛디 아니할세…
- **역사적 중요도** ▶ ★★★★★
- **시험 출제 빈도** ▶ 매우 높음

세종은 궁궐 안에 학문 연구 기관인 집현전을 설치했습니다.

자기를 도와줄 인재를 모집하는 데는 집현전이 최고였습니다! 이때 집현전을 통해 많은 인재들이 발굴되었지요. 집현전 출신인 성삼문, 신숙주, 정인지 등은 후대에까지 활약합니다.

세종은 외교 정책 또한 탁월했어요.

압록강 지역에는 최윤덕 장군을 보내서 4군을 개척했고, 두만강 하류 지역에는 김종서 장군을 보내서 6진을 개척했습니다. 세종이 4군 6진을 개척했기 때문에, 현재 우리도 잘 아는 압록강과 두만강이라고 하는 한반도의 국경선이 확정지어졌답니다.

무엇보다 세종의 최고 업적은 한글, 즉 훈민정음을 창제한 일입니다.

한국인, 한민족으로서 공통적인 정체성을 갖게 하는 것은 과연 무엇일까요? 그것은 바로 말과 글이에요. 세종은 신하들의 반대를 무릅쓰고, 훈민정음을 창제하고 반포하는 데 성공했습니다.

인물 관계 분석

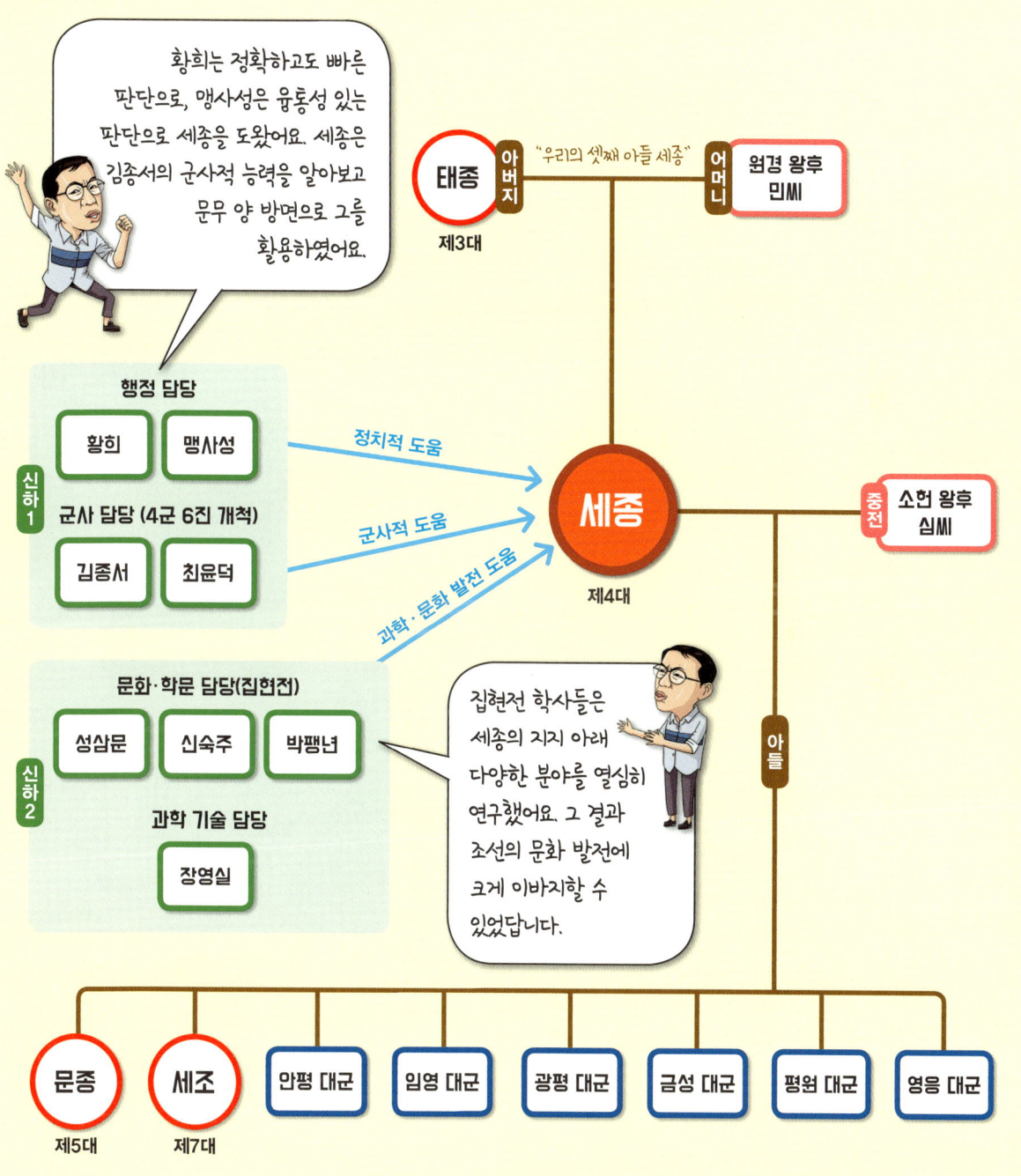

05 장영실

조선의 과학자

시대 ?년~?년

타임라인 뉴스

1410 수차를 만든 공으로 궁궐의 기술자가 되다

1423 노비에서 벗어나 종5품에 오르다

1434 자동 물시계인 자격루를 만들다

1441 측우기를 만들다

1442 임금이 타는 가마가 부서지는 바람에 벼슬에서 쫓겨나다

1 인물 초대석

신분의 한계를 뛰어넘은 능력자, 장영실

안녕하세요. <인물 초대석> 시간입니다. 여러분, 세종 대왕의 열정과 집현전 학사들의 연구도 오늘 모신 이분이 없었다면 빛을 발하지 못했을 것입니다. 연구를 실현시켜 준 사람! 세종 시대에 과학 분야에서 눈부신 발전을 이뤄 낸, 바로 장영실 씨입니다.

장영실

저는 천한 노비 출신입니다. 아버지는 원에서 귀화한 귀화인이고 어머니는 관청의 기녀였어요. 어머니의 신분을 따라야 하는 당시 제도에 따라 저도 노비가 되었지요.

어릴 적부터 저는 여러 가지 물건을 고치는 데 재주가 뛰어났어요. 노비 생활 중에도 관아의 기구들을 하나 둘 과학적으로 바꾸어 보았지요. 또 수차를 만들어 저희 지방에 닥친 가뭄을 이겨 내는 데 도움을 주었더니 점점 유명해지기 시작했습니다. 그러다 세종 임금께서 제 능력을 알아보고는 노비 신분에서 풀어 주고 벼슬까지 내려 주셨어요. 또 제대로 공부하고 오라며 중국으로 보내 주기까지 하셨지요.

중국에서 돌아와 저는 먼저 천문 관측기인 간의대와 혼천의를 만들었어요. 제 입으로 말하기는 좀 그렇지만 당시로서는 최고의 천문학 기술

▲ 혼천의

이 구현된 것이었습니다.

혼천의는 태양이나 달, 별의 움직임을 한눈에 보여 주는 천문 기구예요. 별들의 움직임을 관찰하여 계절의 변화를 파악하는 데 도움을 주지요. 간의 역시 복잡한 혼천의를 간단하게 줄여 만든 기구로, 계절의 변화를 관찰할 수 있게 도와 줍니다. 이렇게 얻어 낸 천문 지식은 달력을 만드는 데 큰 도움을 주었고, 농사의 발전으로 이어졌지요. 계절과 날씨를 더 정확하게 예측할 수 있었기 때문에 백성들이 한결 수월하게 농사를 지을 수 있었습니다.

장영실 씨가 천문 분야에서 활약해 주신 덕분에 우리만의 달력이 탄생할 수 있었던 거군요! 장영실 씨를 이야기할 때 '최초'라는 말이 많이 붙는데요. 세계 최초로 비의 양을 재는 기구인 측우기를 만들어 하천의 범람을 예측하고 농사에도 도움을 주었다고 들었습니다.

농사에 있어 비가 얼마나 내렸는지는 매우 중요한 일입니다. 따라서 비가 얼마나 왔는지 양을 정확히 측정하는 것이 필요했지요. 그동안은 흙을 파헤쳐 빗물이 스며든 깊이를 재 비가 내린 양을 측정했지만, 이 방법은 땅의 성질이나 위치에 따라 측정 결과가 달랐기 때문에 정확하지 않았어요. 그래서 제가 물통에 떨어지는 빗물을 보고 측우기를 만들었습니다. 당시 세자였던 문종의 도움이 컸지요. 원통형의 측우기 안에 빗물이 고이면 주척이라 부르는 자로 고인 물의 양을 재 강수량을 측정했지요. 이것도 제 자랑 같지만 유럽보다 200년이나 앞서 발명된 것입니다.

◀ 측우기　　　　　　　　　　　◀ 앙부일구

그럼 이번에는 자동으로 시간을 알려 주는 물시계인 자격루를 우리나라 최초로 만든 이야기 좀 들려주시지요.

 사실 저는 시계에 관심이 많아 이 분야에서도 많은 발명품을 만들어 냈습니다. 제가 만든 것들을 함께 보시지요. 먼저 앙부일구입니다.

앙부일구는 해시계입니다. 세로줄에는 시간이 표시되어 있고, 가로줄에는 절기가 표시되어 있어 달력의 기능까지 할 수 있답니다. 앙부일구를 백성들이 다니는 길가에 설치해 백성들에게 시간을 알려 주었지요. 그런데 이 앙부일구에는 치명적인 단점이 있어요. 바로 해가 쨍한 날이 아니면 사용할 수 없다는 점이었지요.

이러한 앙부일구의 단점을 극복한 것이 물시계인 자격루입니다. 게다가 자격루는 자동으로 시간을 알려 주는 기능까지 가지고 있었지요.

정말 즐거운 시간이었습니다. 앞으로도 많은 발명품을 개발하시길 부탁드립니다.

83

세계를 놀라게 한 과학 기술, 장영실과 물시계

장영실이 자격루 제작에 성공하자 세종은 정말 기뻐하며 그에게 호군이라는 관직을 내립니다.

사실 세종은 오래전부터 물시계를 만들고 싶어 했어요. 물시계는 중국에서 기원전 7세기에 발명되었다고 해요. 그러나 매일 물을 갈아 주어야 하는 불편함이 있었고, 항상 사람을 시켜서 시간을 재야만 했어요. 조금이라도 한눈을 팔면 시간을 놓치기 일쑤였지요. 이후 송의 과학자 소송(蘇訟)이 만든 물시계는 장치들이 너무나 복잡해서 소송이 죽은 뒤에는 아무도 만들지 못해 결국 사라지고 말았대요.

그래서 세종은 자동 물시계를 원했어요. 그러나 자신의 꿈을 실현시켜 줄 사람을 찾지 못하고 있었지요. 그러다 만난 장영실은 세종의 기대를 저버리지 않고 열심히 자료를 수집하고 공부해 '자격루'라는 새로운 자동 물시계를 만들어 냈습니다.

자격루는 물을 넣은 항아리의 한쪽에 구멍을 뚫어 물이 흘러나오게 만든 기계입니다. 큰 항아리에 물을 부으면 물이 일정하게 긴 원통으로 흘러들어갑니다. 물이 점점 많아질수록 구슬이 하나씩 굴러 나와 종이나 북을 울리도록 한 것이지요. 즉, 규칙적으로 떨어지는 물방울의 양을 이용해 시간에 따라 저절로 울리게 만든 겁니다. 자동으로 시간을 알려주는 자격루를 보고 많은 사람들이 열광했지요.

자격루는 두 시간마다 한 번씩, 하루에 12번씩 종을 쳐서 시간을 알려 주었어요. 세종 16년에는 경복궁 경회루 남쪽에 있는 보루각에 세워졌지요. 사람들은 자격루를 볼 때마다 그 장치가 움직이는 것이 귀신과 같다며 감탄을 금치 못했답니다. 장영실은 세종이 너무나 고마웠어요. 미천한 노비였던 자신의 재능을 알아보고 또 지원해 준데다 자신이 이루어 낸 발명품을 보고 기뻐하며 벼슬까지 주었으니까요. 그래서 장영실은 그 은혜에 보답하고자 임금을 위한 시계를 만들기로 합니다.

자격루가 많은 백성들을 위한 표준 시계였다면, 이번에는 오로지 임금을 위한 특징적인 자동 물시계를 만들기로 한 거예요. 새로운 물시계는 시간을 알려 주는 자격루와 천체의 운행을 관측하는 혼천의를 결합한 형태를 가지고 있었지요.

자격루와 혼천의의 결합이라니 정말 놀랍지요? 이 두 가지를 합치면 계절에 따른 태양의 위치를 정확히 알 수 있고, 그때에 맞추어 농촌에서 해야 할 일을 백성에게 전달할 수 있었지요.

장영실은 조선 최초의 천문 관측대인 간의대를 비롯하여 수많은 과학 기구를 발명하는 등 많은 업적을 남겼어요. 그러나 안타깝게도 임금이 탈 가마를 제작했다가 가마가 부서지는 바람에 곤장을 맞고 관직에서 쫓겨나게 됩니다. 그 후 그에 대한 기록이 전해지지 않고 있어, 장영실의 이야기는 더 이상 알 수 없답니다.

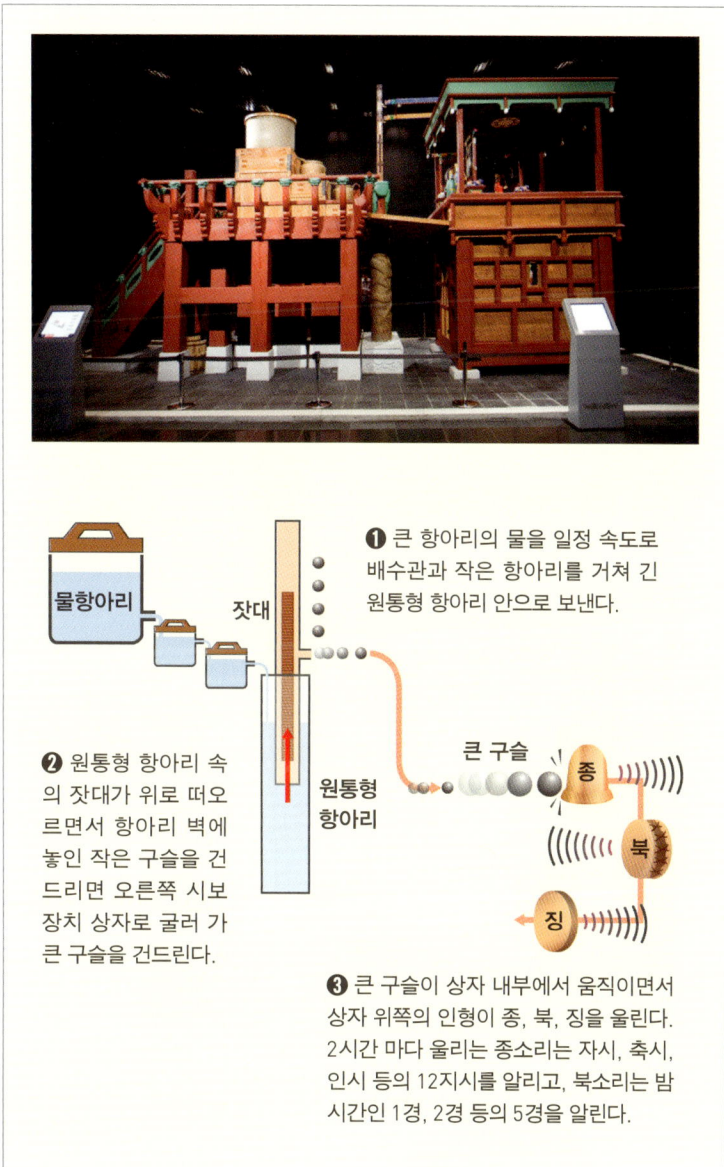

▲ 자격루의 작동 원리

 고종훈의 한국사 브리핑

인물 핵심 분석 ▶ 장영실

QR 코드를 찍으면 고종훈 선생님의 강의를 볼 수 있어요.

- 시대 ▶ ?~?
- 별명 ▶ 과학 천재, 신의 손, 시계왕, 재주꾼
- 출신 ▶ 노비
- 좌우명 ▶ 실력으로 신분을 극복하자
- 발명품 ▶ 해시계, 물시계, 측우기, 간의대, 혼천의 등 다수
- 역사적 중요도 ▶ ★★★☆☆
- 시험 출제 빈도 ▶ 보통

혼천의와 간의라는 천문 관측 기구를 만들었어요.

혼천의와 간의는 태양과 별과 달의 움직임을 관측하는 **천문 관측 기구입니다.** 이것을 관측해야만 이를 토대로 역(법)서, 즉 달력을 만들 수 있어요. 이것은 농사의 발전에 큰 도움이 되었어요.

비의 양을 잴 수 있는 측우기를 만들었습니다.

측우기는 강수량을 측정할 수 있는 과학 기구입니다. 세종 때에 세계 최초로 발명되었지요. **이것은 유럽보다 무려 200년이나 앞선 과학 기구랍니다.**

앙부일구(해시계)와 자격루(물시계)를 만들었어요.

해시계는 기후의 영향을 많이 받게 되지요. 이것의 단점을 보완한 것이 자격루라는 물시계예요. 당시로서는 최첨단 기술을 이용한 발명품이었지요. **장영실은 과학 기술 분야에서 탁월한 공을 세워 노비 출신임에도 불구하고 벼슬을 할 수 있었어요.**

1 헤드라인 뉴스

생방송 한국사

준비된 왕이었지만 병약했던 문종

속보를 전해 드립니다! 문종의 건강이 급속히 악화되어 곧 세상을 떠날 것 같다고 합니다. 아버지인 세종을 빼닮아 학식이 두텁고 인품 또한 훌륭했던 문종이었기에 백성들 또한 몹시 안타까워하고 있습니다. 이 와중에 다음 왕이 될 어린 왕자에게 관심이 쏠리고 있습니다.

문종은 세종의 장남으로 외모나 성품 모두 아버지 세종과 많이 닮았다고 알려져 있는데요.

김역사 기자

문종은 학문을 사랑해 공부에 열심이었고, 측우기를 만드는 데도 직접 참여했지요. 측우기는 장영실이 만들었다고 알려져 있지만, 어떤 사람들은 문종의 작품이라고도 해요. 측우기와 관련된 첫 기록에서 문종 이야기가 나오거든요. 세자 시절, 비가 오고 나면 늘 땅을 파서 젖은 정도를 재서 기록하던 문종이 더 정확한 자료를 원해 구리 그릇에 빗물을 받고 그 양을 자로 쟀다는 내용이지요.

이처럼 그는 왕이 되기에 부족함이 없었던 인물이었어요. 실제로 세종이 물러나기 전 문종은 8년 동안 **섭정**을 했기 때문에 세종 후반부의 업적은 문종의 능력이라고 봐도 무리가 없어요. 한마디로 문종은 준비된 왕이었지요.

문종은 효심 또한 깊었어요. 어머니와 아버지의 상을 연달아 치르면서 음식도 거부하며 효를 다했지요. 가뜩이나 몸이 약했던 문종은 이후 건강이 급속히 나빠졌어요. 왕위에 올랐지만 많은 시간을 병상에서 지내야 했지요. 문종은 결국 왕위에 오른 지 2년 만에 세상을 떠나고 말았어요. 짧은 기간이지만 문종은 언론의 길을 넓히고, 고려 시대의 역사를 정리했으며, 군사 제도를 개혁하는 등 많은 업적을 남겼어요.

문종에게는 어린 아들이 있었습니다. 당시 일찍 결혼하고 일찍 아이도 낳았던 풍습에 비하면 문종이 단종을 얻은 것은 꽤 늦은 나이였어요. 그도 그럴 것이 단종을 얻기까지 문종은 세자 시절 세 명의 부인을 맞아야 했거든요. 첫 번째 부인은 휘빈 김씨였어요. 그러나 세자와 세자빈은 그다지 마음이 잘 맞는 부부가 아니었어요. 휘빈 김씨는 자신을 멀리하는 세자의 마음을 얻기 위해 민가에서 쓰는 나쁜 **미신**을 따라했어요. 세종은 부덕한 여자에게 조상의 제사를 맡길 수 없다며 휘빈 김씨를 **폐출**했지요.

두 번째 부인은 순빈 봉씨였어요. 봉씨는 문종과 달리 다혈질에 성격도 솔직하고 직설적이었어요. 둘은 너무 맞지 않았고 당연히 사이가 좋지 않았지요. 봉씨는 대낮부터 술을 마시거나 세자빈으로서는 어울리지 않는 행동을 해 결국 폐출되고 말았어요.

세 번째 부인이 바로 현덕 왕후 권씨예요. 권씨는 원래 세자빈인 봉씨에게서 아이가 없자 들인 후궁이었어요. 다행히 권씨는 문종과 사이가 좋아 딸을 낳았고, 이후 봉씨가 폐출되자 세자빈이 되었습니다. 그리고 5년 뒤에 드디어 세손인 단종이 태어났습니다.

섭정
임금이 직접 통치할 수 없을 때에 임금을 대신해 나라를 다스리는 것

미신
비과학적이고 종교적으로 정상에서 벗어났다고 판단되는 신앙이나 그런 신앙을 가지는 것

폐출
작위나 관직을 떼고 내치는 것

2 심층 취재

생방송 한국사

비운의 왕, 단종

나이 어린 왕, 단종이 아버지의 뒤를 이어 12세에 왕위에 오르고 있습니다. 너무 일찍 아버지를 여읜 탓에 표정은 슬프고 발걸음도 무거워 보입니다. 그래도 백성 여러분 모두 한마음 한뜻으로 어린 왕의 앞날을 축복해 주시리라 믿습니다.

혜빈 양씨

오늘 이 자리가 저에게는 정말로 가슴 벅찬 자리입니다. 저는 세종 대왕의 후궁인 혜빈 양씨입니다. 며느리인 현덕 왕후 권씨가 단종을 낳은 지 3일 만에 세상을 떠났잖아요. 현덕 왕후는 죽기 전 저에게 단종을 부탁했어요. 저도 아이를 낳은 지 얼마 안 된 처지였지만, 제 아이보다 어미를 잃고 애처로운 단종이, 또 다음 왕위를 이어갈 이 아기가 너무 불쌍했어요. 그래서 기꺼이 제 둘째 아들을 유모에게 맡기고 단종에게 젖을 먹여 키웠지요.

위 인터뷰 내용처럼 단종은 혜빈 양씨의 손에 크다 8세가 되자 세손으로 책봉됩니다.

김역사 기자

세종이나 문종은 어린 단종이 걱정되었습니다. 문종의 건강이 이미 너무 약해져 있었기 때문에 앞날을 기약할 수 없었던 거지요. 세종은 성삼문, 박팽년, 이개, 하위지, 유성원, 신숙주 등 집현전 학사들을 조용히

단종 | 삼촌에게 왕위를 빼앗기다

불러 단종의 앞날을 부탁했어요. 문종 역시 죽음을 앞두고는 황보인, 김종서 등의 신하들에게 단종을 부탁했지요. 이렇게 왕에게 부탁을 받고 뜻을 받드는 신하들을 '고명대신'이라고 합니다.

단종이 12세의 나이로 왕위에 올랐을 때 그에게는 어머니도, 할머니인 대왕대비도 없었어요. 그가 어른으로 성장할 때까지 왕을 보호하고 정사를 대신해 줄 왕실 어른이 아무도 없었던 거지요. 게다가 아직 부인도 맞이하지 않은 때라 의지가 되어 줄 외척 세력도 없었어요. 하지만 단종 옆에는 세종과 문종의 부탁을 받은 신하들이 있었고, 궁에서는 단종을 맡아 키운 혜빈 양씨가 있어 외로움을 이겨 낼 수 있었다고 합니다.

단종은 어릴 적부터 영특해서 세종의 자랑이기도 했습니다. 그래서인지 왕위에 오르고도 어려움을 잘 극복하며 제자리를 잡아갔습니다. 단종이 왕위에 오르자 황보인은 영의정, 김종서는 좌의정이 되어 단종을 보필하며 나랏일을 처리했어요.

그러나 세종과 문종이 걱정했던 것처럼 단종에게는 유독 숙부들이 많았습니다. 왕은 어려서 힘이 약한데 비해, 숙부들은 재주가 많고 한창 젊은 나이라 점차 그 주변으로 사람들이 모여들기 시작했지요. 그중 수양 대군은 특히 야심이 컸던 인물이었어요. 그래서 황보인과 김종서는 그런 수양을 주시하고 경계하기 시작했습니다.

그러나 수양 대군의 입장에서는 어린 왕 옆을 지키며 왕권을 약화시키는 신하들이 불만이었지요.

3 헤드라인 뉴스

생방송 한국사

단종, 폐위되다

오늘 조선에 중대한 사건이 발생했습니다. 결국 단종은 숙부인 수양 대군에게 왕위를 넘겨 주고 말았습니다. 돌봐 줄 왕실의 어른 하나 없는 이 불쌍한 전 임금의 운명은 이제 바람 앞의 등불처럼 위태롭기만 합니다. 앞으로 어찌 될지 자못 궁금하지 않을 수 없습니다.

모두가 걱정하고 있던 대로 마침내 일이 터지고 말았습니다!

김역사 기자

수양 대군이 자신의 부하들과 짜고 김종서와 황보인, 그리고 자신의 편이 아닌 다른 신하들을 모조리 죽여 버린 것입니다.

단종이 즉위한 지 일 년 반 만의 일이었어요. 수양 대군은 단종을 찾아가 김종서, 황보인 등이 오래전부터 나랏일을 제멋대로 하다가 이번에는 단종의 또 다른 숙부인 안평 대군을 왕으로 세우려고 하기에 자신이 먼저 반역자들을 처단했다고 말했습니다. 이 말을 듣고 단종은 새파랗게 질렸어요. 아버지같이 믿고 의지했던 김종서가 죽었다니 겁이 날 수밖에 없었지요. 단종은 알아서 잘 처리하라고 왕명을 내렸고, 수양 대군은 이를 핑계 삼아 혼자서 영의정, 이조 판서, 병조 판서 등의 중요한 벼슬을 차지했어요. 왕좌에 앉지만 않았을 뿐 왕보다 강한 권력을 쥐게 된 것이지요.

단종 | 삼촌에게 왕위를 빼앗기다

수양 대군의 모함을 받은 안평 대군은 강화로 유배를 갔다가 사약을 받았습니다. 단종의 또 다른 숙부인 금성 대군도 수양 대군에 반대하다 유배를 갔고요. 이제 단종의 곁에는 아무도 없었습니다. 결국 단종은 왕위를 숙부인 수양 대군에게 **선위**하겠다고 말했어요.

수양 대군은 단종의 선위를 받아들여 왕으로 등극해 후일 세조로 불리게 됩니다. 그리고 단종은 수양의 **상왕**이 되었지요. 세조가 왕위에 오르고 얼마 뒤, 단종을 다시 왕위에 앉히려는 사육신 사건이 발생했어요. 그러나 안타깝게도 실패로 끝나고 말았지요.

세조의 신하들은 이러한 역모가 일어난 이유가 상왕인 단종이 계속 궐에 남아 있기 때문이라고 말했습니다. 그들의 강력한 주장에 의해 결국 단종은 상왕에서 노산군으로 낮아져 강원도 영월로 유배를 떠나고 맙니다. 영월은 3면이 강으로 둘러싸이고 뒤쪽으로는 절벽이 버티고 있는 쓸쓸한 곳이었어요. 단종은 그곳의 작은 집에서 지내며 궁궐에서 쫓겨난 자신의 처지를 한탄했지요.

하지만 영월에서의 생활도 오래가지 못했습니다. 유배를 간 숙부 금성 대군이 단종의 **복위**를 모의하다가 발각되고 만 거예요. 세조의 신하들은 다시 한 번 이 문제를 해결하려면 단종의 존재를 없애야 한다며 결단을 요구합니다. 그 결과 단종에게 사약이 내려지고 말았지요.

실록에 따르면 사약을 가지고 내려갔을 때 단종은 이미 목을 매어 죽어 있었다고 합니다. 죽고 난 후에도 세조는 단종의 시신을 거두지 못하게 했습니다. 그래서 그의 시신이 청령포 물속에 떠 있는 것을 엄흥도가 몰래 수습해 현재의 장릉(莊陵) 자리에 안장했다고 합니다.

선위
왕이 다른 사람에게 왕위를 물려주는 일

상왕
자리를 물려주고 들어앉은 임금을 이르는 말

복위
폐위되었던 왕이나 왕비가 다시 그 자리에 오르는 것

 **스페셜뉴스** 체험! 역사 현장

단종이 살았던 영월 기행

오늘은 단종이 유배를 떠났던 영월에서 단종의 자취를 찾아보는 시간을 가지려 해요.
수양 대군에게 왕위를 빼앗긴 단종은 마침내 영월로 유배를 떠나기에 이릅니다.
결국 이곳에서 죽음을 맞이한 단종. 그래서인지 영월에는 단종과 관련된 유적들이 많이 있어요.

청령포에 큰 홍수가 나자 단종은 잠시 관풍헌으로 몸을 옮깁니다. 관풍헌은 조선 초기에 영월 동헌 터에 지은 객사예요. 관풍헌 마당 앞 좌측에는 자규루라는 2층 누각이 있어요. 원래 이름은 매죽루였는데, 단종이 이 누각에 올라 '자규사'라는 자신의 한이 담긴 시를 짓고 나서 자규루로 불리게 되었답니다. 함께 감상해 보실까요?

달 밝은 밤 두견새 울 제
시름 못 잊어 누각 머리에 기대었노라
네 울음 슬프니 내 듣기 괴롭도다
네 소리 없었던들 내 시름 없었을 것을
세상에 근심 많은 이들에게 이르나니
부디 춘삼월 자규루에는 오르지 마오

영월 청령포는 3면이 강으로 둘러싸여 반도를 이루고, 나머지 한 면은 육육봉의 층암 절벽으로 막혀 있어 육지이면서도 외딴 섬이나 다름없는 곳이었어요. 나룻배가 없이는 드나들 수도 없었지요. 단종은 이곳에서 두 달간 유배 생활을 했어요. 단종이 머물렀다는 작은 집을 '단종 어소'라고 불러요.

 94 단종 | 삼촌에게 왕위를 빼앗기다

슬픈 죽음을 맞은 단종의 넋을 기리는 듯 그곳의 소나무는 능을 향해 절을 하는 것처럼 굽어 있는 모양이 많다고 하는데요. 우리나라에서 자라는 소나무 중 가장 키가 큰 나무도 여기에 있어요.
이 관음송은 단종의 유배 생활을 지켜본 증인이기도 합니다. 그래서인지 단종의 비참한 모습을 지켜보고 또 오열하는 소리를 들었다 하여 볼 관(觀), 소리 음(音) 자를 써서 관음송이라 이름 붙였다고 해요.

뒷산 계단을 따라 오르면 단종이 아내 정순 왕후를 그리며 쌓아 올렸다는 망향탑이 있어요. 또한 유배 생활의 한을 달래기 위해 자주 오르던 노산대도 있지요.

단종이 사약을 받은 후에도 시신을 거두는 이가 없었어요. 세조가 "시신을 거두는 자는 삼족을 멸한다."는 엄명을 내렸기 때문이었지요. 그러던 중 영월 지방의 호장이던 엄흥도가 목숨을 걸고 동강에 나가 버려진 단종의 시신을 거두었어요. 엄흥도는 지게에 단종의 시신을 싣고 산을 오르다 노루가 잠자던 자리에 눈이 쌓여 있지 않은 것을 보고 좋은 자리라 생각하여 그곳에 단종을 묻었습니다. 숙종 때에 이르러서야 단종이 복위되었고 그의 무덤을 장릉이라 했어요. 241년 만에 제자리를 찾은 것이에요.

한스러운 삶, 정순 왕후

내 인생을 책으로 쓰면 열 권으로도 모자랄 거예요. 왕비에서 노비까지 참으로 파란만장한 인생이었지요.

나는 단종 비 송씨로, 후대에 정순 왕후라고 불린다. 어린 남편이 왕위에 오르자 수양 대군은 마치 조카를 위하는 양 결혼을 추진하여 나를 왕비로 간택했다. 수양 대군 자신이 왕위에 관심이 없는 척하기 위해서였다. 15세 신부, 14세 신랑의 어린 부부였지만, 나와 남편은 의지할 곳 없는 궁중 생활에서 서로를 위로하며 사이좋게 지냈다. 그러나 그 행복은 그리 오래가지 못했다. 남편이 수양 대군에게 왕위를 빼앗기고 상왕이 되자 나는 왕대비가 되었다. 억울하고 원통했지만 마음 한편으로는 차라리 잘됐다는 생각도 들었다. 무서운 수양 대군의 눈치를 보며 더 이상 마음 졸이지 않아도 되었기 때문이었다.

그러나 나의 불행은 끝난 게 아니라 오히려 시작에 불과했다. 2년 후 사육신이 남편의 복위를 꾀하다 발각되는 사건이 발생한 것이다. 이 사건으로 남편은 노산군으로 지위가 낮아져 영월로 유배되고, 나도 왕비가 아닌 '군부인'이 되어 궁에서 쫓겨났다. 남편과 나는 청계천에 있는 영도교에서 울면서 이별했다. 영월로 떠나는 남편을 보내며 나는 가슴이 찢어지는 슬픔을 느꼈다. 그런데 그게 이승에서의 마지막 만남이 될 줄이야! 몇 달 뒤 남편의 숙부인 금성 대군이 남편을 복위시키려다 실패하는 사건이 발생했다. 결국 이 사건으로 남편은 사약을 받고, 나는 노비로 전락하고 말았다.

게다가 수치스럽게도 나를 자기 집 종으로 달라고까지 하는 양반도 있었다. 얼마 전까지 나는 조선 여인들 중에서 최고의 자리에 있었는데, 이렇게까지 떨어지다니 정말로 기가 막힐 노릇이었다. 그나마 세조가 "신분은 노비이지만 노비로 부리지 못하게 하라."는 명을 내려 내 체면만은 살려주었다.

슬픔은 이것이 끝이 아니었다. 남편이 죽자 친정 또한 화를 당한 것이다. 결국 나는 동대문 밖 청룡사 근처에 초암을 짓고 궁녀들과 함께 살았다. 이곳에서 나는 궁녀들이 얻어온 음식으로 끼니를 잇고 염색업을 하며 근근히 생활했다. 이를 알고 세조가 집과 식량 등을 내렸지만 끝내 받지 않았다. 어찌 내 남편을 죽인 사람이 준 집에서 그가 준 밥을 먹겠는가!

남편이 영월로 유배된 후, 나는 날마다 동대문 밖 동망봉(東望峯) 기슭에 올라 남편의 안녕을 기원했다. 그리고 남편의 죽음을 안 후에는 동망봉에서 명복을 빌었다. 아침, 저녁으로 그곳에서 남편의 유배지인 동쪽을 향해 통곡을 하니 그 애절한 소리에 온 마을 여인들이 땅 한 번 치고, 가슴 한 번 치고는 했다고 한다. '동망봉'이라는 이름도 내가 동쪽을 향해 통곡했다고 해서 붙여진 이름이다.

청계천 영도교(永渡橋)도 나와 남편의 사연 때문에 생긴 이름이다. 남편이 귀양갈 때 내가 이 다리까지 따라와 이별한 후 다시는 못 만났다 하여 사람들이 '영이별 다리'로 불렀는데, 그 말이 후세에 와서 '영원히 건너가신 다리'라는 의미로 변해 영도교가 되었다.

양반 가문의 딸로, 또 왕비로 살았지만 궁을 떠난 후에는 스스로 일을 해서 생계를 이을 수밖에 없었다. 다행히 손재주가 조금 있던 나는 옷감에 물을 들이는 염색 일을 도우며 입에 풀칠이나마 할 수 있었다. 자줏물을 들이는 염색업으로 여생을 살았다 해서 내가 살았던 골짜기를 지금도 '자줏골'이라 부른다.

나를 가엾게 여긴 아낙네들은 끼니때마다 채소를 가져다 주곤 했다. 이들의 행렬이 이어지자 결국 궁에서 이를 못하게 금했다. 그러자 이들은 내 집에서 멀지 않은 곳에 모여들어 채소를 파는 척하며 몰래 가져다 주었다. 이것이 영도교 인근의 부녀자들만 드나드는 채소 시장을 이루는 계기가 되었다.

▲ 영도교 | 영도교 터에 새로 세워진 다리이다.

고종훈의 한국사 브리핑

인물 핵심 분석 ▶ 단종

QR 코드를 찍으면 고종훈 선생님의 강의를 볼 수 있어요.

시대 ▶ 1441년~1457년
재위 기간 ▶ 1452년~1455년
별명 ▶ 어린 왕, 꼬마 왕
좌우명 ▶ 아버지와 할아버지의 뜻을 받들어 어진 정치를 하자.
연관 검색어 ▶ 영월, 동강, 사약
역사적 중요도 ▶ ★★★☆☆
시험 출제 빈도 ▶ 보통

단종의 아버지 문종은 몸이 약해서 단종을 지켜주지 못하고 일찍 죽고 말았어요.

단종의 아버지인 문종은 오랜 시간 동안 세자 수업을 받은 준비된 왕이었어요. 그러나 열심히 학문을 연구한 탓인지 몸이 약했지요. 안타깝게도 문종은 짧게 재위하고 그만 세상을 떠나고 말았지요.

문종의 아들 단종이 6대 임금으로 즉위했어요.

문종이 죽자 그의 아들 단종이 조선의 6대 임금으로 왕위에 올랐어요. 그때 단종의 나이 열두 살이었어요. 왕실에는 단종을 돌봐 줄 어른들이 없었어요. 문종은 죽기 전에 김종서와 황보인에게 단종을 돌봐 줄 것을 부탁했습니다.

삼촌인 수양 대군에게 왕위를 빼앗기고 말았어요.

1453년 호시탐탐 왕의 자리를 노리고 있던 단종의 숙부였던 수양 대군이 김종서와 황보인을 죽이고 정권을 장악한 사건이 발생합니다. 이것이 계유정난입니다. 이것으로 단종은 얼마 지나지 않아 결국 수양 대군에게 왕위를 넘기게 됩니다.

07 사육신과 생육신

충신은 불사이군

타임라인 뉴스

1452 단종이 조선 제6대 임금으로 즉위하다

1453 세조가 계유정난을 일으키다

1455 사육신들이 모여 세조 암살 계획을 세우다

1456 단종 복위 계획이 발각되어 죽임을 당하다

1457 단종이 죽자 원호가 3년상을 치르다

1 헤드라인 뉴스

생방송 한국사

사육신, 죽음과 바꾼 충정

차마 눈을 뜨고 볼 수 없는 현장입니다. 궁궐 앞마당에서 반역죄를 캐기 위한 심문이 연일 이어지고 있는데요. 백성들의 존경을 받던 성삼문, 박팽년 등 6명의 신하들이 왜 이런 고문을 받아야 하는지 특별 취재반을 동원해 생생히 알려 드리도록 하겠습니다.

> 세조가 왕위에 오르고 난 뒤 몇몇 신하들은 세조가 조카인 단종으로부터 왕위를 빼앗았다고 생각했습니다.

김역사 기자

이들은 결국 억울하게 쫓겨난 단종의 복귀를 꾀하게 되었습니다. 저와 같이 사건의 전말로 들어가 보시지요.

유교 국가에서 정당한 방법으로 왕위에 오른 임금을 힘으로 쫓아내고 왕위를 빼앗는 것은 있을 수 없는 일입니다. 유교 질서에서는 숙부도 왕의 신하에 지나지 않아 신하가 왕의 자리를 빼앗는 것이 되니까요.

집현전 출신의 젊은 신하들은 조심스럽게 단종을 복위시키기 위해 준비합니다. 그 중심에 섰던 이들이 성삼문과 박팽년이었지요. 곧이어 기회가 찾아왔습니다. 세조가 명 사신을 창덕궁에 초청하는 자리를 마련한다는 소식이 들려왔거든요. 그런 곳에서 왕과 세자를 호위하는 자들을 별운검이라고 하는데, 때마침 별운검에 성삼문의 아버지인 성승과 유응부가 임명되었어요. 둘 다 단종 복위에 찬성하는 쪽이었지요. 그들은 세조를 제거하고 단종을 복위시킬 계획을 세웠습니다. 그러나 세조 측의 한명회가 이상한 낌새를 느끼고 말았지요.

한명회는 장소가 좁다는 핑계로 별운검을 행사장에서 빼 버렸어요. 또한 왕세자도 연회에 못 나오게 하는 등 예정을 모두 바꾸었지요.

"이렇게 계획이 틀어지다니. 그래도 그냥 진행합시다!"

"아니오. 오늘은 이미 틀린 것 같구려."

단종의 복위를 계획하는 쪽에서도 의견이 서로 갈렸어요. 유응부와 같은 무신들은 그냥 진행하자고 했고, 성삼문과 같은 문신들은 이미 늦었다며 반대했어요. 결국 신하들은 다음 기회를 기다리기로 했지요. 그런데 복위를 계획하던 이들 중 한 명인 김질이 배신을 하고 말았어요.

"계획이 바뀌다니! 일이 이렇게 된 것은 세조를 왕으로 인정하는 하늘의 뜻인 것이다! 이 사실을 세조께 고해 목숨이라도 건져야지."

세조는 이들을 잡아다 직접 심문했습니다. 여섯 명의 신하 성삼문·박팽년·이개·하위지·유성원·유응부는 수양 대군, 즉 세조 앞에서 흔들림 없는 표정으로 앉아 있었어요. 이미 매우 고통스러운 고문을 당한 후였는데도 말이에요. 오히려 화가 나서 어쩔 줄 몰라 하는 것은 세조였어요. 그중 성삼문은 단종이 숙부인 수양 대군에게 **옥새**를 물려주는 자리에서 옥새를 수양 대군에게 전달하는 임무를 맡았던 인물이었어요. 세조는 믿고 있던 성삼문이 자신을 배신하려 했다는 것에 화가 머리끝까지 치밀었어요.

"어찌 나를 배반하려 하느냐!"

성삼문은 대답했어요.

옥새

국가 권력의 상징으로, 국가적 문서에 사용하던 임금의 도장이에요. 옥이 아닌 금으로 제작했지만 우리나라에서는 옥새라고 불렀어요.

"나는 옛 임금을 복위시키려 했을 뿐이오. 나리가 남의 나라를 빼앗고, 나의 군주가 폐위당하는 것을 보고 견딜 수가 없었소. 하늘에 태양이 둘일 수 없듯이 백성에게도 왕이 둘일 수는 없는 것이오."

성삼문의 말에 화가 난 세조는 재차 따졌어요.

"너는 내가 내린 **녹**을 먹고도 어떻게 나를 배반할 수 있는가?"

"나는 나리의 녹을 먹은 적이 없소이다. 내 말을 믿지 못하겠다면 내 집에 가서 직접 확인해 보시구려."

사람을 보내 조사해 보니 세조에게 받은 녹은 따로 쌓아 두고 건드리지도 않았어요. 게다가 '어느 달의 녹'이라고 기록해 놓기까지 했지요.

부아가 치민 세조는 쇠를 달구어 성삼문의 다리를 뚫게 하고 팔을 자르게 했어요. 끔찍한 고문에도 성삼문은 얼굴빛 하나 바꾸지 않았다고 해요.

꼿꼿하기는 박팽년도 마찬가지였어요. 박팽년은 집현전 학사로 세종의 총애를 한껏 받은 신하였어요. 박팽년은 단종이 세조에게 왕위를 준 것을 알고, 연못에 빠져 죽으려고 했지요. 하지만 다시 마음을 굳게 고쳐먹었어요. 살아서 단종에게 다시 왕위를 찾아주고자 한 거예요. 세조는 박팽년의 재주를 높이 샀기 때문에 그를 구슬렸어요.

"네가 마음을 바꿔 나를 섬긴다면 목숨만은 살려 주마."

"나리, 필요 없습니다."

세조는 그가 '나리'라고 부르는 것에 화가 났어요. 그것은 세조를 임금으로 인정하지 않는다는 뜻이기 때문이었지요.

"네가 예전에는 이미 신하라고 말한 바 있지 않느냐? 지금 와서 아니

녹

임금이 신하들에게 주는 봉급을 말해요. 곡식과 옷감 같은 것들이 이에 해당하지요.

라 해도 소용없다. 너는 관직에 있을 시절 내게 문서를 올리며 스스로 신하라고 칭하지 않았느냐? 그때는 나를 임금으로 모시더니 지금은 나리라고 하는 이유가 무엇이냐?"

"나는 한 번도 신(臣)이라고 하지 않았소."

박팽년의 말은 사실이었어요. 문서에 '臣(신하 신)'이라는 글자는 모두 '巨(클 거)'자로 쓰여 있었어요. 박팽년은 결국 옥중에서 죽었습니다.

무신이었던 유응부가 불에 달군 쇠막대로 고문을 당할 때였어요. 그는 세조를 향해 눈을 부릅 뜬 채 "막대가 식었다. 다시 달궈 오너라." 하고 고문관들에게 호령을 해 세조의 넋을 빼놓았지요.

죽음으로 의리를 지킨 성삼문·박팽년·이개·하위지·유성원·유응부 여섯 명의 신하를 가리켜 사육신이라 부릅니다. 사육신의 가족들은 모두 죽임을 당하거나, 노비가 되는 운명에 처하고 말았어요. 하지만 그들의 지조는 아직까지도 전해지며 후손들에게 본보기가 되고 있습니다. 사육신은 죽기 전에 시조를 남겼어요. 그들의 시조에는 단종을 향한 변치 않는 충심이 담겨져 있답니다. 그중 박팽년과 성삼문의 시조를 함께 감상해 보실까요?

까마귀 눈비 맞아 희는 듯 검노매라
야광명월이 밤인들 어두우랴
임 향한 일편단심이야 변할 줄이 있으랴

-박팽년-

이 몸이 죽어가서 무엇이 될꼬 하니
봉래산 제일봉에 낙락장송 되었다가
백설이 만건곤할 제 독야청청하리라

-성삼문-

2 인물 초대석

생방송한국사

생육신, 사육신의 정신을 물려받다

지금 급한 제보를 받고 김역사 기자가 현장에 출동해 있습니다. 세조가 무서워 사육신의 시체를 아무도 거두지 않고 있었는데, 누군가가 시체를 바랑에 넣어 옮기고 있다고 합니다. 이 대담한 사람이 누구인지 끝까지 취재해 알려 드리도록 하겠습니다.

참으로 대담한 일을 하고 계시는데 성함을 여쭤 봐도 될까요? 그리고 무슨 목적으로 이 일을 하고 계시는지 알려 주실 수 있을까요?

김시습

김시습이라고 하오. 죽어서 절의를 지킨 이 사람들의 시신을 한강 건너 노량진에 모셔 가 묻어 주려고 합니다. 나는 이분들처럼 목숨을 내놓지는 못했지만 살아서 단종에 대한 절의를 지켜 오고 있지요. 저 외에도 원호·이맹전·성담수·조려·남효온이 있는데, 보통 생육신이라 합디다. 모두들 세조가 버티고 있는 한 관직에 오르지 않고 초야에 묻혀 지낼 겁니다. 진심을 다해 세조를 섬길 수 없기 때문에 벼슬길을 마다하고 자연 속에 묻혀 세상일을 잊고 지내고자 한 거지요.

아, 그렇군요. 조사한 바에 의하면 숙종 때에 이르러 사육신이 다시 복권되며

104 사육신과 생육신 | 충신은 불사이군

김시습 씨가 만들어 준 묘를 바탕으로 훗날 사육신의 묘가 조성되었다고 합니다. 이것이 바로 오늘날 노량진에 있는 사육신묘입니다. 이후 김시습 씨는 비통함을 참지 못하고 전국을 떠돌았다고 전해지는데, 다른 분들의 이야기도 좀 들려주셨으면 하는데요.

남효온은 위험할 수 있다는 모두의 반대에도 불구하고 사육신에 관한 책을 써서 이들의 이름을 널리 알렸습니다. 주변 사람들은 그가 화를 입지 않을까 두려워 말렸지만, 죽는 것이 두려워 충신의 이름을 알리지 않을 수는 없다며 책을 냈다고 합니다.

원호는 원주의 남송촌에서 조용히 지내다 세상을 떠나고 말았고, 이맹전은 강정리 전원에 묻혀 살았는데, 대궐 쪽을 향해서는 앉지도 않았다고 합니다. 조려는 시골에서 낚시를 하다 생을 마쳤습니다. 성담수는 아버지가 성삼문의 역모 죄에 연루되어 벼슬길이 막힌 채 돌아가시자 파주의 아버지 묘 밑에 살면서 한 번도 한양에 돌아가지 않았지요.

김시습 씨의 용기에 다시 한번 박수를 보냅니다. 생육신의 존재는 세조의 왕위 찬탈이 정당하지 않았다고 생각하는 지식인들이 있었다는 것을 보여 줍니다. 이들은 평생을 은둔하며 죽은 임금을 안타까워했지요. 초야에 묻혀 공부한 이들의 사상을 계승한 선비들이 후에 사림파를 이루게 되지요. 이러한 점에서 사육신과 생육신의 정신은 끝까지 이어져 조선 선비들과 명맥을 같이했음을 알 수 있습니다.

스페셜뉴스 10분 토론

신숙주는 변절자인가?

안녕하세요. 오늘의 토론 주제는 '신숙주는 변절자인가?'입니다. 신숙주는 세종 때부터 활동한 집현전 학사 출신으로, 외교와 문학적 능력이 뛰어난 인재로 알려져 있습니다. 세종과 문종이 일찍이 김종서나 성삼문과 같은 신하들에게 단종을 부탁할 때 신숙주도 함께 있었다고 하는데요. 하지만 여러분도 아시다시피 이후 신숙주는 세조의 편에서 단종을 몰아내는데 힘썼습니다. 심지어 단종이 사약을 받아야 한다고 강력히 주장하기도 했지요. 이것을 변절로 봐야 할까요? 여기에 대한 의견을 자유롭게 나눠 보고자 합니다.

그렇다

신숙주는 변절자가 맞습니다. 성삼문이 한창 고문을 받을 때 신숙주가 등장하자 이렇게 소리쳤다고 합니다.

"옛날에 너와 함께 집현전에 있을 때 세종이 단종을 안고 뜰을 거닐면서 '세월이 흐른 뒤 너희가 이 아이를 보살펴다오.'라고 하셨잖는가!"

신숙주는 세종의 당부를 잊었을 뿐 아니라 그 앞에서 철석같이 약속을 해 놓고 이제 와서 불의의 편에 섰습니다. 이는 명백히 신의를 저버린 것입니다. 그러므로 신숙주를 변절자라고 부르는 것이 마땅하지요.

아니다

저는 조금 생각이 다릅니다. 신숙주는 생각이 달랐던 것뿐입니다. 왜냐하면 신숙주는 강한 왕권을 중요하게 생각했던 거예요. 그래서 강한 왕권을 세우고자 하는 세조를 지지했던 것이지요. 사실 단종은 힘이 약한 왕이었습니다. 신숙주는 보다 강한 왕이 나라를 이

시청자 의견 ▶ [@숙주나물 싫어] 나는 신숙주가 싫어서 숙주나물도 안 먹음 ▶ [@ㅋㅋ현실주의자] 의리 찾다가 나라

사육신과 생육신 | 충신은 불사이군

끌어 주길 원했던 것이고, 그렇기 때문에 세조와 뜻을 같이 한 것입니다. 자신의 신념에 따라 행동한 것인데 그것을 변절로 봐야 할까요?

신숙주가 신념에 따라 행동한 거라고는 생각하지 않습니다. 오히려 부귀영화를 위해서 그런 것이 아닌가 싶습니다. 세조를 만나면서 신숙주는 빠르게 높은 벼슬에 오르기 시작합니다. 심지어 왕과 사돈까지 맺었잖아요.

하지만 세조가 계유정난을 일으켰을 당시 신숙주는 지방에서 근무하고 있었기 때문에 참여했다고 보기 어렵습니다. 계유정난 이후에 세조의 편에 섰다고 보는 게 타당하지요. 그리고 신숙주는 오히려 자신의 능력을 펼칠 실질적인 선택을 한 것이 아닐까요? 단종 편에 서지 않고 세조 편에 선 것을 변절이라 하는 사람이 많은 걸로 알고 있는데요. 그렇다고 해서 집현전 학사로 있으며 훈민정음 창제를 돕고, 여진족을 물리치고, 일본·중국과 능숙하게 무역을 하고, 외교 전반의 일을 담당하기도 한 그의 업적이 사라지지는 않을 거예요.

네, 지금까지 신숙주를 변절자로 볼 것인가에 대한 의견을 들어 보았는데요. 판단은 여러분의 몫입니다. 여러분은 어떻게 생각하시나요?

한다! ▶ [@세조 짱] 역사는 어차피 승자의 편이야. 하지만 신숙주는 비호감.

고종훈의 한국사 브리핑

인물 핵심 분석 ▶ 사육신과 생육신

QR 코드를 찍으면 고종훈 선생님의 강의를 볼 수 있어요.

- **사육신** ▶ 성삼문, 박팽년, 하위지, 이개, 유응부, 유성원
- **생육신** ▶ 김시습, 남효온, 원호, 이맹전, 조려, 성담수
- **별명** ▶ 소나무, 단종바라기
- **검색사항** ▶ 사육신 시조
- **싫어하는 것** ▶ 숙주나물
- **좋아하는 사자성어** ▶ 독야청청, 일편단심
- **역사적 중요도** ▶ ★★★☆☆
- **시험 출제 빈도** ▶ 보통

세조는 단종을 쫓아내고 자신의 왕권을 강화하려 노력했어요.

권력욕이 강했던 수양 대군은 계유정난을 통해 왕권을 차지하고 조카를 밀어냈습니다. **이것을 세조의 왕위 찬탈이라고 보는 신하들이 많았어요.**

사육신은 죽음으로 단종에 대한 의리를 지켰어요.

사육신은 단종의 복위를 꾀하려다 그만 발각되고 말았지요. 사육신은 성삼문, 박팽년, 하위지, 이개, 유응부, 유성원이에요. 이들은 모진 고문에도 죽음을 두려워하지 않고 단종에 대한 의리를 지켰어요.

생육신은 사육신의 정신을 받들어 정치에 나가지 않고 절개를 지켰어요.

생육신은 사육신처럼 죽음을 택하진 않았지만 세조 아래에서 벼슬을 하는 것을 거부하며 자신들의 절개를 지킨 사람들입니다. 김시습, 남효온, 원호, 이맹전, 조려, 성담수가 이에 속하는 사람들입니다.

인물 관계 분석

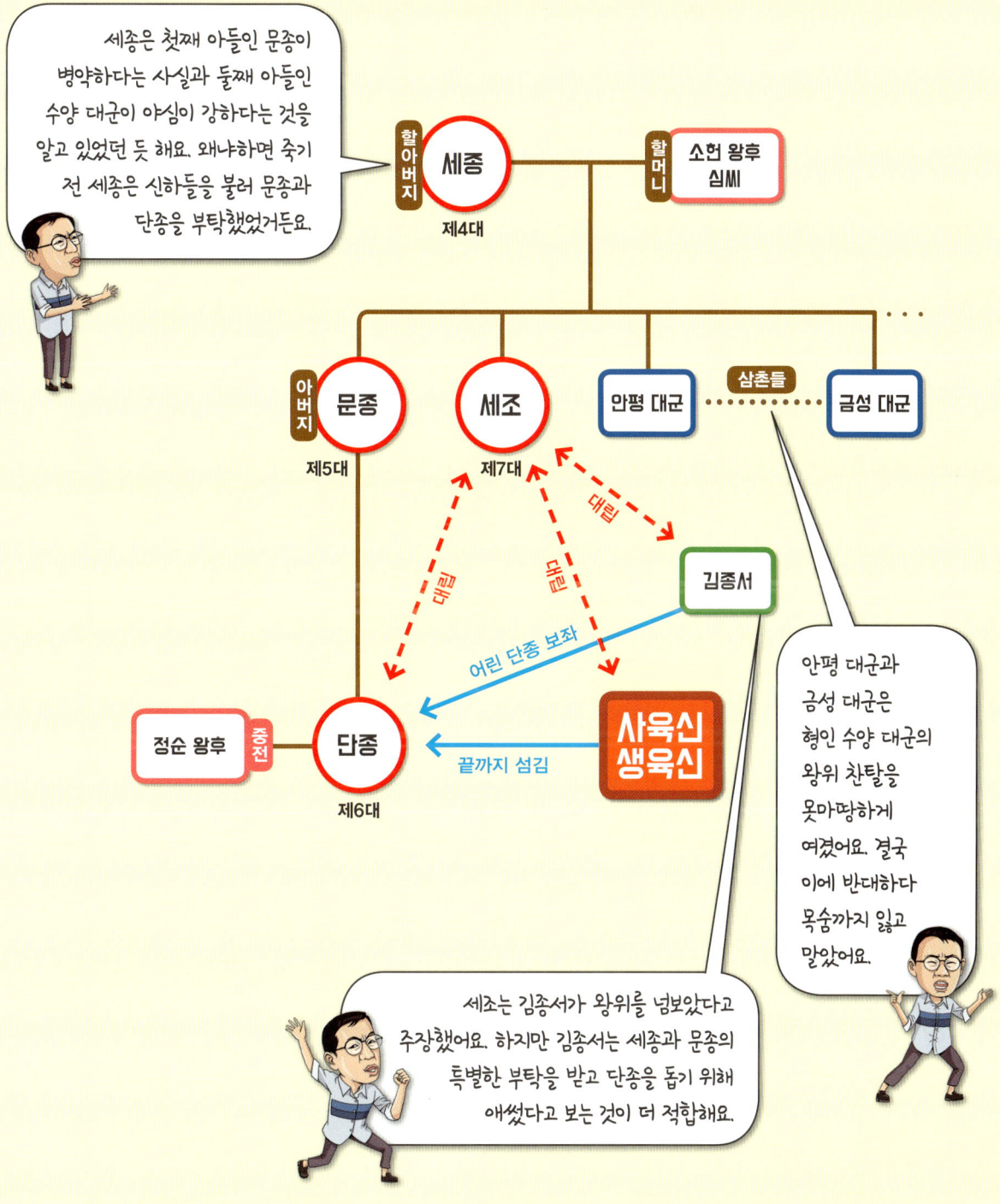

타임라인 뉴스

1417 ● 세종과 어머니 소헌 왕후 심씨 사이에서 둘째 아들로 태어나다

1452 ● 수양 대군이 한명회, 신숙주 등과 뜻을 합치다

1453 ● 정권을 잡기 위해 계유정난을 일으켜 김종서, 황보인 등을 제거하다

1455 ● 조선 제6대 임금으로 즉위하다
첫째 아들을 세자로 세우다

1456 ● 정적인 금성 대군에게 역적의 누명을 씌우다
성삼문 등을 중심으로 단종 복위 운동이 일어나자 관련자들을 모두 처형하다

1457 ● 정치적으로 부담이 되었던 단종을 노산군으로 내려 앉히고 강원도 영월로 유배를 보내다
세자가 병이 들어 죽자 둘째 아들을 세자로 세우다
단종이 스스로 목숨을 끊다

1459 ● 정확한 인구 수를 알기 위해 호패법을 실시하다

1460 ● 한명회의 딸을 세자빈으로 들이다

1466 ● 과전법을 폐지하고 현직 관리에게만 토지를 주는 직전법을 실시하다

1467 ● 손자인 자을산 대군을 한명회의 딸과 혼인시키다
함경도의 힘 있는 가문 출신의 이시애가 반란을 일으켰지만, 3개월 만에 진압되다

1468 ● 느슨해진 왕권을 강화하기 위해 애썼던 세조가 광릉에 잠들다

1 헤드라인 뉴스

생방송 한국사

수양, 힘을 기르다

드디어 세조의 시대가 열렸습니다. 어린 단종이 왕위에 올랐을 때 걱정스러운 눈길을 보냈던 사람들은 세조의 즉위를 반기는 눈치입니다. 세조의 즉위를 기념하여 그가 걸어온 정치적 발자취를 다큐멘터리를 통해 되돌아보았습니다.

세종과 문종에서도 살펴보았듯이 세조는 세종의 둘째 아들입니다. 아버지를 닮아서일까요?

김역사 기자

세종의 아들들은 모두 여러 분야에서 뛰어난 모습을 보였습니다. 첫째 아들 문종은 학문을 탐구하는 것을 좋아해 여러 연구에서 실력을 발휘했고, 둘째 수양 대군은 무예에 능하고 성격이 대담했지요. 셋째 안평 대군은 시나 그림에 뛰어난 재주를 보였고, 넷째 임영 대군은 문종의 명을 받아 화차를 만들기도 했으며, 다섯째 광평 대군은 유학에 뛰어났습니다. 여섯째 금성 대군은 수양 대군에 맞서는 능력을 갖췄고, 일곱째 평원 대군은 똑똑했으나 20세가 못 되어 일찍 죽고 말았지요. 그리고 여덟째 영응 대군은 글씨, 그림, 음악에서 재주를 보였습니다.

세조보다 세 살 위인 문종이 몸이 약했던 것과 반대로, 세조는 성격도 활발하고 무예를 즐겼으며, 학문도 곧잘 해 사람들의 칭찬이 자자했어요. 또 어린 시절 궁 밖에서 생활했기 때문에 백성들의 삶을 눈으로 직접 확인할 수 있었지요. 이런 생활은 나중에 세조가 왕위에 올랐을 때 어떤 것이 백성을 위한 정책인지 판단해야 할 때마다 많은 도움이 되었어요.

여기서 왜 왕자가 궁 밖에서 생활했는지 궁금해 하실 것 같아 그 이유를 설명해 드리도록 하겠습니다. 당시는 현대와 같은 예방 접종이 없던 시절이기 때문에 한 번 전염병이 돌면 어린아이들은 특히 위험했습니다. 그래서 세조의 부모인 세종과 소헌 왕후는 많은 사람들이 있는 궁보다 깨끗한 일반 주택이 안전할 거라고 판단했던 것이지요.

아버지 세종은 왕자들에게 여러 가지 업무를 맡깁니다. 한자음 통일이라는 큰 사업의 책임을 당시 세자였던 문종에게 맡기고, 수양 대군과 안평 대군도 참여해 돕도록 했지요. 또 수양 대군에게 학문과 관련된 일을 맡기기도 했습니다.

이것은 왕자들에게 많은 힘을 실어 준 계기가 되었습니다. 사실 왕위에 오르지 못한 왕자들은 궁 밖에서 권력이나 공적인 업무와는 거리가 먼 삶을 사는 것이 보통이었습니다. 왕위를 노린다는 오해를 받으면 목숨까지 위험해질 수 있으니까요. 하지만 어릴 때부터 국가 업무를 보았던 세조는 단종이 어린 나이에 즉위하자 단종을 보살핀다는 이유를 대며 오히려 정치적 힘을 키웠습니다.

단종은 김종서와 황보인을 항상 옆에 두며 나랏일을 보았습니다. 이것은 문종이 죽으면서 김종서와 황보인에게 어린 아들을 부탁했기 때문입니다. 자연스럽게 김종서와 황보인의 힘이 강해졌지요. 단종을 보호하기 위해 김종서

▲ 세조의 초상화

와 황보인은 수양 대군을 경계했습니다. 수양 대군이 야망이 크다는 것을 알고 있던 터라 왕위를 넘보지 않을까 걱정했던 거지요.

반대로 수양 대군도 그런 김종서와 황보인을 못마땅하게 생각했습니다. 왕이 신하들에게 휘둘리는 것도 싫었고, **청렴**하고 유능한 두 신하 때문에 왕위에 오르려는 자신의 야망이 실현되지 못할까 두렵기도 했지요. 또 그들이 안평 대군과 친하게 지내는 것도 마음에 들지 않았어요. 수양 대군 못지않게 그릇이 큰 인물이던 안평 대군은 조카의 왕위를 크게 걱정했던 사람으로, 그런 안평 대군과 힘이 강한 신하들이 같은 편에 있다는 것은 자신에게 결코 좋을 것이 없었지요. 그러나 당장은 그들에게 의심받을 일을 피해야 했기에 수양 대군은 속뜻을 감추고 자진해서 중국에 사신으로 떠나기도 했어요.

수양 대군은 어느 정도 사람들을 안심시켰다고 생각했을 때 돌아왔어요. 그리고 한명회, 권람 등을 만나게 됩니다. 그들은 수양 대군의 마음을 이해해주고 적극적으로 돕겠다고 나섰어요. 뜻이 맞는 자들을 얻은 수양 대군은 그들과 함께 왕위 **찬탈**을 위해 본격적으로 준비하기 시작했지요. 사병을 모으고 적당한 때를 기다렸습니다.

결국 수양 대군이 중국에서 돌아온 지 6개월 만에 무시무시한 피바람이 휘몰아쳤지요.

청렴
성품과 행실이 높고 맑으며, 탐욕이 없는 것

찬탈
왕위나 국가 주권 따위를 억지로 빼앗음

2 헤드라인 뉴스

계유정난을 통해 권력을 잡다

이해하기 어려운 일이 궁에서 벌어지고 있습니다. 아무런 일도 일어나지 않았는데, 글쎄 수양 대군이 역모로 벌어진 난을 자신이 평정했다는 겁니다. 게다가 김종서 대감을 비롯해 자신의 편에 서지 않는 수많은 신하들을 죽였는데요. 어찌된 영문인지 알아보도록 하겠습니다.

수양 대군은 단종을 찾아가 "안평 대군을 왕으로 추대하려는 역모를 미리 알고 그 무리들을 죽인 것"이라고 말했다고 하는데요. 수양 대군과 당사자들은 '계유년에 일어난 난리를 평정한 사건'이라는 뜻에서 '계유정난'이라 부른다고 합니다. '난리를 평정하였다'고 이름 붙인 것을 보면 자신들이 한 일이 나라를 위해서였다고 강조하려는 의도 같습니다. 먼저 사건의 정황을 설명해 드리겠습니다.

수양 대군은 먼저 김종서의 집을 찾아가 그를 **철퇴**로 죽여 버립니다. 그리고 임금의 명인 것처럼 속여 다른 신하들을 입궁시키지요. 그러고는 문 앞에서 김종서나 황보인과 친했던 사람이나, 자신의 편에 서지 않을 사람을 파악해 죽여 버렸어요. 그들에게는 미리 준비해 둔 죽일 사람과 살릴 사람의 이름을 적어 놓은 살생부까지 있었다고 합니다. 그리고

먼저 이 사건을 왜 계유정난이라고 부르는지 알아보겠습니다.

김역사 기자

철퇴
조선 시대에 사용했던 쇠몽둥이 형태의 무기

동생인 안평 대군마저 강화도로 유배를 보내고는 얼마 지나지 않아 사약을 내리지요.

그 후 수양 대군은 스스로 영의정, 이조 판서, 병조 판서 등 주요 벼슬을 겸하며 나라의 모든 일을 처리합니다. 단종은 허수아비 왕에 불과했지요. 이때 수양 대군의 또 다른 동생인 금성 대군이 수양 대군의 행동이 옳지 못하다며 반대하고 나섰어요. 수양 대군은 금성 대군마저 멀리 유배를 보내 버리지요. 이제 수양 대군을 막을 자는 아무도 없었어요. 결국 단종은 수양 대군에게 왕위를 물려주었어요.

"숙부, 저는 아무래도 부족한 듯합니다. 숙부가 왕위를 맡아 주시지요."

"뜻이 정 그러시다면 그렇게 하지요."

드디어 수양 대군이 기다렸던 순간이 온 거예요. 단종은 그렇게 **상왕**이 되어 물러났어요.

그런데 박팽년, 성삼문을 비롯한 집현전 출신의 몇몇 신하가 단종을 다시 왕위에 앉히려다 발각된 사건이 발생했어요. 세조는 매우 화가 났어요. 이 일에 가담했던 신하들은 모두 죽임을 당했고, 단종도 영월로 유배를 가게 되었지요.

하지만 그게 끝이 아니었어요. 유배를 보냈던 금성 대군이 그곳에서 단종의 복위를 계획하다 세조에게 발각되고 만 거예요. 주변에서는 단종이 존재하고 있기 때문에 이런 일이 계속 생기는 거라고 말했지요. 세조는 결국 단종에게도 사약을 내립니다.

이어 세조는 자신이 왕이 되는 데 도와주고 지지해 준 이들을 '공신'

상왕 단종
세조는 왕위에 오른 후 단종을 상왕으로 추대하고 금성 대군의 집에서 살게 했어요. 말이 좋아 상왕이지 집 안에 갇혀 있는 것과 다를 바 없었어요. 단종의 거처에는 군사들을 배치해 밤낮으로 경계와 감시를 했어요.

에 올리고 그들에게 많은 상을 내렸어요. 벼슬을 내려 주고 토지와 노비도 주었지요. 웬만한 죄를 지어도 문제 삼지 않았기 때문에 공신들은 무서울 게 없었어요. 세조가 왕이 되는 걸 도운 공로를 인정받아 많은 재산을 차지하고 권세를 누린 이런 공신들을 '훈구파'라고 해요. 훈구파는 원래 공로를 많이 세웠다는 뜻이지만, 세조

▲ 단종의 태실 | 세조에 의해 목숨을 빼앗긴 단종의 태가 묻혀 있는 곳이에요. ⓒ사천문화원

가 권력을 장악하는 과정에서 힘을 보탠 것이 인정되어 벼슬을 얻은 공신들을 가리키는 말이 되었어요.

세조가 어린 조카에게서 왕위를 빼앗은 것은 성리학적 **명분**에 크게 어긋나는 일이었어요. 세조도 이것을 알고 있었기에 정치적으로 움츠러들었고 함께 일할 인재를 구하기도 어려웠지요. 게다가 여기저기서 자신을 반대하는 크고 작은 반란들이 일어나 더욱 조심스러울 수밖에 없었어요. 그래서 소수의 공신과 세조에게 적극적으로 협력하는 사람들을 중심으로 훈구파가 형성되었어요. 이들은 많은 권력을 누리면서도 더 많은 재물과 권력을 모으기 위해 부정부패도 서슴지 않았지요.

세조는 곧 집현전도 없애 버려요. 신하들이 그곳에 모여 어떤 계획을 짜진 않을까, 그리고 자신의 정당성에 대해 이야기하진 않을까 걱정되었던 거예요. 또 자신은 공부가 필요 없다며 **경연**도 폐지해 버렸지요. 그러면서 그 동안 약해진 왕권을 회복하기 위해 박차를 가합니다.

명분
각각의 이름이나 신분에 따라 마땅히 지켜야 할 도리를 가리키는 말

경연
신하가 왕에게 역사와 유교 경전을 강의하는 것이에요. 이를 통해 왕과 신하들은 학문과 정책에 대하여 의견을 나누었어요.

3 인물 초대석

세조, 왕권 강화에 박차를 가하다

세조가 왕위에 오른 후 연일 새로운 정책들이 쏟아지고 있습니다. 우선 세종 때 운영되던 의정부 서사제를 없애고 다시금 6조 직계제로 돌아갔습니다. 이 밖에도 다양한 정책들이 실시될 예정인데요. 이에 대해 조정의 관리인 오정부 대감과 이야기를 나눠 보겠습니다.

오정부 대감

말씀하신 대로 6조 직계제는 조선 초기에 왕권 확립을 위해 애쓰신 태종이 실시한 정책입니다. 이후 세종은 의정부 서사제를 실시했는데 세조가 다시 6조 직계제로 방향을 바꾼 것이지요. 이게 무슨 의미인지는 다들 눈치채셨을 거라 생각됩니다. 바로 왕권을 강화하겠다는 뜻이지요.

그렇군요. 또 다른 변화로는 무엇을 꼽을 수 있을까요?

승정원이 매우 중요해졌다는 점입니다. 승정원은 왕명을 전달하는 곳을 말합니다. 강한 왕권에서는 왕의 명령이 중요하기 때문에 자연스럽게 승정원도 중요해진 것이지요.

또 세조는 국방력을 키우기 위해 호패법을 다시 시행합니다. 호패법 역시 태종 때 실시되었던 제도로, 세금을 내는 일에 있어서도, 군대를 가

세조 | 왕위를 찬탈하다

는 일에 있어서도 빠지는 사람이 없도록 했습니다. 결과적으로 나라에 이익이 되지요. 그리고 중앙군을 5위 제도로 개편했어요. 5위란 다섯 개의 조직을 말하는데, 한양 주변의 경비도 튼튼히 할 수 있지요.

토지 제도도 손을 보신 것으로 알고 있는데요.

 네, 맞습니다. 세조는 직전법을 시행했습니다. 조선은 초창기에 개국 공신들에게 너무 많은 혜택을 주었어요. 조선 초기의 과전법은 관리에게 토지에서 세금을 걷을 권리를 주는 제도였지요. 이때 관리에게 지급된 과전은 **세습**이 불가능해요. 그러나 개국 공신들에게는 세습이 허용되었고, 세조가 왕이 되었을 때는 관리들에게 줄 토지가 없을 정도였어요. 그래서 세조는 현직 관리들에게만 과전을 지급하는 직전법을 실시했어요.

세습
자식에게 권리를 물려주는 것

문화 정책에 대해서도 한 말씀해 주시지요.

 세조는 농업서를 발행해 농업을 장려했고, 조선만의 법전을 만들고자 『경국대전(經國大典)』 편찬을 시작했는데, 성종 대에 가서야 완성되지요. 세조는 불교에도 심취해서 많은 불교 서적을 편찬했고, 원각사와 원각사지 10층 석탑을 건립했지요. 현재 원각사는 그 터만 남아 있고 탑은 국보로 지정되어 있답니다.

이 밖에도 왕권을 강화할 목적으로 집현전을 폐지하기도 했어요. 세조의 즉위에 대해 많은 이야기가 있지만, 그가 왕권 강화를 위해 무척 노력했다는 사실도 우리가 잊지 말아야 할 부분이지요.

말 못할 세조의 고통

 많은 원망을 받으면서까지 왕위에 올랐지만 세조의 삶은 마냥 행복하지만은 않았어요. 어느 날 세조가 낮잠을 자고 있을 때였어요. 꿈에 단종의 친어머니인 현덕 왕후가 나타났어요. 현덕 왕후는 분노한 얼굴로 세조를 꾸짖었지요.
 "내 아들을 괴롭히고 목숨까지 빼앗다니! 네가 나와 무슨 원한이 있어 그런 짓을 했느냐. 나도 네 자식에게 앙갚음을 할 것이다!"
 현덕 왕후는 세조의 목을 조르기 시작했고, 세조는 겨우 현덕 왕후의 손을 뿌리칠 수 있었어요.
 "그래도 더 살고는 싶은가 보구나!"
 현덕 왕후는 세조의 몸에 침을 뱉고는 사라졌어요. 잠에서 깬 세조는 찝찝한 마음을 감출 수가 없었어요. 그런데 잠시 뒤 동궁전 내시가 달려와서 말했어요.
 "전하, 방금 전 세자께서 잠을 주무시다가 가위에 눌리셨는데, 매우 위독한 상태입니다."
 "뭐라? 세자가?"
 세조는 바로 세자에게 달려갔어요. 하지만 세자는 이미 저세상으로 간 뒤였어요.

생각지도 못한 갑작스런 죽음이었지요. 세조는 아들의 죽음이 형수인 현덕 왕후의 저주 때문이라고 생각했어요. 그래서 홧김에 현덕 왕후의 능을 파헤치기도 했어요.

하지만 이것이 끝이 아니었어요. 꿈속에서 현덕 왕후가 침을 뱉은 곳에서 종기가 돋기 시작한 거예요. 종기는 점차 온몸으로 퍼졌고, 불그스레 돋아난 종기에서는 곧 고름이 흐르기 시작했어요. 세조의 피부병은 날로 심해졌지요. 전국의 유명한 의원들을 불러 치료를 받았지만 별다른 차도가 없었어요. 등에 등창이 나서 누워 있기도 힘든 세조를 보고 사람들은 오대산 상원사에 가서 불공을 드리라고 했어요. 지푸라기라도 잡는 심정으로 세조는 가서 기도를 드렸지요.

그런데 놀라운 일이 일어났어요. 세조가 백일기도를 마치고 혼자 시냇가에서 목욕을 하고 있을 때였어요. 등을 밀어 줄 사람이 없어 마침 지나가던 동자승을 보고는 밀어 달라고 청했지요. 동자승이 문질러 주자 등이 너무나 시원했어요. 세조는 다음날 이 자리에서 만나면 보답하겠다고 했지요. 하지만 동자승은 괜찮다며 사양했어요.

"너, 다른 사람에게는 임금의 등을 밀었다고 말하지 말아라."

"그러지요. 왕께서도 문수보살을 만났다고 말씀하지 마십시오."

세조는 깜짝 놀랐어요. 보살이란 불교에서 위로는 지혜를 구하고, 아래로는 많은 사람들을 올바른 길로 이끄는 수행자를 가리키는 말이에요. 이 중에서 문수보살은 지혜를 상징하지요. 세조가 마음을 가라앉히고 둘러보니 동자승은 이미 온데간데없었어요. 신기한 것은 그 이후로 세조의 피부병이 다 나았다는 거예요. 세조는 그것에 너무 감사해 문수 동자상을 만들어 상원사에 바쳤지요. 그 후로도 세조는 불교에 귀의해 자신이 지은 죄를 속죄했다고 합니다.

◀ 상원사 문수 동자상 ⓒ이보라

121

바른 수렴청정의 표본, 정희 왕후

나는 조선 최초로 수렴청정을 한 여인이에요. 예종이 죽은 후 성종 뒤에서 대왕대비로서 8년 동안 나랏일을 보았지요.

돌이켜 보니 남편 세조가 왕위에 오르고 집권을 하는 데 있어 많이 의지했던 사람이 바로 나였던 것 같다. 나와 남편은 유난히 사이가 좋아 당시 풍습상 남자들은 여러 명의 부인을 두는데도 남편은 그렇게 하지 않았다. 또 정치적으로 문제가 생기거나 어려운 판단을 내려야 할 경우 나에게 조언을 구하기도 했다.

나는 원래 궁에서 왕자의 부인감으로 생각했던 사람이 아니었다. 오히려 내 언니를 며느리로 점찍고 상궁을 보내 됨됨이를 살폈다. 하지만 그 자리에서 언니가 수줍어 말을 제대로 못했던 반면, 나는 당차고 영특하게 답해 상궁의 눈에 쏙 들었고, 그 결과 수양 대군의 아내가 되었다.

남편이 계유정난에 성공할 수 있었던 것은 나의 판단과 지지가 있었기 때문이다. 사실 처음에는 남편의 왕에 대한 야심을 걱정하고 반대했다. 하지만 이미 남편이 결심을 굳히고 거사를 치를 날짜까지 받자 나는 기꺼이 남편을 지지해 주었다. 계유정난이 일어나던 날 아침, 나는 정보가 누설되어 망설이는 남편을 독려하며 손수 갑옷을 건네주었다. 그런 내가 있어 계유정난이 남편의 승리로 끝날 수 있었던 것이 아닌가 싶다.

계유정난의 성공으로 나도 왕비가 되었지만 내 앞에 꽃길이 펼쳐진 것은 아니었다. 눈에 넣어도 아프지 않을 내 큰아들 의경 세자가 갑자기 죽었을 때는 나도 따라서 죽고 싶었다. 또 단종의 어머니 현덕 왕후의 꿈을 꾼 뒤로 피부병에 시달리게 된 남편도 간호해야 했다. 이 모든 것이 조카인 단종을 죽인 죄 값이라 생각하며 부처님께 의지할 수밖에 없었다.

남편 세조가 피부병을 앓으며 건강이 나빠져 끝내 숨을 거둔 뒤 왕위에 오른 둘째 아들 예종마저 재위 1년 2개월 만에 갑자기 세상을 떠나고 말았다. 이때의 내 심정을 누가 알 수 있겠는가!

그렇다고 넋 놓고 있을 수만은 없었다. 내가 왕실의 가장 큰 어른이었기 때문이다. 나는 손자들 중 왕이 될 만한 사람을 골라 재빨리 왕위에 앉혔다. 왕위를 계승할 적절한 적통 계승자가 없는 상황은 왕실에 위협이 될 수 있기 때문이었다. 정통성에 대한 논란으로 신하들이 반역을 꾀할 수도 있으니 빨리 상황을 처리한 것이다. 예종이 죽은 긴박한 상황

세조 | 왕위를 찬탈하다

에서 훌륭한 정치적 감각을 발휘한 것이다. 이후 나는 약 8년 동안 수렴청정을 하며 조선의 최고 권력자가 되었다.

　이 기간 동안 나는 왕권을 안정시키고 종친의 관리 등용을 법으로 금지시키는 등의 일을 했다. 또한 개인적으로는 불교를 믿었지만, 정책 면에서는 조선의 유교 정책을 강화시켰고, 왕실의 고리대금업을 단속했으며, 농업을 장려했다.

　내가 수렴청정을 하는 동안 조선의 왕권은 안정을 되찾았고 사회도 정돈되어 갔다. 이후 나는 성종이 20세가 되던 해에 수렴청정을 그만두고 정치에서 물러났다.

　다행히 성종은 열심히 공부해 바른 정치를 하는 성군이 되었고, 나는 나라 걱정 없이 남편 세조가 자주 머물던 온양온천에 내려가 지내다 여생을 마칠 수 있었다.

◀ 세조와 정희 왕후가 같이 묻힌 광릉

 고종훈의 한국사 브리핑

인물 핵심 분석 ▶ 세조

QR 코드를 찍으면 고종훈 선생님의 강의를 볼 수 있어요.

시대 ▶ 1417년~1468년
재위 기간 ▶ 1455년~1468년
국정 운영 스타일 ▶ 왕권이 강해야 나라가 산다!
　　　　　　　　　왕권 중심!
비밀 ▶ 피부병으로 고생하고 있음
절친노트 ▶ 한명회
역사적 중요도 ▶ ★★★★★
시험 출제 빈도 ▶ 매우 높음

세조는 왕이 되기 위해 오랫동안 준비했어요.

세조는 단종을 보위하는 김종서와 황보인이 자신을 경계하는 것을 못마땅하게 생각했어요. **세조는 왕이 되기 위해 미리부터 사람을 모아 자신이 권력을 차지할 수 있도록 하였지요.** 대표적인 사람이 한명회, 권람, 신숙주입니다.

계유정난을 통해 권력을 장악했어요.

수양 대군이 김종서를 찾아가 그를 죽이고 권력을 장악한 사건입니다. 수양 대군은 이것을 김종서 등이 난을 일으키려는 것을 세조 자신이 미리 알고 깨끗하게 정리했다고 주장했어요. 이 사건으로 수양 대군은 자신의 측근을 중심으로 실질적으로 권력을 장악하였습니다.

약해진 왕권을 강화하기 위해 노력했어요.

세조는 단종 이후 약화된 왕권을 강화하였습니다. **또한 세조는 왕권 강화를 위해 많은 문물 제도를 정비하였습니다.** 호패법과 6조 직계제를 다시 실시한 것입니다. 또한 『경국대전』이라는 법전을 편찬하게 하였지요.

인물 관계 분석

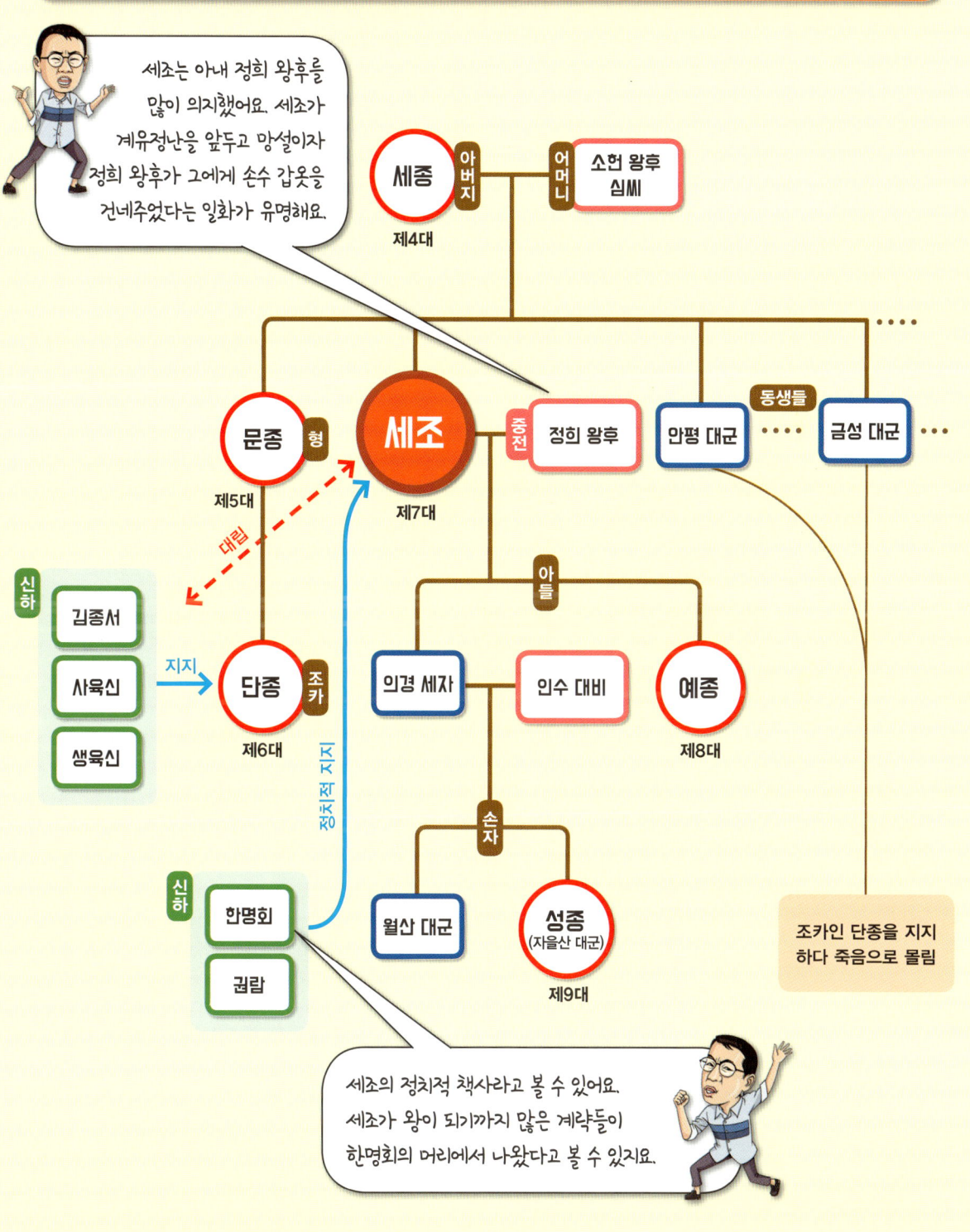

1 인물 초대석

생방송 한국사

세조의 최고 책사

사람들은 흔히 남을 도와 일을 이룰 수 있도록 꾀를 잘 내는 사람을 '책사'라고 합니다. 세조가 왕이 될 수 있었던 것은 유능한 책사 한명회가 있었기 때문이란 건 널리 알려진 사실인데요. 오늘의 〈인물 초대석〉 시간에는 한명회 씨를 모시고 이야기를 나눠 보겠습니다.

한명회

먼저 저에 대해 간단하게 이야기하지요. 저는 어머니 뱃속에서 7달 만에 태어나는 바람에 어려서는 몸이 약했어요. 하지만 크면서부터는 건강해지더군요. 저는 책 읽는 것을 참 좋아했습니다. 그러면서 세상을 바꿔 보고 싶다는 꿈을 품게 되었지요.

세조는 어떻게 만나게 되셨습니까?

친구인 권람 덕분입니다. 저는 공부를 열심히 했으나 과거에는 번번이 실패했어요. 이때 같이 공부한 친구가 바로 권람이지요.

단종이 즉위하고 저는 기회가 왔다고 생각했습니다. 힘이 약한 왕을 보며 권력의 빈자리를 차지하고 싶어 하는 자가 있을 거라 살피던 중 수

양 대군이 눈에 들어왔지요. 저는 관직에 나가 있는 권람을 찾아가 수양 대군의 부하가 되라고 설득했어요. 권람도 더 높은 관직에서 일하고 싶은데 김종서나 황보인 등이 틈을 주지 않아 불만이 있었거든요. 권람이 저를 추천해 세조의 측근이 될 수 있었지요. 이후 저는 수양 대군에게 혼란스러운 시대를 정리할 자는 강력한 왕이며, 그 역할은 오로지 수양 대군만이 할 수 있다고 설득했지요. 그렇게 저는 계유정난을 위한 여러 가지 계획을 세우기 시작했고, 다행히도 성공할 수 있었습니다.

혹시 계유정난을 준비하던 중 기억에 남는 사건이 있으신가요?

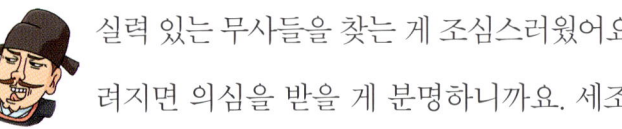
실력 있는 무사들을 찾는 게 조심스러웠어요. 혹시라도 궁에 알려지면 의심을 받을 게 분명하니까요. 세조가 어떻게 하면 무사들을 우리 편으로 끌어올 수 있을지 고민하길래 제가 활쏘기 연습으로 위장하라고 말했습니다. 술과 안주를 많이 장만해서 활을 쏘러 다니면 은밀히 무사들을 만날 수 있을 거라 했지요. 그러는 한편, 저는 난을 일으키기 전에 사람들을 만나 우리 편으로 끌어들이고 필요한 무기나 자금을 마련해 두었지요. 계유정난 때 우리 편에 설 자와 그렇지 않은 자, 앞으로 벌어질 일들을 생각해 살릴 자와 죽일 자를 적어 놓은 살생부를 만든 것도 저였어요.

또한 세조가 왕위에 오르고 나서도 혹시나 일이 발생하지 않을까 늘 경계했어요. 특히나 집현전 학사들을 눈여겨 보고 있었지요. 덕분에 사육신이 단종을 복위시키고자 계략을 세운다는 정보를 미리 얻을 수 있었어요. 저는 그들의 계획이 실행되지 못하게 막았지요.

당연히 그 공로를 인정받으셨겠군요?

그렇지요. 계유정난과 사육신 사건을 진압한 것을 포함해 저는 무려 4번이나 공신에 올랐습니다. 그것도 항상 1등 공신이었답니다. 또한 우의정, 영의정을 지내며 최고의 관직에 있었지요. 제 딸을 세조의 아들 예종과 혼인시켜 세조와 저는 사돈지간이 되었어요. 또한 성종에게도 제 딸을 시집보내 성종의 장인이 되었지요. 왕실과 두 번씩이나 사돈 관계를 맺을 수 있었던 이유는 그만큼 제가 권력의 중심에 있었기 때문에 가능했던 것입니다. 저 또한 왕실과의 혼인으로 권력을 더 튼튼히 하고자 했던 욕망이 있었지요.

그야말로 당대 최고의 권력을 누리셨으니 별로 어려움이 없으셨겠어요. 그래도 혹시 위기라고 할 만한 사건이 있었나요?

그래요. 제게도 위험했던 때가 있었어요. 세조가 어린 조카를 몰아내고 왕이 되었기 때문에 반역 사건이 종종 있었는데요. 한번은 반역자 중 한 사람이 신숙주와 제가 같이 모의했다고 거짓말을 한 거예요. 이 일로 신숙주와 저는 억울하게 옥살이까지 했습니다. 저는 결백을 주장하기 위해 사직서를 냈지요. 세조는 이를 받아들였다가 조금 잠잠해질 때쯤 다시 불러 주셨어요. 사실 저를 믿고 있었던 거지요.

세조와의 관계를 다시 한 번 짐작하게 해 주는군요. 뛰어난 책사로 인생을 바꾼 남자 한명회의 이야기를 잘 들어 보았습니다. 여기서 인물 초대석을 마치겠습니다.

한명회가 아꼈던 정자, 압구정

저는 지금 패션의 거리 압구정에 나와 있습니다. 여러분이 잘 알고 있는 이 압구정이라는 이름은 한명회의 호를 따서 지은 이름입니다. 지금처럼 압구정동을 말하는 게 아니라, 그곳에 있던 정자를 가리키는 거지요. 친할 압(狎)자와 갈매기 구(鷗)자를 쓰는데, 그 뜻은 벼슬을 버리고 강가에 살면서 갈매기와 친하게 지낸다는 겁니다. 자연과 하나가 되고 싶은 마음이 담긴 이름이었지요.

권력을 잡은 후 한명회는 이를 이용해 엄청난 부를 쌓았습니다. 한명회의 집 앞은 그를 만나기 위해 뇌물을 들고 기다리는 사람들로 미어터졌고, 한명회의 힘을 얻어 벼슬길에 오른 이들도 많았어요. 고래 등 같은 집에 금은보화가 넘쳐났으니 백성들 눈에 이런 모습이 좋게 보였을 리 없었지요. 그가 욕심을 내고 권력을 부리는 것이 얼마나 얄미웠으면 친할 압(狎) 대신에 누를 압(押) 자를 써서 압구정(押鷗亭)으로 불렀을까요. 압구정 근처로는 새 한 마리 날아들지 않는다는 말이 돌기까지 했지요.

한강 가에 있는 그의 정자는 무척이나 화려했어요. 또한 강가 근처라 경치가 빼어났지요. 중국 사신들도 조선을 방문할 때면 꼭 이곳에 들렀다 가곤 했대요. 이곳에서는 날마다 잔치가 벌어졌지요.

성종 때였어요. 이때도 중국 사신이 조선에 온 김에 압구정을 방문하고 싶다고 했어요. 하지만 한명회는 좁다는 이유를 들어 사신의 방문을 거절했어요. 그러다 나중에 마지못해 허락했지요. 중국 사신을 거절할 정도로 한명회는 권력의 중심에 있었어요. 왕도 어쩌지 못하는 존재가 되어 한껏 거들먹거린 거지요.

그런데 한명회는 연회를 열기에는 자신의 정

▲ 정선, 「압구정도」

130 한명회 | 세조의 최고 책사

자가 좁은데다 요즘같이 더울 때는 천막을 쳐야 한다며, 국왕이 사용하는 천막인 차일을 사용하게 해 달라고 했어요.

성종은 기분이 매우 언짢았어요. 감히 왕이 사용하는 물건을 쓰겠다고 했으니까요. 성종이 거절했는데도 한명회는 고집을 굽히지 않았어요. 그래서 성종은 왕실 소유의 정자인 제천정에서 연회를 치르도록 했지요. 그러자 한명회는 잔치에 참석조차 하지 않았어요. 게다가 따로 중국 사신들을 초대해 잔치를 열었지요. 이를 알고 대단히 화가 난 성종은 한명회의 정자를 비롯해 다른 이들의 정자까지 허물어 버리게 했어요.

이 사건으로 많은 신하들이 한명회를 비난하고 나섰어요. 한명회는 결국 탄핵을 받아 정치에서 물러나야 했지요. 그리고 압구정에서 노년을 보내다 죽음을 맞이했어요.

그러나 한명회의 진짜 불행은 그가 죽고 난 뒤에 일어났어요. 그가 죽은 후 성종과 폐비 윤씨 사이에서 태어난 연산군이 왕이 되었습니다. 폐비 윤씨는 질투가 심해 왕비로서 어울리지 않는 행동을 한 탓에 쫓겨났는데요. 연산군은 성종 대의 권력가인 한명회가 이 일에 깊이 관여했다고 생각했어요. 그래서 어머니의 죽음에 관계가 있던 인물이나, 말리지 않은 인물들을 벌하기에 이르렀어요. 한명회에게도 말리지 않았다는 이유로 벌을 내렸지요. 바로 무덤에 묻힌 시신의 목을 자르는 '부관참시'라는 벌을 내린 거예요. 그의 시체는 토막이 났고, 해골은 거리에 걸리는 모욕을 당하고 말았습니다.

인물 핵심 분석 ▶ 한명회

QR 코드를 찍으면 고종훈 선생님의 강의를 볼 수 있어요.

시대 ▶ 1415년~1487년
좌우명 ▶ 비상한 머리로 더 높이 오르자!
　　　　　왕이 부럽지 않은 권력의 중심
별명 ▶ 킹 메이커, 기발한 책사, 간신배, 압구정 날라리
검색 사항 ▶ 압구정
역사적 중요도 ▶ ★★★☆☆
시험 출제 빈도 ▶ 보통

한명회는 권력욕이 강한 사람이었어요.

한명회는 자신과 힘을 합칠 권력자를 찾고 있었어요. 수양 대군을 일찍부터 점찍고 있었지요. 한명회는 권람의 소개로 수양 대군을 만나게 됩니다. 그리고 **그의 책사(꾀를 써서 일이 잘 이루어지게 하는 사람)가 되어 권력을 차지할 수 있도록 계획을 짰습니다.** 한명회는 수양 대군을 도와 꼭 필요한 사람들을 모았어요.

계유정난을 계획하고 성공시켰어요.

한명회는 계유정난의 총 감독자라고 볼 수 있어요. 한명회는 권력 장악의 최대 기회인 계유정난을 계획하고 성공시켰어요. 그리고 살생부를 만들어 죽일 사람과 살릴 사람으로 신하들을 분류했어요. 그리고 반대파는 과감히 죽였지요.

훈구파의 핵심이자 강한 외척세력으로 성장하였어요.

한명회는 세조가 권력을 장악하는데 있어 1등 공신으로 인정받아 많은 벼슬과 재물을 얻을 수 있었어요. 또한 딸들을 예종과 성종의 비로 만들며 외척 세력으로 성장하였습니다. 이를 바탕으로 죽을 때까지 큰 권력을 누렸습니다.

인물 관계 분석

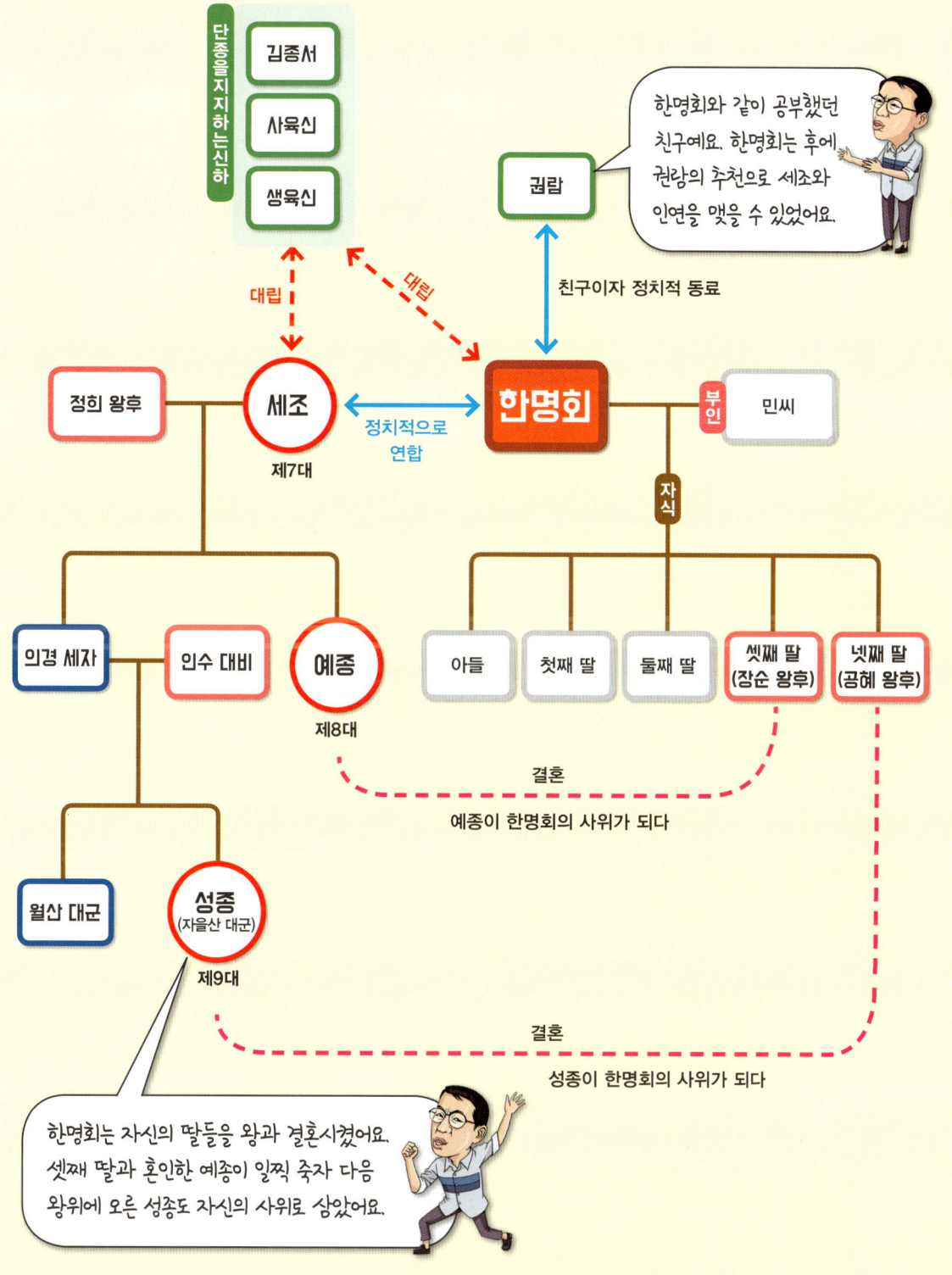

10 성종

조선을 완성하다

시대 1457년~1494년 **재위 기간** 1469년~1494년

타임라인 뉴스

1457 ● 세조의 첫째 아들인 의경 세자와 어머니 인수 대비 한씨 사이에서 둘째 아들로 태어나다

1467 ● 자을산 대군 시절, 한명회의 넷째 딸과 결혼하다

1469 ● 세조의 둘째 아들이자 예종이 창릉에 잠들다
한명회가 정희 왕후와 손잡고 자신의 사위인 자을산 대군을 왕으로 세우기로 하다
조선의 제9대 임금으로 즉위하다
정희 왕후의 수렴청정이 시작되다

1474 ● 조선의 법과 생활의 뿌리가 된 『경국대전』을 반포하다
(1485년 『경국대전』 완성)

1476 ● 정희 왕후의 수렴청정이 끝나고 직접 정치를 시작하다
연산군이 태어나다

1477 ● 중전을 폐하려다 뜻을 거두다

1479 ● 연산군의 친어머니인 중전 윤씨를 폐하다
압록강 주변의 여진족을 물리치다

1482 ● 폐비 윤씨에게 사약을 내리다

1484 ● 『동국통감』을 완성하다
창경궁이 완공되었으며 이후 인수 대비를 비롯한 왕실 어른들이 창경궁으로 이주하다

1490 ● 『삼강행실도』를 전국에 보급하도록 하다

1491 ● 두만강 주변의 여진족을 물리치다

1494 ● 조선의 안정을 위해 애쓴 성종이 선릉에 잠들다

1 헤드라인 뉴스

생방송한국사

성종의 후원자, 정희 왕후

속보를 말씀 드립니다. 예종이 죽자마자 정희 왕후가 다음 왕위는 자을산 대군이 이을 거라고 전격 발표했습니다. 왕실 예법상 파격적인 일인데요. 신하들은 제대로 된 토의 한 번 없이 새로운 왕을 받아들이게 되었습니다. 어찌된 일인지 자세히 알아보도록 하겠습니다.

성종은 세조의 큰아들인 의경 세자의 둘째 아들이었습니다.

김역사 기자

세조의 뒤를 이을 의경 세자가 갑자기 죽자 의경 세자의 동생인 예종이 왕위에 오르지요. 그런데 몸이 약했던 예종도 일 년 만에 죽고 말아요. 원래대로라면 예종의 아들인 제안 대군이 왕위를 이어받아야겠지만 그때 제안 대군은 4세로, 왕이 되기에는 너무나 어렸어요. 그래서 정희 왕후는 첫째 의경 세자의 아들 중 한 명을 왕좌에 앉히기로 생각합니다.

그렇다면 왕위에 오를 가능성이 높은 것은 자을산 대군(훗날 성종)의 형, 즉 의경 세자의 첫째 아들인 월산 대군이었어요. 그러나 정희 왕후는 월산 대군을 제치고 둘째 아들인 자을산 대군에게 왕위를 잇게 하는 파격적인 결정을 내립니다.

여기에는 정희 왕후의 정치적 계산이 깔려 있었습니다. 예종이 죽자 정희 왕후는 그 사실을 알리지 않은 채 왕위를 이을 사람을 찾기 시작합니다. 그러나 정희 왕후는 큰손자인 월산 대군이 왕위를 잇기에는 그를 지켜 줄 힘이 부족하다는 사실이 마음에 걸렸지요.

하지만 자을산 대군은 경우가 달랐어요. 한명회가 자신의 권력을 유지하기 위해 일찌감치 자신의 딸을 자을산 대군과 결혼시켰거든요. 정희 왕후는 한명회라면 어린 나이에 왕위에 오르는 자을산 대군을 든든하게 받쳐 줄 수 있을 거라고 생각했어요. 한명회는 당시 최고의 권력자였기 때문에 누구도 감히 왕이 어리다고 무시하지 못할 테니까요. 그래서 정희 왕후는 자을산 대군이 더 왕위에 적합하다고 생각하고 자을산 대군으로 마음을 굳히게 됩니다. 한명회 역시 자신의 딸을 왕비로 만들어 왕비의 아버지로서 권세를 누리기 위해 자을산 대군을 왕으로 세울 것을 주장했어요. 그래서 정희 왕후는 예종이 죽은 바로 다음 날 성종을 왕위에 앉힙니다. 다른 신하들이 반대할 틈도 주지 않은 거지요.

자을산 대군은 어릴 적부터 담력이 남달랐다고 해요. 하루는 세조와 정희 왕후, 다른 왕자들이 정자에서 놀고 있을 때 벼락이 쳤어요. 다른 사람들은 놀라 몸을 피하거나 엎드리기 바빴는데 자을산 대군만은 놀라지 않고 태연하게 있었어요. 이것을 본 세조는 자을산 대군이 태종을 닮았다고 칭찬했지요.

성종이 20세가 되기 전까지 약 8년간 정희 왕후가 **수렴청정**을 했어요. 그동안 성종은 스스로의 힘으로 정치력을 발휘할 수 있도록 부단히 노력했어요. 아침 일찍 왕실의 어른들에게 문안드리는 것을 빼곤 온종일 공부에만 매달렸답니다.

수렴청정

임금이 어린 나이에 즉위했을 때, 왕대비나 대왕대비가 이를 도와 정사를 돌보던 일을 말해요. 왕대비가 신하를 접할 때 그 앞에 수렴, 즉 발을 늘인 데서 유래한 말이랍니다.

2 헤드라인 뉴스

밤낮없이 공부에 전념하던 성종이 드디어 성년이 되면서 스스로 정사를 돌보게 되었습니다. 신하들은 성종의 눈부신 성장을 입을 모아 칭찬하고 있습니다. 앞으로 펼쳐질 성종의 시대는 어떤 모습일지 김역사 기자와 함께 살펴보기로 하겠습니다.

보통 사람은 상상도 못할 정도로 성종이 열심히 공부했다는 사실은 뉴스를 통해 간간이 전해 드렸는데요.

김역사 기자

그 덕에 성종은 훌륭하게 자랐습니다. 15세 이후부터는 스스로 정치적 판단을 내릴 수 있었고, 정희 왕후도 이를 승인하는 정도로만 관여했어요. 성종이 그 역할을 잘 해내자 정희 왕후는 안심하고 그가 성인이 되자마자 수렴청정을 폐지했지요.

이전까지 조선은 정희 왕후의 수렴청정 외에도 장인을 비롯한 다른 원로대신들의 **원상제**로 나라가 운영되었어요. 원상제는 세조가 어린 예종의 왕권을 보호하기 위해 마련한 제도인데요. 예종에 이어 성종까지 이어진 것이지요.

성종은 원상제를 폐지해 군주로서 자신의 입지를 더욱 굳건히 하고자 했습니다. 또한 **대간**을 육성해 관리에 대한 탄핵이 활발히 이루어지도록 만들었어요. 대간의 역할이 커지면서 사소한 잘못을 한 관리에게도 탄핵이 올라오면서 관리들의 입지는 자연스럽게 작아졌어요.

대간은 임금에게도 향하는 것이기 때문에 대간으로 인해 성종도 제약을 받았어요. 아마 성종도 많은 스트레스에 시달렸을 거예요. 그럼에도 불구하고 별도의 사건을 만들지 않고도 권력의 힘을 옮겨 왔다는 점에서 효과적인 방법이었다고 할 수 있어요. 성종은 신하들의 기세를 누르고 왕권을 다지기 위해 홍문관·사간원·사헌부의 기능을 강화했고, 힘이 세진 훈구파 신하들과 맞설 다른 신하들을 찾기 시작했지요.

대표적인 사람은 김종직입니다. 김종직은 길재의 제자였어요. 길재는 고려 말기에서 조선 전기의 성리학자로, 정계에 진출하는 것이 목적이 아니라 도덕적으로 깨끗해야 한다고 생각하며 지방에서 학문에 집중하던 선비들 중 한 명이었어요. 그리고 이런 길재와 같은 선비 무리를 사림(士林)이라고 불렀지요.

성종은 이들을 한양으로 불러 벼슬을 주며 그들에게 힘을 실어 주었어요. 이것은 사림파가 중앙에 진출하는 계기가 되었지요. 김종직을 따르는 젊은이들이 많아지면서 사림파는 점점 힘을 키워갔어요. 이들이 일하는 곳은 대부분 3사라고 불리는 홍문관·사간원·사헌부였어요. 이들이 그 역할을 하자 훈구파들은 전처럼 권력을 휘두르기 어려웠지요.

원상제
왕이 지명한 원로대신들이 승정원으로 출근하여 모든 국정을 상의해서 결정하면 임금이 결재하는 제도

대간
관리들을 감찰하는 사헌부와 국왕에게 잘못된 점을 비판하는 사간원의 관리를 합쳐 부르는 말

홍문관	궁중의 경서, 문서 등을 관리하고 왕의 정책에 대해 자문을 담당하던 곳
사간원	임금과 관리의 잘잘못을 비판하고 지적하던 곳
사헌부	관리의 비리와 부정부패를 감시하고 처벌하던 곳으로, 왕이 임명한 관리의 자격을 심사하기도 함.

▲ 3사

3 심층 취재

조선의 기틀을 완성하다

오늘 <심층 취재>에서는 조선을 제도적으로 안정시킨 성종의 업적에 대해 알아보겠습니다. 성종 대에 이르러 어떤 제도들이 완성된 모습으로 변화되었는지 함께 살펴볼까요? 이 문제에 대해 김역사 기자가 다각도로 취재했습니다. 김역사 기자 나와 주세요.

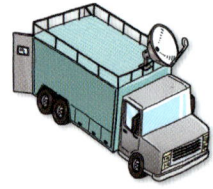

네, 먼저 『경국대전』 소식부터 전해 드리겠습니다.

김역사 기자

『경국대전』은 세조 때 만들기 시작해 성종 때 이르러 완성된 법전입니다. 조선이 유교적 법치 국가로 가는 데 길잡이가 된 법전이지요. 법이란 국가가 강제로 시행하는 사회 규범이에요. 삼국 시대에는 율령이 있었고, 고려 시대에는 당의 법률을 참고해 만든 법률이 있었지요. 그러나 일상생활과 관계되는 일은 지방관이 관습과 자신의 생각에 따라 자율적으로 처리했어요. 명확한 기준이 없다 보니 일처리가 일관적이지 못해 문제가 생기기도 했지요.

그렇기 때문에 조선에서는 정치와 사회의 안정을 위해 모두가 믿을 수 있는 법이 필요했어요. 조선은 개국하자마자 법으로 다스린다는 법치주의를 내세웠고, 중앙 정부에서 임명한 관리가 법에 따라 일하도록 지시했습니다. 그래서 이성계는 고려 말 이후에 만들어진 법과 관습을

모아 『경제육전』이라는 법전을 만들었고, 정도전도 『조선경국전』을 만들었지만 조선의 정식 법전은 아니었지요. 나라에서는 통일 법전을 편찬하고자 노력했는데, 이러한 노력이 『경국대전』의 완성으로 결실을 이룬 것입니다.

고려 시대 법이 죄인을 다스리는 내용이 중심이었다면, 『경국대전』은 정치, 경제, 사회, 문화의 기본 규범을 담은 종합적인 법전으로, 〈이전〉·〈호전〉·〈예전〉·〈병전〉·〈형전〉·〈공전〉의 6개 분야로 나뉘어 있어요.

이제 조선 시대에 나라의 모든 일은 『경국대전』을 따르게 되었어요. 그 내용이 백성들의 삶과 밀접한 관계가 있었지요. 여러분의 이해를 돕기 위해 자료 화면을 준비했습니다.

경국대전 내용
- 이전: 관리를 임명하는 일과 각 관리들이 해야 하는 일 등에 대한 법
- 호전: 나라의 예산과 세금, 상거래, 돈, 관리의 월급에 관한 법
- 예전: 과거 시험, 다른 나라와의 관계, 의식과 행사의 절차, 공문서 등에 관한 법
- 병전: 군대와 군사에 관련된 법
- 형전: 재판과 형벌에 관한 법
- 공전: 도로, 교통, 통신, 도량형 등에 관한 법

자료 화면 ▶ 『경국대전』 내용

- 토지나 집, 노비를 사고 팔 때는 100일 안에 관청에 보고해야 한다.
- 혼인은 남자 15세, 여자 14세가 되어야 할 수 있다.
- 돌아가신 부모님이 진 빚은 자식에게 재산이 있으면 자식이 갚는다.
- 호패를 위조하면 사형에 처한다.
- 아내가 죽은 후 3년이 지나야 새로 장가를 갈 수 있다.

내용을 보시면 아시겠지만 『경국대전』은 나랏일뿐 아니라 백성의 일상생활 전반에 걸친 삶의 규범도 다루고 있어요. 가정의 재산 상속을 비롯해 집과 땅을 사고파는 것, 혼인과 같은 일상생활과 관련된 법도 다루고 있지요. 사회 전 분야를 세세하게 규정하고 있답니다.

들리는 소문에 의하면 경연제가 되살아날 것 같다고 하던데요.

맞습니다. 또한 성종은 세조가 없앴던 경연제를 다시 실시했어요. 그는 왕위에 있었던 25년 동안 거의 매일 경연에 참석했다고 해요. 경연이란 임금이 신하와 더불어 유교 경전의 뜻을 해석하고 토론하거나 국정을 협의하던 일을 말합니다. 역시 공부 잘하는 임금답지요? 집현전 역시 세조가 없애 버린 것을 성종이 홍문관을 통해 그 기능을 되살립니다. 그리고 성종은 지리와 역사, 음악 등 다양한 분야의 책들을 펴냈어요. 고조선에서부터 고려까지의 역사를 다룬 역사서인 『동국통감』을 편찬하고, 세종 때 만들어진 『팔도지리지』를 보완해 **『동국여지승람』**을 편찬했지요.

『동국여지승람』
이 책에는 정자, 누각, 학교, 사찰, 인물 등 인문에 관련된 자료가 많이 실렸으며 이것들과 관련이 있는 시문도 실려 있어요.

성종 덕에 조선에 유교 문화가 자리 잡을 수 있게 된 것 같은데, 맞나요?

네, 그렇습니다. 성종은 불교를 탄압하고 유교를 장려했습니다. 일정 숫자의 사찰만 남기고 전국 대부분의 사찰을 폐쇄시켰고, 승려가 되는 것을 금지했지요. 그 결과 노동력을 확보할 수 있었던 측면도 있습니다.

성종은 교육에도 힘썼어요. 당시에는 서당을 졸업하면 지방 학생은 향교로, 한양 학생은 4부 학당으로 진학했어요. 이때 향교와 4부 학당은

국가가 세운 것이지요. 4부 학당의 학생들은 5일마다 시험을 치르고, 매달 시험을 보았으며, 일 년 동안의 성적이 왕에게 보고되었어요. 또한 국가가 운영하는 조선 시대 최고의 고등 교육 기관인 성균관도 성종 때에 이르러 완성된 형태를 갖춥니다.

끝으로 지방 행정 조직에 관한 소식을 전해 드리면서 마무리 짓겠습니다. 성종은 각 도에 관찰사를 파견하고 부·목·군·현에는 수령을 파견했어요. 조정에서 직접 관리를 파견함으로써 중앙 집권을 강화하고자 하는 목적이 있었지요. 이때 **봉수 제도** 역시 정비되었어요.

성종이 다스린 시기는 전쟁이나 반란 등 나라에 큰 사건이 없었어요. 그래서 세종 시기 이후 가장 평화로운 시기였다는 평가를 받곤 해요. 하지만 성종은 내면이 강한 왕이었어요. 성종은 신하들의 힘을 폭력적이지 않은 방법으로 누르고 왕권 강화에 힘썼으며 나라를 안정시켰습니다.

봉수 제도

연기와 불로 급한 일을 전달하던 통신 수단이에요. 성종 때 이 봉수제를 정비하여 나라에 급한 일이 생겼을 때 바로 전달받을 수 있게 했지요.

스페셜뉴스 - 현장 브리핑

조선의 입시?! 열혈 엄마 나열심의 장원급제 아들 만들기 대작전!

조선에서는 높은 관직에 오르려면 반드시 과거 시험을 거쳐야 했어요. 과거 시험은 천민을 제외하고 누구나 볼 수 있었지만 실제로 일반 백성들이 보기는 쉽지 않았어요. 과거는 주로 양반들이 관직에 진출하는 통로가 되었지요.

과거 시험은 크게 문관을 뽑는 문과, 무관을 뽑는 무과, 기술관을 뽑는 잡과로 나뉘었어요.

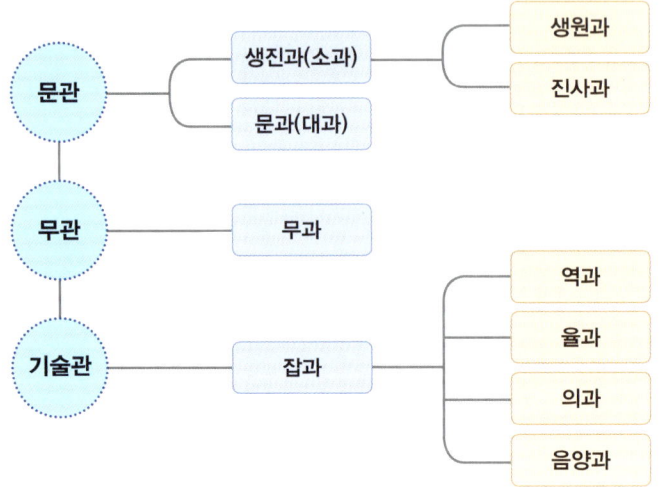

낙점
채점관이 채점을 하며 잘 쓴 시험지에 점을 찍는 것을 낙점이라고 합니다. 점의 개수가 많을수록 합격과 가까워집니다.

압권
가장 점수가 높은 시험지를 제일 위에 놓아 임금님께 올렸습니다. 그 해의 장원 급제인 시험지지요. 다른 답안지들을 누르고 있다고 해서 압권이라고 했어요.

그중에서도 문과 시험을 무과나 잡과에 비해 더욱 중요하게 생각했어요. 문과는 소과와 대과 2단계로 진행되지요. 소과도 초시와 복시 2번에 걸쳐 치러지는데, 여기서 모두 합격해야 대과 시험을 볼 수 있어요. 나열심 여사의 아들은 지금 소과 1차를 합격한 상태예요. 소과 1차는 유교 경전 이해도를 알아보는 생원과와, 시와 산문 등 문장력을 시험하는 진사과로 나뉘는데, 이 중 생원과 초시에 붙은 거지요. 나열심 여사는 아들이 복시에도 합격해 성균관에 입학하게 되기만을 기도하고 있답니다.

조선 시대의 아이들은 7~8세부터 서당에 다녔어요. 서당을 졸업하면 지방 학생은 향교로, 한양 학생은 4부 학당으로 진학해요. 나중에는 사립 학교 격인 서원이 생기고 이곳에서 과거 합격자가 더 많아지자 서원이 향교의 기능을 했어요. 한양에 설립

144 성종 | 조선을 완성하다

된 4부 학당도 향교와 비슷한 곳이에요. 성균관은 조선 최고의 고등 교육 기관이에요. 입학 정원은 소과 복시에 합격한 200명으로, 학비와 숙식비를 면제받았지요.

아침을 먹은 아들은 다시 방으로 들어가 공부를 시작했어요. 나열심 여사는 다른 엄마들과 정보를 공유하기 위해 집을 나섰어요. 나열심 여사는 평소 알고 지내던 4부 학당 학부모들을 만났어요. 그런데 한 학부모가 목소리를 낮추더니 말했어요.

"부정행위를 조심해야 해요. 지난번 시험에서 답을 적은 종이를 콧속에 숨긴 학생이 있었대요. 붓에 숨기는 건 말할 것도 없고요. 뇌물을 주다 걸리기도 했대요."

"걸리면 삼 년에서 육 년 정도 시험을 볼 수 없잖아요?"

"그러니까 말이에요. 다른 사람 답안을 보다 들켜서 곤장 100대를 맞고 삼 년이나 옥살이를 한 사람들도 있다는군요."

이 말을 듣고 모두들 혀를 찼어요. 나열심 여사도 이 이야기를 아들에게 전해 혹여나 나쁜 마음을 먹지 않도록 해야겠다고 생각했어요. 나열심 여사는 이제 집에 가서 아들의 점심상을 차려야겠다며 자리에서 일어섰지요.

성균관 입학과 대과 시험까지……. 나열심 여사는 아직 갈 길이 멀게 느껴져서 마음이 답답했어요. 하지만 장원 급제를 해서 어사화를 모자에 꽂고 자신을 보러 올 아들을 상상하니 다시 힘이 났답니다.

 고종훈의 한국사 브리핑

인물 핵심 분석 ▶ 성종

QR 코드를 찍으면 고종훈 선생님의 강의를 볼 수 있어요.

시대 ▶ 1457년~1494년
재위 기간 ▶ 1469년~1494년
별명 ▶ 강심장, 공부벌레, 갓성종, 토론 홀릭
국정 운영 스타일 ▶ 사건을 만들지 않고도 권력을 왕에게로!
가장 좋아하는 장소 ▶ 경연장 (공부하는 것이 제일 좋아~)
역사적 중요도 ▶ ★★★★☆
시험 출제 빈도 ▶ 높음

예종이 죽자 그의 어린 아들 대신 성종이 왕위에 올랐어요.

예종의 아들이 너무 어려 예종의 형인 의경 세자의 아들 중 자을산 대군이 성종이 되었습니다. 자을산 대군은 형인 월산 대군을 제치고 왕이 되었어요. 그렇게 된 배경엔 그의 장인인 한명회가 있었지요.

성종 때 『경국대전』이 완성되었어요.

조선의 기본 법전인 『경국대전』은 세조 때부터 만들기 시작해 성종 때 완성되었습니다. 『경국대전』은 정부 조직뿐 아니라 백성들의 일상생활까지 관리하는 법전이었어요. 이것으로 **유교적 법치국가로 조선의 틀이 완성된 것**이라고 볼 수 있어요.

각종 제도 정비로 조선의 안정기를 이루었어요.

성종은 각종 편찬 사업, 교육 제도를 비롯해 행정 제도, 봉수 제도 등이 성종 시대에 완비되었습니다. 또한 젊은 사림파들을 발탁해 훈구파와 조화를 이루게 하였어요. 성종이 이렇게 노력한 덕분에 조선은 안정기를 누릴 수 있었습니다.

인물 관계 분석

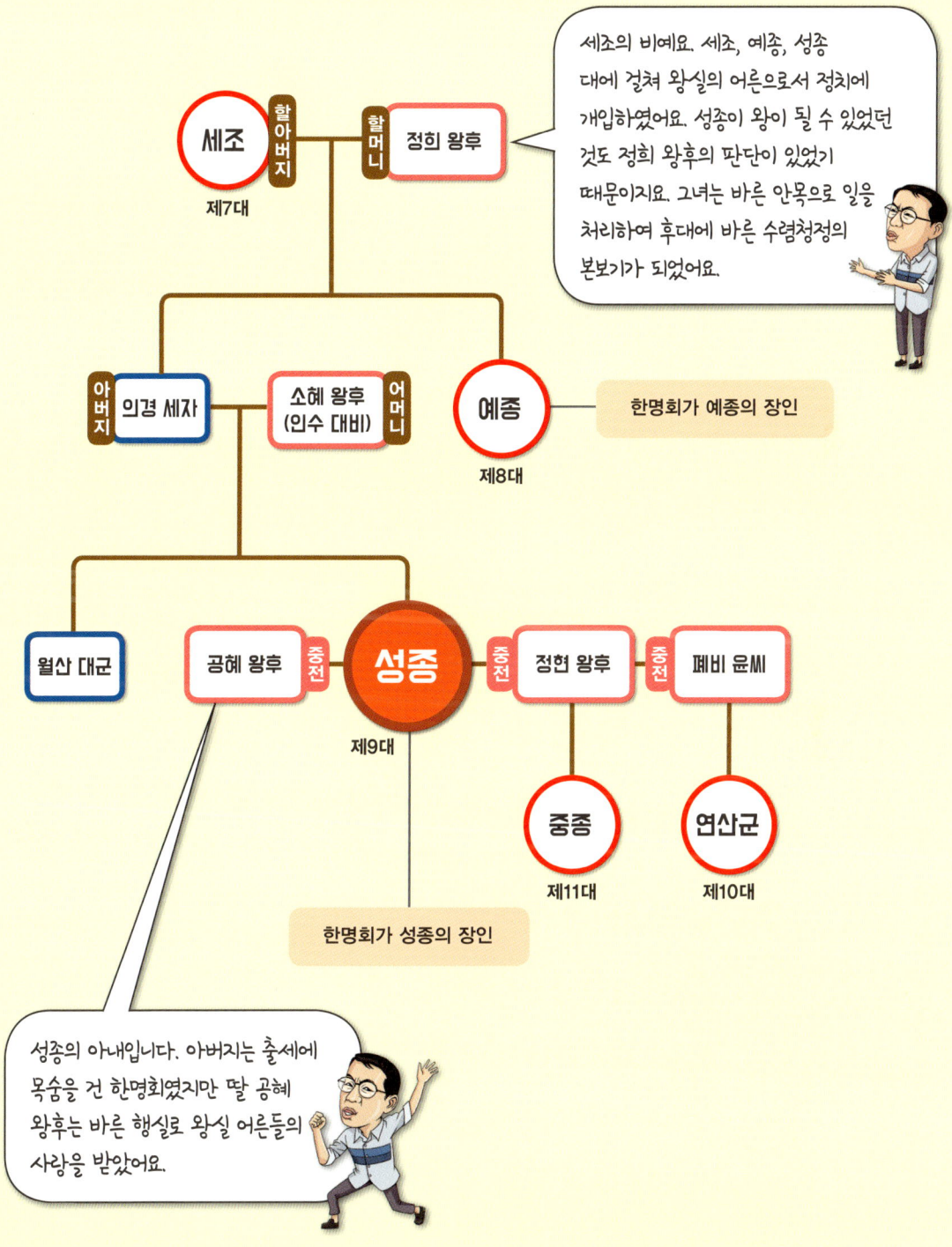

타임라인 뉴스

1476 — 성종과 어머니 폐비 윤씨 사이에서 첫째 아들로 태어나다

1479 — 친어머니인 윤씨가 폐위되다
이후 정현 왕후의 손에서 자라다

1483 — 세자의 자리에 오르다

1488 — 신승선의 딸인 거창군 부인 신씨(외할아버지가 세종의 아들임)와 혼례를 치르다

1494 — 조선 제10대 임금으로 즉위하다

1495 — 아버지 성종의 묘에 바칠 글을 읽다가 친어머니가 따로 있으며 폐비가 되었다는 사실을 알게 되다

1498 — 무오사화가 일어나 김종직을 부관참시하고, 관련자들에게 벌을 주다

1499 — 국경 지방을 여진족이 쳐들어오자 정벌하도록 하다

1502 — 신하들에게 폐비 사건 때 죽음을 무릅쓰고 반대하는 것이 옳았는지, 왕의 명령에 순종하는 것이 옳았는지를 묻다
첫째 아들을 세자에 앉히다

1503 — 장녹수의 친척들을 관리에 임명하다

1504 — 갑자사화가 일어나 많은 사림파들이 피해를 입다
할머니인 인수 대비 한씨가 죽자 초상 기간을 단축해 버리다

1505 — 술자리에서 충성스런 말을 한 내시 김처선의 팔과 다리를 베고 활로 쏘아 죽이다

1506 — 중종반정이 일어나 왕위에서 쫓겨나다
강화도에서 병을 앓다 죽음을 맞이하다

1 인물 초대석

생방송한국사

외로웠던 세자, 연산

왕에서 쫓겨나는 바람에 죽은 후에 '군'이라 불리고, 그의 시대 기록은 '실록'이 아닌 '일기'가 되었으며, 무덤 역시 '능'이 아닌 '묘'라고 불리는 왕이 있습니다. 바로 성종의 아들 연산군인데요. 그의 어린 시절을 잘 알고 있는 상궁과 인터뷰가 준비되어 있습니다.

박상궁

안녕하세요. 저는 성종 시절 궁녀가 되어 연산군 시절에 이르기까지 평생을 궁에서 살아 온 박상궁이라고 합니다. 연산군은 어릴 적 어머니 없이 자랐습니다. 어머니 윤씨가 일찍 폐위되었다가 결국 사약을 받고 죽었거든요. 이 일에는 할머니인 인수 대비가 큰 역할을 했지요. 그러니 인수 대비로서는 연산군이 마냥 예쁘지만은 않았을 거예요.

왜 친어머니인 폐비 윤씨가 사약을 받게 된 거지요?

원래 성종의 첫 왕비는 공혜 왕후 한씨로 한명회의 딸이었는데, 자식 없이 어린 나이에 죽고 말지요. 그러자 성종의 후궁으로 사랑받고 있던 윤씨가 중전 자리에 오르게 됩니다. 윤씨는 중전이 될 자신이 있느냐는 어른들의 말에 "덕이 부족하고 배운 게 없어 전하께 폐

연산군 | 왕이 되지 못한 임금

가 될까 두렵습니다."라고 대답해 어른들을 만족시켰어요. 그리고 중전이 된 지 얼마 안 되어 세자, 즉 연산군을 낳아 어른들의 사랑을 받지요. 그러나 윤씨는 유독 질투가 심했어요. 후궁들에게 먹일 생각으로 비상이라는 독이 강한 약재를 구할 정도였지요. 중전에 대해 그런 소문이 떠돌자 성종은 불시에 중전의 처소를 뒤졌어요. 그런데 정말로 방에서 비상과 저주의 글이 나온 거예요. 사람을 저주하기 위해 만들어 놓은 인형도 있었지요. 또 어느 날은 중전과 세자를 해치겠다고 모의하는 글을 거짓으로 써서 후궁들에게 누명을 씌우기도 했어요. 성종은 자신이 갑자기 죽을 경우 윤씨가 세자를 등에 업고 악행을 저지르지 않을까 걱정했지요. 게다가 성종의 얼굴에 손톱자국까지 내자 인수 대비의 화가 폭발하고 맙니다.

왕의 얼굴에요? 보통 일이 아닌데요!

맞아요. 인수 대비는 더 이상 참을 수 없다며 윤씨를 **폐비**시키고 쫓아냈어요. 성품이 어질지 못해 국모 자격이 없다는 것이 이유였지요. 왕비가 폐위되어 쫓겨난 것은 조선 역사상 처음 있는 일이었어요. 후에 성종이 그녀를 안타깝게 여겨 어떻게 지내는지 알아오라고 궁녀를 보냈는데 인수 대비는 임금에게 거짓으로 고하게 일을 꾸몄어요. 궁녀들은 인수 대비가 시킨 대로 윤씨가 궐 밖에서도 전혀 반성의 기미가 없다고 전했어요. 처음에 대신들은 왕자의 생모를 죽이는 것은 장차 문제가 될 수 있다고 반대했어요. 하지만 차츰 윤씨에게 사약을 내려야 한다는 여론이 만들어져 윤씨는 결국 사약을 받아 죽고 말아요.

윤씨가 폐비되자 훗날 중종의 어머니인 정현 왕후가 왕비의 자리에

폐비
왕비의 자리에서 강제로 물러나게 되는 일이나 그렇게 된 왕비

올랐어요. 연산군은 그녀를 친어머니로 알고 있었지만 잘 따르지 않았다고 해요. 그녀도 연산군에게 잘하려고 했지만 아무래도 친아들인 진성 대군만큼 예뻐해 주진 못했을 거예요. 인수 대비 역시 정현 왕후가 낳은 진성 대군만 예뻐해서 연산군은 궁에서 외롭게 지냈어요.

연산군은 아버지처럼 공부만 하는 모범생은 아니었지만 아주 게으른 학생도 아니었어요. 성종 또한 자신이 너무 공부를 많이 해 그 고통을 알아서인지 연산군에게 공부만을 강요하지는 않았어요. 노는 것을 좋아하는 연산군을 이해해 주고 감싸 주었지요. 하지만 연산군은 성격이 무척 괴팍해 많은 사람들이 걱정했습니다.

혹시 그런 성격을 보여 주는 일화가 있나요?

성종이 세자 시절 연산군에게 할 말이 있다며 불렀던 적이 있었지요. 마침 사슴 한 마리가 달려와 세자의 손을 핥고 옷에도 침을 묻혔어요. 그러자 연산군은 불같이 화를 내며 사슴을 발로 걷어 찼어요. 성종이 몹시 아끼는 동물이었는데 말이지요. 깜짝 놀란 성종은 연산군을 엄하게 꾸짖었어요. 이 일을 가슴에 담아 두었던 모양인지 연산군은 왕이 되자마자 바로 그 사슴을 죽여 버리더군요.

그럴수록 더욱 좋은 길로 가도록 왕실에서 교육에 신경을 썼더라면 좋았을 텐데, 아쉽습니다.

물론 교육에 신경을 썼지요. 연산군은 조지서와 허침 두 분의 스승을 모셨어요. 하지만 자꾸 핑계를 대며 수업에 빠지려 했어요. 정해진 대로 가르치고 엄했던 조지서는 그럴 때마다 세자를 꾸짖은 반면, 허침은 달래며 좋은 말로 타일렀지요. 그런데 엄격했던 조지서가 못마땅했는지 훗날 왕이 된 연산군은 조지서도 죽여 버립니다.

왕이 될 때 반대는 없었나요? 사약을 받은 어머니 때문에 왕의 자리에 오르는 게 쉽지 않았을 텐데요?

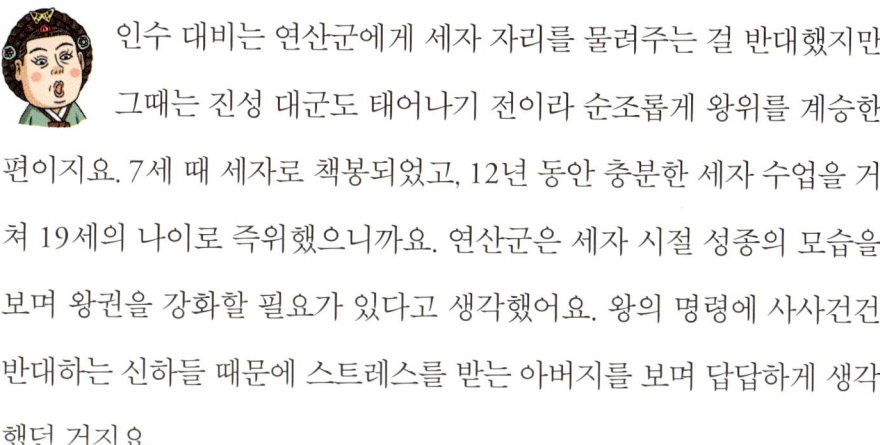

인수 대비는 연산군에게 세자 자리를 물려주는 걸 반대했지만 그때는 진성 대군도 태어나기 전이라 순조롭게 왕위를 계승한 편이지요. 7세 때 세자로 책봉되었고, 12년 동안 충분한 세자 수업을 거쳐 19세의 나이로 즉위했으니까요. 연산군은 세자 시절 성종의 모습을 보며 왕권을 강화할 필요가 있다고 생각했어요. 왕의 명령에 사사건건 반대하는 신하들 때문에 스트레스를 받는 아버지를 보며 답답하게 생각했던 거지요.

집권 초기에는 전국에 암행어사를 파견해 백성들의 삶을 살피고 관료들의 기강도 바로잡으려 했어요. 또 과거를 시행해 인재를 뽑았으며 여진족을 잘 달래서 국경도 안정시켰지요. 그러나 얼마 지나지 않아 연산군은 그야말로 폭군으로 변해 버렸어요. 정말 안타까운 일이에요.

네, 소중한 말씀 감사드립니다. 그럼 이후 궁에선 과연 무슨 일이 일어났는지 다음 뉴스에서 전해 드리겠습니다.

2 헤드라인 뉴스

생방송 한국사

무오년에 사림들이 화를 입다

여러분, 오늘 연산군이 차마 눈뜨고는 볼 수 없는 일을 벌였다고 합니다. 사림의 우두머리 격이던 김종직의 무덤을 파헤치고 그의 시체를 훼손시키라는 '부관참시'의 벌을 내린 겁니다. 이런 무시무시한 일이 왜 벌어졌는지 이유를 자세히 살펴보도록 하겠습니다.

성종 시대에 그나마 유지되던 사림파와 훈구파 사이의 균형은 연산군이 왕이 되자 무너지고 맙니다.

김역사 기자

앞서 보았다시피 세조는 자신이 왕이 되는 것에 도움을 준 사람들을 공신으로 임명하고 많은 상을 내리지요. 공신들은 여기에 만족하지 않고 더 많은 재물과 권력을 얻기 위해 부정부패를 일삼았어요. 사림파는 그런 훈구파를 비판하며 등장한 세력입니다. 이들은 훈구파의 잘못을 비판하고 나섰고, 결국 두 세력은 권력 다툼을 벌이게 되었지요.

그 결과 나타난 것이 바로 무오사화입니다. 사화란 '사림이 화를 입다.'라는 뜻으로, 시작은 김종직이 쓴 「조의제문」이었어요. 김종직은 사림파에게 존경받는 인물이었어요. 사림파 신하 중 한 사람이 『성종실록』을 만들면서 여기에 「조의제문」을 실으려고 했어요. 이 사실을 알게 된 훈구파는 득달같이 연산군에게 달려갔지요. 그들은 「조의제문」이 세조가 단종을 쫓아 내고 왕위에 오른 일을 비유적으로 비난하고 있다고 주장했어요. 그리고 사림파들이 세조의 뒤를 이은 성종과 연산군의 즉위도 올바른 왕위 계승이 아니라고 생각하고 있다며 몰아갔지요. 그러자 「조의제문」을 실록에 실으려던 사림파들은 갑자기 연산군을 반대하는 이들이 되어 버렸어요.

연산군은 신하들의 힘을 누르고 왕권을 강화시키고 싶은 욕심이 있었어요. 게다가 번번이 자신과 의견 충돌을 일으키는 사림파를 못마땅하게 생각했지요. 이것이 하나의 기회가 되겠다 싶자 연산군은 불같이 화를 냈어요.

"감히 내 할아버지인 세조 대왕을 욕하다니. 내 그 죄를 단단히 물어 김종직에게 엄벌을 내리겠다!"

그러나 김종직은 벌써 오래 전에 죽고 없었어요. 그래서 김종직의 무덤을 파헤쳐 시체를 토막 내는 '부관참시'라는 형벌을 가했지요. 죽은 사람을 다시 한 번 죽이는 거예요. 이를 실록에 실으려고 했던 김일손도 벌을 받았어요. 뿐만 아니라 「조의제문」을 싣는 일과 연관된 사람들은 대부분 조정에서 밀려나 죽임을 당하거나 유배를 가야 했지요. 이 사건이 무오년에 일어났기 때문에 '무오사화'라고 합니다.

그러나 문제는 이게 끝이 아니었어요. 사화를 통해 얻은 권력을 연산군이 국정 개혁이나 경제 발전 같은 일에 쓰지 않고 자신의 욕망을 지키는 데만 썼던 거예요. 연산군은 곧 실정과 폭정을 거듭하며 점점 폭군으로 변해갔습니다.

조의제문

'의제의 죽음을 애도하는 글'이란 뜻이에요. 중국 초나라의 왕 의제가 항우에게 패한 후 억울하게 죽은 것을 안타까워하는 내용이지요. 항우라는 사람이 의제라는 왕을 죽여 강물에 던져 버린 일을 말하고 있어요. 죽임을 당한 의제가 단종, 왕을 죽인 항우가 세조를 상징한다고 훈구파는 주장했어요.

3 헤드라인 뉴스

갑자사화와 연산군의 끝

곧 조정에 피바람이 불 것이라는 소문이 경복궁 주변을 강타하고 있다는 소식이 들어왔습니다. 마침내 연산군이 친어머니를 폐위한 사건을 알아 버렸다고 합니다. 그래서 이를 정치적 쟁점으로 들고 나오는 건 시간 문제라는 것이지요. 현장에서 직접 전해 드리겠습니다.

연산군에게 잘 보여 권력을 차지하고 싶었던 훈구파 신하가 폐비 윤씨의 사건을 연산군에게 말했다고 합니다.

김역사 기자

이런 일이 벌어질지 모른다고 걱정했던 성종은 폐비에 관한 일이 절대 알려지지 않게 하라고 유언까지 할 정도였지요. 하지만 결국 허사가 된 셈입니다.

사실 연산군이 어머니의 죽음에 대해 그때 처음 안 것은 아니었어요. 왕위에 오른 지 석 달 만에 성종의 무덤에 쓸 묘지문을 보고 알았다는 거지요. 역사는 그가 그날 식사를 거르고 한참이나 생각에 빠져 있었다고 기록하고 있습니다.

그 후 한 신하로부터 어머니가 죽을 때 피를 토했던 옷자락을 받아든 연산군은 어머니에 대한 복수를 차근차근 밟아나갑니다. 먼저 폐비 윤씨와 사이가 좋지 않았던 왕실의 여인들은 죽음을 면치 못했어요. 연산군은 성종의 후궁들이 성종에게 친어머니에 대해 나쁘게 말해 자신의 어머니가 죽임을 당했다며 귀인 엄씨와 귀인 정씨를 끌고 와 앞에 꿇어 앉혔어요. 아버지의 후궁이니 연산군에게는 어머니뻘인데 말이에요.

연산군은 이들에게 천을 뒤집어씌우고는 마구 발길질하고 몽둥이도 휘둘렀어요. 얼마 후 이 자리로 연산군의 이복동생인 안양군과 봉안군이 끌려왔어요. 연산군은 그들에게도 몽둥이를 쥐어주며 때리라고 명령했어요. 안양군은 누군지도 모른 채 연산군이 무서워 몽둥이로 때렸고, 상황을 눈치챈 봉안군은 차마 몽둥이를 들지 못하고 울기만 했어요. 안양군과 봉안군은 귀인 정씨의 아들이었던 거지요. 결국 두 후궁들은 그 자리에서 맞아 죽었고, 이복동생들도 유배를 갔다가 죽임을 당하고 말지요.

연산군은 어머니를 죽인 일에 할머니인 인수 대비가 가장 큰 역할을 했다고 생각했어요. 그래서 인수 대비를 찾아가 난동을 부리며 화풀이를 했지요. 인수 대비가 크게 나무라자 연산군은 할머니를 머리로 들이받았어요. 인수 대비는 이 일로 충격을 받아 몸져누웠고, 얼마 지나지 않아 죽고 말았지요.

신하들 또한 어마어마한 피해를 입었어요. 폐비를 시킬 당시 반대한 사람이 거의 없었기 때문에 연산군의 복수 대상은 신하 전체라 해도 과언이 아니었어요. 사림파는 물론이고 훈구파까지도 많은 이들이 벌을 받거나 죽임을 당했지요. 찬성을 하지 않았어도 말리지 않았다는 이유로 화를 입은 신하들도 있었어요. 한명회도 그중 하나였어요. 연산군 당시 한명회는 이미 죽었기 때문에 무덤을 파헤쳐 해골을 걸어 놓았다고 합니다.

무오사화와 갑자사화는 성격이 조금 달라요. 무오사화는 국왕과 훈구파 대신들이 김종직 일파를 명분으로 사림파의 힘을 꺾고자 했던 사건

이지만, 갑자사화는 연산군이 일방적으로 신하들을 공격한 것이지요. 그중 대부분이 사림파였기 때문에 '사화'라 부르는 거예요.

갑자사화 이후 연산군을 막을 수 있는 사람은 아무도 없었어요. 사냥이나 나들이를 갈 때면 방해가 된다며 민가를 함부로 부수었어요. 멀쩡한 집을 허물고 연못을 만들기도 했지요. 자신의 놀이터를 만든다며 '금표' 지역을 마구 늘리고 그 지역에 있는 집들도 허물어 버렸어요. 일반 백성들은 금표 지역 안으로 들어갈 수 없었지요. 그런데 금표가 한양뿐 아니라 경기도 주변 지역에도 세워지면서 2만 명이 넘는 백성들이 살던 곳에서 쫓겨나야 했어요.

금표

출입 금지를 알리는 푯말로, 금표 안으로 들어오면 처벌을 하겠다는 내용이 기록되어 있어요.

또한 전국에서 예쁜 여자들을 뽑아 궁궐 안에서 지내게 했어요. 이 여자들을 '흥청'이라 했지요. 연산군이 이렇게 재물을 펑펑 쓰는 바람에 나라 살림은 바닥나고 말았어요. 이로 인해 많은 세금 부담을 떠안고 고통받는 건 백성들이었지요. 사실 두 번의 사화는 백성들의 생활과는 큰 관계가 없었어요. 그러나 연산군의 헤픈 씀씀이가 계속되자 백성들의 원성도 높아져 거리엔 왕에 대한 불만을 적은 글들이 붙기 시작했지요.

결국 살아남은 훈구파 신하들이 중심이 되어 연산군을 왕위에서 쫓아내고 성종의 둘째 아들인 진성 대군을 왕위에 세웠어요. 그렇게 연산군은 역사에 왕이 아닌 군으로 기록되고 말았지요.

연산군은 한글 파괴자?

연산군의 폭정이 계속되던 어느 날 한양에 한글 벽서가 붙었어요. 당연히 살기 힘든 백성이 연산군을 비방하는 글을 써서 붙인 거지요. 연산군은 화가 나서 한글을 사용하지 말라고 명을 내려요.

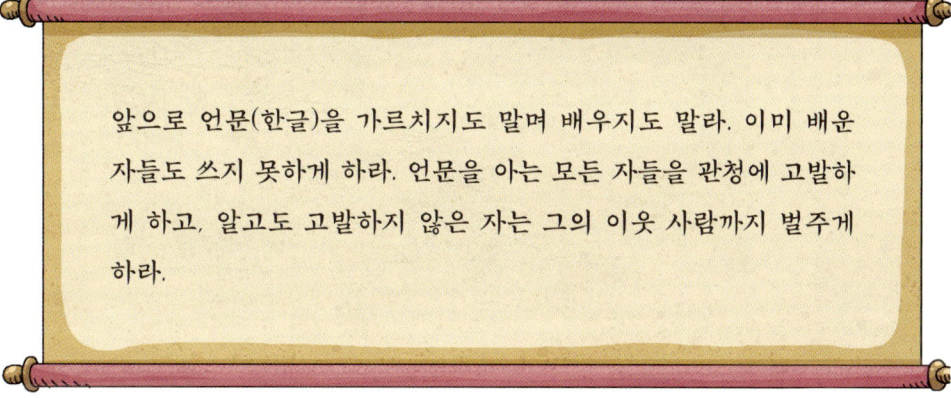

앞으로 언문(한글)을 가르치지도 말며 배우지도 말라. 이미 배운 자들도 쓰지 못하게 하라. 언문을 아는 모든 자들을 관청에 고발하게 하고, 알고도 고발하지 않은 자는 그의 이웃 사람까지 벌주게 하라.

정말 무시무시한 명령이지요? 당시 벽서에는 연산군이 궁에서 행한 온갖 나쁜 짓이 쓰여 있었어요. 당연히 연산군 입장에서는 백성과 유학자들이 자신의 악행을 아는 것이 싫었을 거예요. 그래서 하나하나 글씨체를 대조해 가며 범인을 잡기 위해 애썼지만 결국은 잡지 못했어요.

그래서 연산군 시절 내내 한글을 쓰지 못했냐고요? 그런 것은 아니에요. 연산군의 언문 금지 명령 때문에 그렇게 오해하는 사람들이 많지만 시간이 지난 후 연산군은 적극적으로 한글 장려 사업을 벌여요. 한글을 아는 사람들을 뽑아 관리로 채용하고, 어려운 달력 관련 책을 한글로 번역하게 했으며, 음악 관련 책들도 한글로 번역해 부르게 했어요. 이런 일들은 연산군이 폐위되기 3개월 전까지 이루어지지요.

한글을 금지한 것은 벽서를 붙인 범인을 잡기 위한 단기간의 금지책이었을 뿐이에요.

 취재 수첩

'흥청망청'에 대해 아시나요?

 여러분, '흥청망청'이란 말을 들어 보셨을 거예요. 흥청망청은 돈이나 물건을 마구 사용하거나 흥에 겨워 마음대로 즐기는 것을 가리키는 말이에요. 이 말은 연산군 때문에 생겨났어요.

 술과 여자에 빠져 지내던 연산군은 마침내 채홍사라는 관리를 파견해 각 지방의 아름다운 처녀를 궁궐로 뽑아 오게 해요. 그 숫자는 무려 만 명에 가까웠지요. 이들 중에서도 특히 외모가 예쁘고, 노래를 잘 부르고, 춤도 잘 추는 여자들을 '흥청(興淸)'이라고 불렀어요. 맑은 기운을 일으킨다는 뜻이었지요. 연산군이 흥청들과 놀아나다 망했다는 뜻에서 백성들은 '흥청망청'이라 부르기 시작했어요.

 연산군은 경복궁의 경회루에서 늘 흥청들과 노는 잔치를 벌였어요. 그 호화로움은 이루 말할 수 없을 정도였지요. 연산군이 이렇게 여자에만 빠져 나랏일을 돌보지 않고 사치 부리는 사이 백성들의 생활은 점점 어려워져 갔지요.

 드라마나 영화에서 종종 등장하는 '장녹수'라는 여인에 대해 들어 본 적이 있나요?

연산군 | 왕이 되지 못한 임금

장녹수도 홍청 출신이었어요. 궁궐에 들어온 장녹수는 금세 연산군의 마음을 사로잡았어요. 아무리 화가 나는 일이 있더라도 그녀를 보면 연산군의 얼굴이 밝아질 정도였지요. 연산군의 총애를 한껏 받은 장녹수는 이를 믿고 권세를 마음껏 휘둘렀어요. 장녹수의 하인들까지도 그녀의 기세를 믿고 나쁜 짓을 저질렀지요.

그녀는 남의 재산을 함부로 빼앗고, 뇌물은 물론 인사 청탁도 많이 받았어요. 장녹수는 연산군 폭정으로 대표되는 인물 중 하나였지요. 중종반정으로 연산군이 왕위에서 쫓겨나자 반정군들은 장녹수를 체포했어요. 그들은 잡아 온 장녹수를 참형에 처하고 시체를 길에 걸었어요. 수많은 사람들이 그녀의 시체에 기왓장과 돌멩이를 던지며 욕을 했지요. 연산군의 정치에 백성들이 얼마나 화가 나 있었는지 알 만한 부분이에요.

연산군은 반정으로 군으로 강등되어 강화도로 유배됐어요. 그리고 일 년도 채 안 되어 울화병으로 죽고 말았습니다. 마지막으로 남긴 말은 부인이던 폐비 신씨가 보고 싶다는 말이었어요. 신씨는 연산군의 폭정에 반대해 유일하게 충고했던 사람이었지요. 중전이 울면서 폭정을 멈춰 달라고 부탁하면, 연산군은 가끔 중전의 말을 들어 주기도 했답니다.

연산군의 묘는 부인의 묘와 나란히 자리하고 있어요. 하지만 다른 왕릉에 비해 무척 초라한 모습이지요.

▲ 연산군 묘

고종훈의 한국사 브리핑

인물 핵심 분석 ▶ 연산군

QR 코드를 찍으면 고종훈 선생님의 강의를 볼 수 있어요.

시대 ▶ 1476년~1506년
재위 기간 ▶ 1494년~1506년
별명 ▶ 외톨이, 망나니, 바람둥이
국정 운영 스타일 ▶ 내가 놀 때 방해하면 모두 다 가만 안 두겠어~
좌우명 ▶ 노세노세~ 젊어 노세
연관 검색어 ▶ 흥청망청, 무오사화, 갑자사화
역사적 중요도 ▶ ★★★★☆

무오사화를 일으켜 사림을 제거했어요.

사화란 사림들이 화를 입은 사건을 말해요. **무오사화란 김종직이 쓴 『조의제문』을 핑계 삼아 연산군이 자신에게 반대하던 사림 세력을 죽인 것을 말합니다.** 훈구파는 부쩍 힘이 세진 사림파를 견제했고 연산군에게 이러한 사화를 일으키도록 조장합니다. 사화를 통해 연산군은 왕의 힘을 강화했어요.

갑자사화를 일으켜 또 한 번 피바람을 일으켰어요.

연산군은 다시 한 번 사화를 일으켰어요. 이번에는 **친어머니인 폐비 윤씨의 복수를 한다는 것이 그 이유였습니다.** 이를 계기로 사림들이 쫓겨났으며 사림뿐 아니라 훈구파 세력들까지 화를 입었어요.

흥청망청 놀며 나랏일을 돌보지 않았어요.

연산군은 언론 탄압을 통해 신하들의 입을 닫게 만든 후 정치를 돌보지 않고 노는데 시간을 보냈습니다. 매일 흥청이라는 기생들과 연회를 벌였지요. 그리고 이것을 보다 못한 신하들이 반정을 일으켜 연산군을 내쫓았고, 그 후 연산군의 시대는 막을 내렸습니다.

12 중종

반정으로 왕이 되다

시대 1488년~1544년   재위 기간 1506년~1544년

타임라인 뉴스

1488 성종의 아들로 태어나다

1506 반정으로 중종이 즉위하다

1515 조광조를 정치 파트너로 등용하다

1517 문정 왕후가 왕비의 자리에 오르다

1519 기묘사화가 발생하다

1544 창경궁에서 세상을 떠나다

1 헤드라인 뉴스

생방송 한국사

반정으로 왕이 되다

드디어 연산군의 폭정이 끝나고 중종이 왕위에 올랐습니다. 박원종과 성희안이 주축이 되어 연산군을 폐위시키고, 성종의 둘째 아들이자 연산군의 동생인 중종을 왕위에 앉힌 것입니다. 어찌된 일인지 자세한 내막을 경복궁에서 직접 전해 드립니다.

우선 박원종과 성희안에 대해 알아보기로 하겠습니다.

김역사 기자

박원종은 성종의 형인 월산 대군의 아내 박씨의 동생으로, 연산군이 미인으로 소문난 박씨 부인에게 못된 짓을 했다는 소문이 돌아 연산군을 몹시 미워했습니다. 또 성종 때부터 활약하던 신하인 성희안은 매일 놀기만 하는 연산군에게 그런 행동을 비판하는 시를 지어 바쳤다는 이유로 정계에서 쫓겨났지요.

　성희안은 연산군을 왕에서 쫓아내는 것이 자신이나 나라를 위한 일이라 생각하고 박원종과 함께 반란을 계획했습니다. 연산군의 폭정이 심해지자 연산군을 반대하는 세력들이 커지기 시작한 것도 이들에게 힘이 되었지요. 그 전까지는 불만이 있어도 연산군이 무서워 조용히 지냈지만, 더 이상 두고 볼 수 없다는 사람들이 생겨난 것입니다.

　이들은 몰래 모여 연산군의 폐위를 논의합니다. 또 군대를 모으지요.

성희안과 박원종을 주축으로 한 반(反)연산군 세력은 연산군이 뱃놀이를 하는 날 군사들을 모아서 연산군의 측근을 모두 죽입니다. 그 후 궁궐을 에워싸고는 연산군의 행동을 비판하거나 반대했다는 이유로 감옥에 갇힌 조정의 **중신**들을 모두 풀어 주지요. 감옥에서 나온 사람들은 바로 이들의 세력에 합류했어요. 이들은 성종의 계비인 정현 왕후의 허락을 받아 연산군을 폐위시키고 곧바로 강화도로 내쫓았어요. 그날 밤 성희안과 박원종은 왕의 상징인 옥새를 들고 진성 대군을 찾아갑니다. 진성 대군을 왕으로 추대하기 위해서였지요. 이렇게 해서 다음날인 1506년 9월 2일, 중종이 연산군의 뒤를 이어 왕위에 올랐어요. 이것을 '중종**반정**'이라고 부릅니다.

중종은 정현 왕후의 아들이지만 형인 연산군이 있어 왕위와는 거리가 멀었어요. 반정 세력들은 사건 직후 정현 왕후에게 가서 연산군을 왕자로 강등하고 진성 대군을 왕으로 올릴 교지를 내려 달라고 했고, 정현 왕후는 한참을 망설이다 수락했지요.

포악한 형 밑에서 살아남아야 했던 중종은 정치에 큰 욕심이 없었어요. 반정이 일어나던 날도 군사들이 집으로 오자 중종은 두려움에 몸을 떨었어요. 연산군의 응징의 칼날이 마침내 자신에게도 왔다고 생각한 거예요. 그런데 그의 아내가 말 머리가 집 쪽을 향하면 위험한 것이지만, 바깥을 향하고 있으면 우리를 보호해 주는 것이니 말 머리를 먼저 확인하자고 달랬어요. 말 머리는 바깥을 향해 있었고, 전해 온 소식도 전혀 뜻밖의 것이었어요. 바로 왕위에 오르라는 내용이었지요. 하루아침에 왕이 된 거예요. 이때 중종의 나이는 19세였어요.

중신
중요한 관직에서 나랏일을 돌보는 신하를 말해요. 보통 직급을 뜻하는 품계가 정2품 이상인 관리를 뜻하지요.

반정(反正)
올바른 상태로 돌아간다는 뜻으로, 옳지 못한 임금을 몰아내고 새로운 임금을 세워 나라를 바로잡는다는 것이에요.

2 인물 초대석

생방송 한국사

중종의 개혁, 그것이 알고 싶다

요즘 중종에게 심상치 않은 기운이 느껴진다는 소식이 자주 들리는데요. 앞으로 정치판이 어떻게 변하게 될지 자못 궁금해집니다. 그래서 오늘 〈인물 초대석〉에서는 이 분야의 전문가이신 최고야 대신을 모시고 이야기를 나눠 보도록 하겠습니다.

최고야 대신

중종처럼 신하들에 의해 왕이 바뀐 것은 조선이 세워지고 처음 있는 일이었어요. 중종은 신하들의 눈치를 볼 수밖에 없었고, 반정에 공을 세운 신하들의 기세는 하늘을 찔렀지요.

그렇다고 중종이 계속 반정 공신과 훈구파에게 유리한 정치를 편 것은 아니에요. 중종은 스스로 정치를 해 보고자 사림파를 다시 궁으로 불러들였어요. 대표적인 사람이 조광조였지요. 조광조는 성리학에 뛰어난 원칙주의자였어요. 중종은 그를 매우 아꼈고, 조광조는 그런 중종과 함께 개혁적인 정책들을 펼쳐 나갔어요.

조광조는 훈구파가 자신들에게만 유리하게 정치하는 것을 가만히 보지 않았고, 철저하게 개혁을 주장했어요. 또 유교에 입각한 도덕규범인 **향약**을 전국적으로 실시했어요.

반정 공신들과 훈구파들이 조광조를 곱게 보지만은 않았을 것 같은데요. 제 생각에는 쫓아내고 싶어 했을 것 같습니다.

향약
향촌의 자치 규약으로, 향촌에서 어려운 일을 서로 돕던 전통 풍습에 유교 원리를 적용한 것이에요.

도학 정치
개인 모두가 유교 공부를 통해 유교적인 도덕을 실천할 수 있도록 하는 정치를 도학 정치라고 해요.

 맞습니다. 훈구파는 조광조를 쫓아내지 못해 안달했어요. 게다가 조광조의 인기가 높아지자 중종도 점점 그를 견제하기 시작했지요. 조광조가 왕에게마저 **도학 정치**를 하라고 바른 소리를 하자 중종은 그 모든 이야기들이 지겨워지기 시작했던 거예요.

듣고 보니 이런 배경 속에서 기묘사화가 일어난 모양이군요. 중종이 조광조를 멀리하기 시작하자 기회다 싶은 훈구파들이 사림파를 공격한 것이지요?

 그렇습니다. 조광조 등 주요 사림파 인물들은 죽임을 당했고 나머지는 벌을 받거나 유배를 갔어요. 그런데 가만히 살펴보면 중종만의 독특한 정치 스타일이 있는 것 같아요. 훈구파에게 힘이 많이 실리자 조광조를 앞세워 훈구파의 기를 꺾어 놓지 않았습니까? 이렇듯 중종은 살아 생전에 어느 한 세력이나 신하가 권력을 잡는 걸 가만히 보지 않았어요. 교묘하게 반대파를 등용해 세력을 가진 자를 확 꺾어 놓았지요.

네, 마지막으로 최고야 대신께서 생각하는 중종의 업적을 간략히 소개해 주시는 것으로 이 시간을 마무리하겠습니다.

중종은 연산군 때의 문제를 해결하기 위해 홍문관을 강화했고 사가독서 제도도 다시 시행했어요. 중종은 기운 옷을 또 기워 입을 정도로 검소한 왕이었어요. 그러나 중종 시절에는 사회나 경제적으로 뚜렷하다 할 발전과 개혁이 이루어지지 못했다고 봅니다.

왕의 여자들의 속사정

── 단경 왕후 신씨 ──

나는 중종이 대군이던 시절 맞은 첫 번째 부인이에요. 내 아버지 신수근은 연산군과 처남, 매부 사이였어요. 반정 세력들은 아버지를 찾아와 누나를 택할 것인지, 딸을 택할 것인지 물었어요. 아버지는 비록 연산군이 정치를 잘못하고 있지만 세자가 똑똑하니 걱정이 없다고 답했지요. 이 때문에 아버지는 중종반정 때 죽임을 당했어요.

나는 중종이 왕이 되면서 왕비가 되었어요. 하지만 반정 세력들은 행여나 내가 나중에 복수할지도 모른다며 폐위시켰어요. 남편인 중종은 당시 힘이 없었기 때문에 나를 보호해 줄 수 없었지요.

나중에 들어보니 남편이 나를 많이 그리워했다고 해요. 내가 있는 궁궐 밖 쪽을 내다보며 생각에 잠길 때가 많았다더군요. 그 소식을 듣고 저는 인왕산 바위에 올라 궁을 향해 붉은 치마를 널어놓았어요. 그 치마를 나로 여기고 생각해 달라는 뜻이었지요. 그래서 사람들은 지금도 그 바위를 치마바위라고 부른답니다.

── 장경 왕후 윤씨 ──

나는 중종의 두 번째 왕비예요. 반정의 주요 세력인 윤임의 여동생이지요. 나는 중종반정 이후 후궁이 되어 궁에 들어왔어요. 그런데 단경 왕후가 폐위되는 바람에 같은 반정 공신의 딸인 다른 후궁들을 제치고 중전이 되었지요. 당시 조정을 장악하고 있던 박원종이 내 외숙부였기 때문에 외숙부의 도움이 컸어요.

사람들은 나를 왕비로서 올곧은 인품을 지녔다고 평가하곤 합니다. 사실 나는 중전의 자리에 있으면서도 중종에게 인사 청탁 한 번 한 일이 없고, 모든 사람들에게 친절하게 대했어요. 하지만 인종을 낳은 후 일주일 만에 그만 산후병으로 세상을 등지고 말았어요. 내 나이 겨우 25세였지요. 죽으면서도 어린 아들을 생각하면 얼마나 마음이 아팠던지……! 흑흑.

경빈 박씨

나는 중종의 후궁이에요. 남들이 다 부러워할 만한 미인이었지요. 얼굴도 곱고, 복성군이라는 아들까지 낳았기 때문에 중종의 총애를 가장 많이 받은 후궁이었어요. 장경 왕후가 그렇게 세상을 떠나고 난 후 나는 내가 왕비가 되지 않을까 희망을 품었어요. 내가 낳은 아들 복성군도 왕위에 세우고 싶었고요. 이전에는 후궁들에게서 왕비를 뽑곤 했거든요. 대표적인 예가 바로 문종의 비인 현덕 왕후지요.

그런데 새 중전이 간택된다는 소식과 함께 내 꿈은 산산조각이 되어 날아가고 말았어요. 게다가 세자를 죽이려 했다는 모함까지 뒤집어쓰고 아들과 함께 유배를 당했지요. 유배지에서 나는 궁으로 돌아갈 날만 기다렸지만 결국 사약을 받고 죽고 말았어요. 정말 억울하기 짝이 없답니다, 흑흑.

문정 왕후 윤씨

나는 장경 왕후 윤씨가 죽은 뒤 책봉된 중종의 세 번째 왕비예요. 세자였던 인종이 어머니를 잃자 외삼촌인 윤임은 경빈 박씨 같은 표독스럽고 욕심 많은 후궁이나 그 자식들로부터 세자를 보호해 줄 사람을 찾았어요. 그래서 자신의 가문 출신인 나를 추천한 것이지요. 내 자랑 같지만, 나는 당시 여자들이 글을 몰랐던 것과 달리 글도 잘 알고 똑똑해 아버지가 아들보다 낫다고 할 정도였답니다. 하지만 왕비가 된 후 공주만 줄줄이 낳아 아무런 힘이 없었어요. 살아남기 위해 나는 장경 왕후가 낳은 세자의 보호자 역할을 충실히 했지요. 나는 왕비가 된 지 20년이 다 되어 아들 경원 대군, 훗날 명종을 낳았답니다. 그런데 사람 마음이 다 그렇잖아요. 그동안 인종을 그렇게 예뻐했는데, 아들을 낳고 나니 내가 낳은 아들이 왕위에 올랐으면 하는 생각이 들더군요. 그래서 점점 인종을 경계하며 미워하게 되었어요. 아들을 생각하면 나도 어쩔 수 없었지요.

스페셜뉴스 체험! 역사 현장

조선 왕들의 무덤

서울 도심 한복판에는 수많은 조선 왕들의 무덤이 있어요. 서울 지하철 2호선을 타고 강남 방향으로 가다보면 선릉역이 나오는데, 이곳은 성종과 성종의 비이자 중종의 어머니인 정현 왕후 윤씨가 나란히 묻혀 있는 곳이에요. 그 근처에 또 하나의 왕릉인 정릉이 있는데, 바로 중종의 무덤이지요. 중종이 이곳에 묻힌 까닭을 알아볼까요?

중종의 첫 부인은 왕위에 오르자마자 연산군과 인연이 있다는 이유로 쫓겨났어요. 중종은 두 번째 왕비인 장경 왕후를 맞아들였는데, 인종을 낳고 곧 죽었지요. 왕실은 지금의 고양시에 장경 왕후의 능을 만들고 희릉이라 불렀어요. 그리고 왕실의 원칙에 따라 희릉 바로 옆에 중종의 능터도 미리 만들어 놓았지요.

하지만 중종은 이곳에 묻히지 않았답니다. 기세가 등등했던 문정 왕후는 승려 보우와 손을 잡고 풍수지리가 좋지 않다는 이유를 들어 새로운 무덤 자리를 만들었어요. 후일 자신이 그 옆에 묻힐 계획이었지요.

그곳이 바로 현재의 정릉이에요. 하지만 이곳은 지대가 낮아 장마철이면 물에 잠기는 일이 많아 문정 왕후는 결국 남편과 떨어져 태릉에 묻혀야 했답니다.

앞서 취재했던 연산군의 무덤을 정릉이나 태릉과 비교해 볼까요? 규모 면에서 참 초라하지요? 원래 왕과 왕비의 무덤은 유네스코 세계 문화유산에 속할 만큼 문화적으로, 역사적으로 아름다운 모습을 갖추고 있어요.

하지만 종묘에 신주가 들어가지 못해 왕릉에 묻히지 못한 연산군의 무덤은 능이 아니라 묘라고 불러요. 모든 장식물들이 왕릉에 비해 초라하고 규모도 작으며, 풍수지리상으로도 볕이 잘 들지 않는 곳에 자리 잡고 있지요.

◀ 연산군 묘

170 중종 | 반정으로 왕이 되다

조선 왕릉의 구조

석양과 석호
왕릉 주변에 있는 석물들 중 양의 모양을 한 동물상은 석양, 호랑이 모양을 한 동물상은 석호입니다. 석양과 석호는 왕과 왕릉을 지키는 경호원이기 때문에 일반인의 무덤에는 세울 수 없었습니다. 석양과 석호의 개수는 왕릉마다 다릅니다. 왕권이 강했던 시기에는 석양과 석호의 수도 많았고, 왕권이 약했던 시기에는 볼품없고 작게 만들었습니다.

곡장
곡장은 무덤이 있는 땅의 기운이 빠져나가는 것을 막기 위한 구조물입니다. 무덤 뒤쪽의 삼면을 곡장으로 둘러싸고 있어 얼핏 보면 양반 가옥의 담장과 비슷한 느낌을 줍니다.

문석인
사람의 모양을 하고 있는 석물 중 관복을 입고 손에 위패와 비슷한 것을 들고 있는 석물이 문석인입니다. 문인들이 왕을 보필했듯, 죽어서도 신하로서 왕을 도우라는 의미에서 문신 석물을 세워 놓은 것입니다. 이는 유교를 숭상하던 조선의 모습이 드러난 부분입니다.

혼유석
왕릉 앞의 널찍한 돌판을 혼유석 또는 상석이라고 합니다. 상석은 일반인들의 무덤에도 있어 이곳에 준비해 간 음식들을 놓고 절을 올립니다. 하지만 왕릉의 혼유석은 일반인의 무덤에 있는 상석과는 격이 다르며, 또 음식을 놓는 용도로 쓰이지 않습니다. 제사는 정자각에서 따로 지내기 때문입니다. 혼유석은 무덤의 주인인 혼이 앉는 자리입니다.

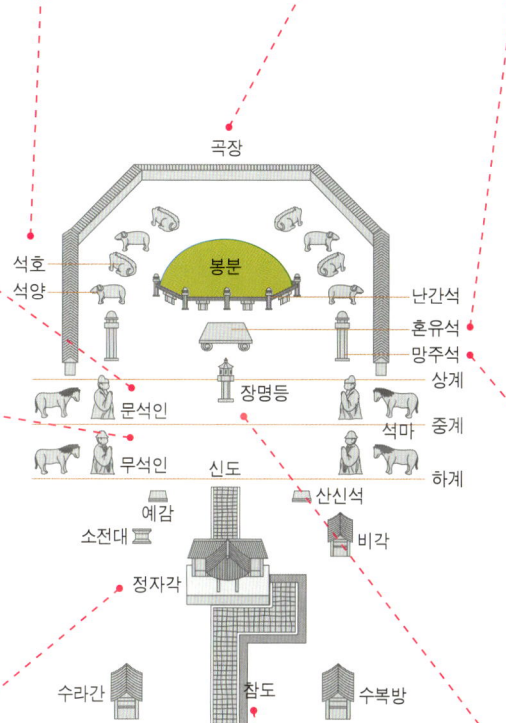

무석인
사람의 모습을 한 석물 중 갑옷을 입고 손을 앞으로 모으고 칼을 잡은 채 씩씩한 얼굴로 서 있는 것이 바로 무석인입니다. 무신들이 왕을 위험에서 보호했듯이 죽어서도 왕릉 주인의 신변을 보호하라는 의미에서 세운 것입니다. 조선 시대에는 문신을 무신보다 더 우대했으므로 무석인은 문석인보다 아래쪽에 있습니다.

망주석
곡장을 무덤 앞면까지 세울 수는 없으므로 무덤을 향해 모였던 기운이 앞쪽을 향해 빠져나가지 않게 하기 위하여 곡장이 끝나는 부분에 기둥 모양의 망주석을 세웠습니다. 망주석은 곡장이 끝나는 부분보다 살짝 안으로 들어가 있습니다.

정자각
정자각은 왕릉에 제사를 지내는 곳입니다. 이 정자각에 올라가는 계단도 두 종류입니다. 신도와 연결된 계단은 신계이고, 어도와 연결된 계단은 동쪽 계단이라는 의미에서 동계라고 합니다. 정자각의 지붕은 맞배지붕입니다. 팔작지붕은 화려해서 왕릉과는 어울리지 않는다고 여겼기 때문입니다.

홍살문
붉은색 창살 같은 것이 뾰족하게 서 있는 문이 바로 홍살문입니다. 우리 조상들은 홍살문을 신의 세계와 인간의 세계를 나누는 경계로 생각했습니다.

참도
참도는 무덤을 향해 가는 길이고, 참도에는 신이 다니는 신도와 왕이 다니는 어도가 있는데 중앙의 살짝 높여 놓은 길이 신도입니다. 이 길은 신만이 지나는 곳이므로 사람은 그 길을 밟아서는 안 됩니다.

장명등
장명등은 혼유석 앞에 있는 석등입니다. 밤에 어둠을 밝힐 필요가 없는 왕릉에 석등을 세운 까닭은 빛을 밝히기 위한 것이 아니라 석등 안에서 타오르는 불과 같이 좋은 기가 활활 타올라 자손만대 복을 받기를 기원했기 때문입니다.

171

고종훈의 한국사 브리핑

인물 핵심 분석 ▶ 중종

QR 코드를 찍으면 고종훈 선생님의 강의를 볼 수 있어요.

시대 ▶ 1488년~1544년
재위 기간 ▶ 1506년~1544년
별명 ▶ 짠돌이. 팔랑귀. 변덕신
국정 운영 스타일 ▶ 내 힘이 되어주는 신하와 함께 국정 개혁을! 단, 신하가 나보다 인기가 있어서는 안 돼!
연관 검색어 ▶ 중종반정. 조광조
역사적 중요도 ▶ ★★★☆☆
시험 출제 빈도 ▶ 보통

중종은 반정으로 왕이 되었어요.

연산군의 나쁜 정치를 보다 못한 신하들이 당시 진성대군이었던 중종을 앞세워 반정을 일으켰습니다. **반정은 올바른 정치로 되돌린다는 뜻입니다.** 연산군은 강화도에 유배되었다가 그곳에서 죽음을 맞았어요.

조광조를 등용해 개혁을 시행하고자 하였어요.

반정 공신들의 세력이 너무 커져 중종은 개혁을 시도하기 쉽지 않았어요. 이때 중종의 눈에 띈 것이 조광조이지요. 중종은 조광조를 등용해 많은 개혁들을 시행합니다. 그러나 **조광조의 급진적 개혁은 훈구파들의 불만을 불러오게 됩니다.**

시간이 지나자 중종은 개혁 의지가 꺾였고 별다른 성과를 거두지 못했어요.

중종도 점차 인기가 높아지는 조광조를 경계하기 시작했어요. 결국 **훈구파와 함께 개혁적인 조광조를 죽이고 주요 사림 세력들을 내쫓았습니다. 이것이 기묘사화입니다.** 후에 연산군 때의 문제를 해결하려 노력하였으나 별다른 성과는 없었어요.

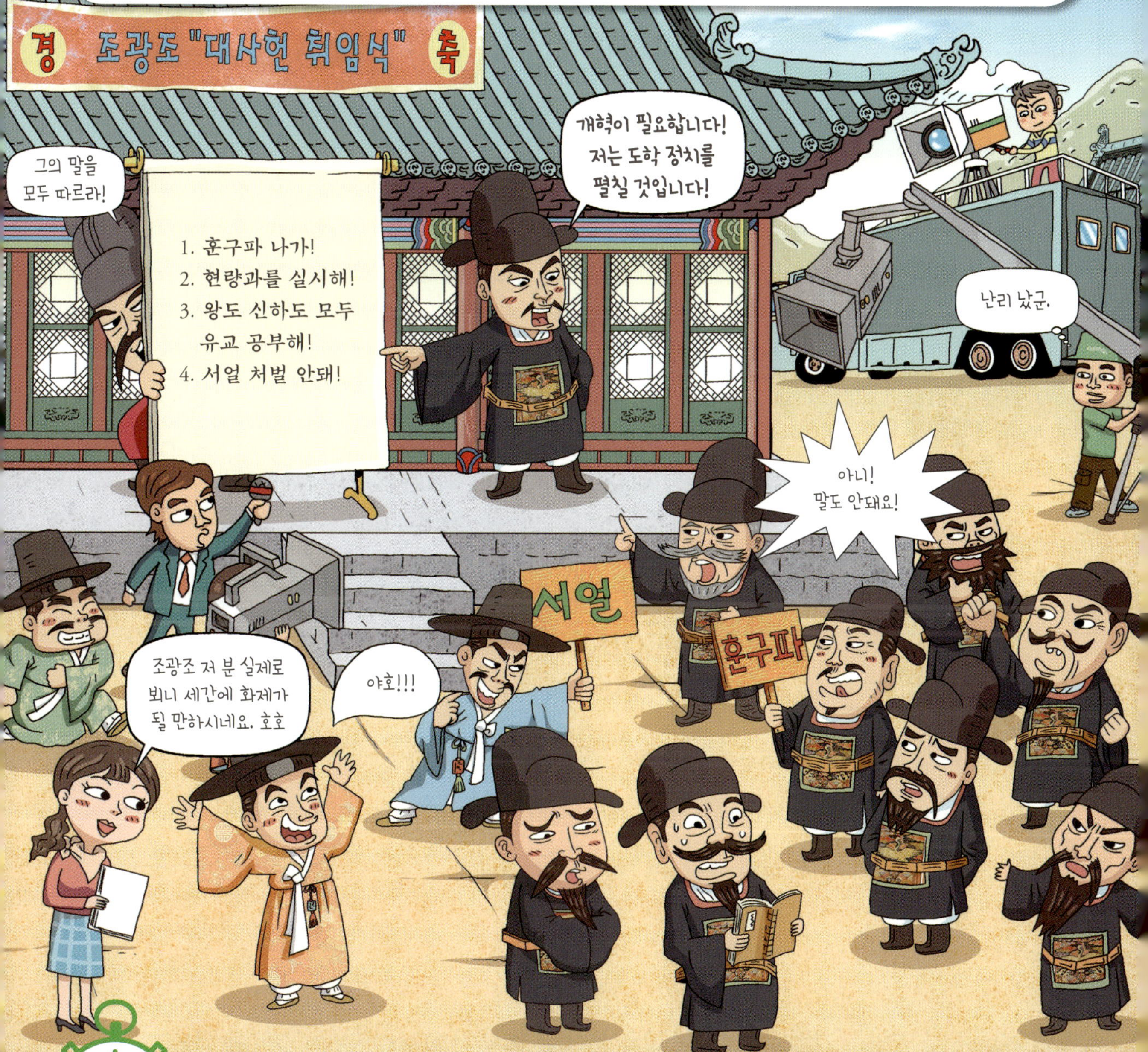

1 인물 초대석

혜성 같은 등장, 그리고 개혁

요즘 중종의 얼굴에 웃음꽃이 떠나지 않는다고 합니다. 검소하고 성실한 왕이었음에도 이렇다 할 업적이 없는 것이 아쉬웠던 중종에게 조광조라는 새로운 인물이 나타나 과감한 개혁을 펼칠 기회를 얻었기 때문이라고 하는데요. 그래서 오늘 조광조 씨를 모셨습니다.

조광조

제 소개를 간략히 하자면 저는 조선의 개국 공신 조온의 5대손으로 한양에서 태어났습니다. 그러나 제가 태어날 때는 가세가 몰락한 상태였어요.

저는 무오사화로 인해 유배 온 유학자 김굉필에게 학문을 배웠는데, 김굉필이 김종직의 제자였기 때문에 사림의 정신을 계승한다고 볼 수 있어요.

성균관에 다닐 때부터 유명한 학생이었다면서요?

연산군 대에 있던 두 번의 사화로 성균관은 공부를 하지 않는 분위기였어요. 하지만 그럴 때일수록 저는 말하는 것을 함부로 하지 않고, 항상 복장을 갖춰 입고는 온종일 단정히 앉아서 바른 자세로 공

 174 조광조 | 과감한 개혁을 꿈꾸다

부에 열중했어요. 다른 학생들이 그 모습을 본받아 따르기까지 할 정도였지요. 저는 도를 행하는 선비로서의 삶을 원했고, 스스로 그렇게 하고자 노력했습니다.

실제로 뵈니 세간에 화제가 될 정도로 잘생기셨는데, 모범적인 행동까지 하셨다니 완벽한 조선 청년이셨던 것 같습니다. 그럼 정계 이야기 좀 들어 볼까요?

반정으로 왕위에 오른 중종은 연산군 대의 잘못된 모습을 개혁하고자 노력했어요. 그래서 연산군 때 폐지되었던 성균관을 다시 복귀시켰지요. 그리고 유학을 다시 활성화시키려고 사화를 겪으며 귀양 갔던 선비들도 조정으로 다시 불러들였어요. 그런데 중종은 즉위 초반에는 반정 공신들의 눈치를 보느라 자유롭게 개혁을 실행하지 못했어요.

그때 제가 과거에서 장원 급제해 정계에 진출했지요. 저는 들어온 지 얼마 지나지 않아 중종에게 대간들이 부패했기 때문에 전부 갈아엎고 새로 앉혀야 한다고 주장했습니다. 처음에 사람들은 아무도 제 말을 들어주지 않았어요. 하지만 시간이 지나면서 몇몇 대신들이 제 의견에 동의하기 시작했어요. 결국은 관리 전원이 교체되는 엄청난 일이 일어나지요.

저는 덕과 예로 다스리는 유교의 이상적 정치인 도학 정치를 현실에서 구현하고 싶었어요. 그래서 왕에게 바른 의견을 일러 주며 제가 꿈꾸던 생각을 펼쳐 나가기 시작했어요. 중종은 저의 의견을 적극적으로 수용했지요.

조광조 씨가 주장했던 개혁에는 어떤 것이 있는지요?

 저는 기존의 과거제와 다른 현량과를 실시하자고 주장했습니다. 도학 정치를 실현하려면 왕도 현명해야 하지만 왕을 옆에서 보필하는 신하들도 현명해야 합니다. 하지만 기존의 과거제로는 인재를 선발하는 데 한계가 있다고 생각했습니다. 시를 잘 짓거나 유교 경전을 잘 해석하는 것보다는 얼마나 뛰어난 인품을 가지고 있는지와 유학을 얼마나 깊이 연구했는지가 중요하니까요.

그래서 여러 사람의 추천을 받아 심사한 후 몇 차례에 걸쳐 면접을 치르고 관리를 선발했어요. 면접에서는 말재주만 능한 사람 대신에 백성을 얼마나 인자하게 바라보는지와 평소 태도 등 유교적 인성을 평가 기준으로 삼았지요.

또한 인재 등용에 있어서 **서얼**을 차별하는 것을 없애야 한다고 주장했어요. 넓게 인재를 구하려는 의도도 있었지만 인간을 평등하게 바라보고자 하는 마음도 있었습니다.

서얼
양반의 자손 가운데 첩이 낳은 자식을 말해요. 이들은 관직에 나가는 데 제한을 받았어요.

언로의 개방을 무엇보다 중요하게 생각하셨다면서요?

 맞습니다. 저는 올바른 도학 정치가 실현되려면 왕이 백성이나 신하의 의견을 잘 수렴하고, 또 왕이나 신하의 잘못을 서로 논할 수 있는 언로가 개방되어야 한다고 생각했어요.

조선은 사헌부·사간원·홍문관이라는 3사가 언로를 담당하고 있었지요. 저는 주로 3사에서 근무하며 왕도 정치라는 유교적 이상 정치를 실현하기 위해 힘썼어요.

소격서 폐지도 진행하셨는데, 여기에 대한 이야기도 들어 볼 수 있을까요?

 소격서는 나라에 안 좋은 일이 있을 때 임금이 제사를 지내던 곳으로 도교의 성격이 강했어요. 저는 성리학의 정신에 따라 도교를 멀리했어요. 도교는 일찍이 당나라를 통해서 우리나라에 들어왔는데 민간 신앙이나 무속과 결합되어 빠르게 백성들의 삶에 영향을 끼쳤지요. 그것은 도교가 현재 행복하고 싶은 인간의 욕망을 잘 담고 있기 때문이었어요.

하지만 저는 세상의 질서를 위해 필요한 것은 오직 성리학뿐이라고 생각했어요. 그래서 소격서를 폐지할 것을 강력하게 건의했지요. 다른 사상은 궁에 절대 들일 수 없다고 주장한 거예요.

그에 대한 중종의 반응은 어떠했습니까?

 중종은 소격서를 폐지하는 것을 완강히 거부했어요. 소격서는 앞 대의 왕 때부터 이어져 온 것으로, 쉽게 폐지할 수 없다고 강하게 말씀하셨습니다.

그럼 이번에는 조광조 씨가 한 발 물러나셨겠군요.

 아닙니다. 소격서 논쟁은 세종 때와 성종 때도 있었지만, 이때 왕들은 모두 소격서를 남기는 방향으로 결정을 내렸어요. 중종도 그렇게 하려고 했지만 저를 비롯한 많은 신하들이 출근도 하지 않고 사직을 하겠다며 소격서 폐지를 강력하게 주장했지요. 그러나 중종 또한 물러서지 않았어요. 중종이 이렇게 강력하게 반대한 이유는 사림파

가 국정을 장악하는 것을 원하지 않았기 때문이에요.

그럼 중종의 마음이 서서히 조광조 씨로부터 멀어져 갔다고 해석할 수도 있겠는데요?

 결과적으로 그런 셈입니다. 당시 신하들에게 저의 인기는 이미 왕을 능가할 정도였고, 사림파의 힘도 많이 강해져 있었지요. 중종이 사림파를 등용한 이유는 반정 공신을 포함한 훈구파 세력을 견제하고 싶었을 뿐이지 사림파 위주로 조정이 돌아가는 것을 원했기 때문은 아니었어요. 그러나 저는 이런 왕의 마음을 눈치채지 못한 채 소격서 철폐를 허락하지 않는 중종의 태도를 강력하게 비판했지요.

결국 중종은 소격서 폐지를 명하고 대간들에게 다시 복직할 것을 지시했어요. 두 달 남짓 이어진 소격서 폐지 논쟁은 제 뜻대로 진행되었지요. 이것으로 제 입지는 더욱 굳건해졌고, 저는 빠르게 높은 관직에 올랐어요. 그러나 이번 일로 중종은 저에게 위협을 느낀 모양입니다.

이 논쟁으로 중종의 권위가 실추된 건 사실이니까요. 이 사건을 계기로 조광조 씨와 중종의 사이가 멀어지기 시작했다고 보면 되겠군요. 오랜 시간 감사했습니다. 이상으로 인물 초대석을 마칩니다.

2 헤드라인 뉴스

주초위왕과 기묘사화

저는 지금 궁에서 신기한 일이 벌어졌다고 해서 직접 궁에 나와 있습니다. 글자 모양으로 벌레가 갉아먹은 나뭇잎이 발견되었는데요. 이 글자들로 인해 조정이 발칵 뒤집혔습니다. 그 글자들은 바로 '주초위왕'입니다. 과연 무슨 뜻이며 어떻게 된 일인지 함께 알아볼까요?

주(走)와 초(肖)를 합치면 조(趙)가 되지요? 이는 곧 조씨가 왕이 된다는 뜻으로 해석할 수 있는데요. 여기서 조씨는 곧 조광조를 가리키는 말이라는 소문이 파다합니다. 이로 인해 조광조는 반역을 꾀한다는 모함을 받게 됩니다. 그가 왜 이런 모함을 받게 되었는지 알아보겠습니다.

조광조는 자신이 원하는 개혁을 진행해 나갔습니다. 그러나 모든 일에는 적절한 속도가 필요한 법이지요. 그런데 그는 당시로서는 파격적인 제안을 합니다. 바로 반정을 하는 데 기여했던 공신의 수를 줄이자는 거였지요. 이를 '위훈 삭제 사건'이라고 합니다.

사실 중종이 왕이 되는 데 기여한 사람들 외에도 공신으로 책정된 사람들이 많은 것은 사실이었어요. 그중에는 연산군 때 온갖 악행을 저질렀던 사람들도 있었지요. 조광조는 아무 일도 하지 않았으면서 공을 세

먼저 '주초위왕(走肖爲王)'의 글자를 자세히 보시겠습니다.

김역사 기자

운 척 벼슬과 땅 받은 사람들을 찾아내 그들을 공신 목록에서 빼야 한다고 주장했던 거예요. 그리고 끝내 전체 공신의 4분의 3에 달하는 공신들을 정리해 버렸어요. 이 때문에 훈구파들은 화가 났어요. 그래서 조광조를 몰아내기 위한 방법을 생각하기 시작했지요.

문제는 더 이상 중종의 마음이 예전처럼 조광조를 향하고 있지 않다는 데 있었어요. 중종은 자신의 말보다 조광조의 말이 더욱 큰 힘을 갖게 된 현실이 못마땅했고, 도학 정치를 주장하며 왕을 가르치려고 하는 조광조가 귀찮기도 했지요. 또한 공신들은 왕의 지지 세력이나 다름없는데, 그것을 줄이라고 하는 것은 자신에게 도전하는 것처럼 느껴지기도 했어요.

그러던 중 훈구파가 모략을 꾸밉니다. 훈구파는 조광조가 왕이 되려 한다는 거짓 소문을 퍼뜨렸지요. 그게 바로 나뭇잎에 새겨진 '주초위왕'

조광조 | 과감한 개혁을 꿈꾸다

이었어요. 나뭇잎을 받아 본 중종은 기분이 좋지 않았어요. 사실 이것은 훈구파 신하들이 나뭇잎에 꿀로 글자를 그려 넣고는 벌레들이 갉아먹게 한 거였지요. 그런데 이 이야기는 후에 조광조의 일을 안타깝게 여긴 사람들이 만들어 낸 이야기라는 설도 있어요.

어쨌든 조정에서는 훈구파 신하들을 중심으로 조광조를 벌해야 한다는 상소가 올라오기 시작합니다. 조광조와 사림파가 주요 관직들을 꿰차고 앉아 정치를 망치고 있다는 내용이었지요.

많은 신하들이 말렸지만 중종은 이 기회에 조광조를 관직에서 물러나게 하고, 조광조를 비롯한 많은 사림파 신하들을 귀양 보내 버렸어요. 이 일을 '기묘사화'라고 합니다. 중종의 태도가 어찌나 싸늘하게 변했던지 실록에는 마치 이전과 다른 사람 같았다고 적혀 있어요. 많은 신하들이 조광조를 죽이는 것만은 안 된다며 말렸지만 중종의 뜻은 확고했어요. 결국 조광조는 개혁의 꿈을 안은 채 38세에 사약을 받고 죽게 됩니다.

조광조의 개혁이 실패한 이유로는 개혁의 속도를 조절하지 못했던 점을 들 수 있어요. 당시의 사림파는 대부분 젊은이들이었어요. 그들은 이상적으로만 접근해 현실을 제대로 보지 못했어요. 아무리 좋은 이론이라도 현실에서 받아들이는 데는 시간이 필요한데 말이에요.

하지만 조광조는 백성을 사랑하고 그들의 삶을 안정시키는 정책을 펼치려 노력했어요. 그는 백성들이 국가의 토지로 농사를 짓되 팔지는 못하게 하는 한전제를 주장했어요. 또한 노비법 중 일부를 고쳐 노비들이 양인이 될 수 있는 길을 열어 주었지요. 그리고 서얼법을 개선하여 능력 있는 서얼들이 나라를 위해 일할 수 있도록 해야 한다고 주장했답니다.

스페셜뉴스 취재 수첩

개똥이도 말쇠도 다 같이 지키는 향약

"이번에 우리 집 모내기 좀 거들어 주게나. 그럼 다음 번에 자네 집 일을 도와주지."

개똥이 말에 말쇠가 고개를 끄덕였어요. 어차피 얼마 후에 말쇠네 집도 콩을 심어야 하기 때문에 그때 가서 개똥이에게 도움을 청하면 되니까요.

"지난번에 바우가 약속을 지키지 않아서 혼이 났다네."

"그 녀석은 아버지를 정성껏 모시지 않는 것도 눈살이 찌푸려지더군."

"그러잖아도 향약에 따라 마을에서 쫓아내야 한다고 다들 난리야."

한참 이런 대화를 나누고 있을 때 저 멀리서 마을 어른이 개똥이와 말쇠를 보고는 손짓했어요. 개똥이와 말쇠는 얼른 뛰어가 공손하게 인사부터 했지요.

"혼자 살던 김영감이 오늘 아침에 저세상에 갔다는구먼."

"그래요? 그럼 마을 청년들과 상의해서 장례를 치러야겠네요."

"그래, 향약에 맞게 절차를 따르게."

개똥이와 말쇠는 열심히 고개를 끄덕였어요.

향약(鄕約)은 조선 시대 향촌 사회의 자치 규약이에요. 예로부터 죽은 사람의 장례를 서로 도와주고, 농사일을 서로 거들어 주는 공동체 조직이 있었어요. 이를 '두레' 혹은 '계'라고 했지요. 향약은 거기서 조금 더 나아가 삼강오륜의 도덕규범을 따르지

> 향약의 4대 덕목
>
> 1. 덕업상권(德業相勸) - 좋은 일은 서로 권한다.
> 2. 과실상규(過失相規) - 잘못은 서로 꾸짖는다.
> 3. 예속상교(禮俗相交) - 예의 바른 풍속으로 서로 교제한다.
> 4. 환난상휼(患難相恤) - 어려운 일을 당하면 서로 돕는다.

182 조광조 | 과감한 개혁을 꿈꾸다

않는 자를 재판해 벌을 주거나 마을에서 쫓아내기도 하는 통제의 성격을 강하게 띤답니다.

조광조는 중국 북송 대 유학자인 여씨 사 형제가 실시한 '여씨 향약'을 우리나라에 도입해 성리학적 향촌 질서를 만들어 가고자 했어요. 그래서 향약을 전국적으로 확대해서 실시할 것을 중종에게 건의했

지요. 하지만 제대로 자리 잡기도 전에 조광조와 사림파가 몰락하는 바람에 결국 폐지되고 말았어요.

하지만 후에 이황과 이이가 우리나라 실정에 맞는 향약을 만들어 시행했어요. 특히 이이의 향약은 숙종 이후 대부분의 향약에 큰 영향을 끼쳤어요. 수령과의 유대를 강화하고 평민과 노비를 통제하는 데 이이의 향약이 큰 역할을 했지요. 그리고 예로부터 내려오는 미풍양속인 서로 돕는 '계' 조직을 향약 속에 흡수하여 농민들의 생활을 안정시키는 데도 중점을 두었어요.

영남 지방에서는 이황의 향약이 주로 영향을 끼쳤어요. 이황의 향약은 경제적으로 도와주는 것보다는 도덕 질서와 신분 질서를 안정시키도록 하는 데 중점을 뒀어요.

향약은 선조 때에 이르러 전국에 보급됩니다. 그러나 시간이 지나면서 개혁적인 의미를 지니고 시작되었던 향약은 농민에 대한 통제의 기능이 커졌고, 결국 조선 후기에는 농민을 수탈하는 도구가 되고 말았어요. 조선 후기의 실학자 정약용은 향약의 폐단이 도둑보다 심하다고 비판하기도 했지요.

 고종훈의 한국사 브리핑

인물 핵심 분석 ▶ 조광조

QR 코드를 찍으면 고종훈 선생님의 강의를 볼 수 있어요.

시대 ▶ 1482년~1519년
별명 ▶ 꽃돌이, 뇌섹남, 모범생, 엄친아, 꽃선비
좌우명 ▶ 나의 행동으로 선비의 삶을 실현하자.
나의 꿈 ▶ 덕과 예로 다스리는 유교의 이상적 정치인 도학 정치를 현실에서 구현하는 것
연관 검색어 ▶ 중종, 주초위왕, 나뭇잎
역사적 중요도 ▶ ★★★☆☆
시험 출제 빈도 ▶ 보통

이전 대의 잘못된 정치가 이어져 사회는 혼란스러웠어요.

중종은 신하들의 힘 덕에 반정으로 왕이 된 사람이기 때문에 입지가 약했어요. 공신들의 천하였죠. 중종이 반정 공신들에 의해 좌우되자 중종 자신에게 힘을 실어줄 인재가 필요하였습니다. 그리하여 **중종은 조광조를 등용하여 함께 개혁 정책을 주도했어요.**

조광조는 과감한 개혁 정치를 펼쳤어요.

조광조는 성리학적 이상 정치를 펼치기 위해 많은 제도들을 개혁했어요. 이것으로 반정 공신들의 세력은 많이 꺾이게 되지요. 반정 공신들은 조광조에게 반감을 사게 되었어요. 그리고 조광조가 왕에게도 굽히지 않고 자신의 의견을 주장하자 **중종도 점점 지나치게 개혁적인 조광조에게 등을 돌리게 되었어요.**

주초위왕 사건이 발생했어요.

주초위왕은 조 씨가 왕이 된다는 이야기를 만들어 중종이 조광조를 의심하게 만든 사건이에요. 훈구파는 조광조가 왕이 되고자 한다고 모함을 하였습니다. 이 일로 조광조는 사약을 받았고 사림은 다시 한 번 힘을 잃었어요. 이것이 기묘사화예요. 사림들은 화를 피해 향촌으로 내려가야 했습니다.

1 헤드라인 뉴스

생방송 한국사

대윤과 소윤의 싸움

왕실의 권력 싸움이 심상치 않다고 합니다. 백성의 입장에서는 한심하지 않을 수 없는데요. 백성을 위한 정치를 해도 모자랄 판에 서로 권력을 차지하기 위해 피터지게 싸우고 있으니까요. 오늘의 첫 뉴스는 대윤과 소윤의 권력 싸움에 관해 김역사 기자가 전해드리겠습니다.

네, 김역사입니다. 먼저 왕실의 출산 소식부터 알리고 시작해야겠군요.

김역사 기자

딸만 내리 넷을 낳고, 자신의 안전을 위해 장경 왕후의 아들, 즉 세자의 보호자를 자처하던 문정 왕후가 드디어 아들을 낳았습니다. 이게 바로 문제의 시작인데요. 자세히 설명해 드리겠습니다.

아들을 낳은 문정 왕후는 자신이 낳은 아들을 왕위에 앉히고 싶은 욕심이 생겼어요. 하지만 세자, 후일 인종에게는 외삼촌 윤임이 있었지요. 문정 왕후가 아들을 낳자 윤임은 문정 왕후가 혹시나 세자를 해하거나 세자 자리를 빼앗지는 않을까 걱정이 되어 본격적으로 문정 왕후를 견제하기 시작했습니다.

똑똑한 문정 왕후 역시 지지 않았어요. 자신의 아들에게 왕위를 물려주기 위해 그녀는 적극적으로 정치판에 뛰어듭니다. 그녀에게는 남동생이 하나 있었어요. 윤원형이라는 사람이었지요. 윤원형은 술수에 매우

문정 왕후 | 조선의 여장부

능한 정난정이라는 여자를 첩으로 두었는데, 그 둘이 함께 정계를 뒤흔들었어요. 문정 왕후는 그들의 도움을 받으며 윤임 세력과 맞섰지요. 사람들은 윤임을 대윤, 윤원형을 소윤이라고 불렀어요.

처음 승자는 대윤 윤임이었어요. 중종이 죽고 난 뒤에 인종이 즉위했으니까요. 세자 시절 인종은 신하들이 세자 이야기만 나오면 뜻을 하나로 모을 만큼 성품이나 공부하는 자세가 뛰어났어요. 인종은 왕의 자리에 올라서도 문정 왕후에게 효를 다하려 했고, 이복동생인 경원 대군도 예뻐했어요. 그러나 문정 왕후는 인종을 굉장히 미워했습니다.

인종이 세자였을 때의 일이었어요. 어느 날 세자가 있는 **동궁**에 이유를 알 수 없는 불이 난 거예요. 사람들은 모두 불을 낸 사람이 문정 왕후라고 짐작했지요. 그런데 세자와 세자빈이 불길이 번져가는 데도 나오지 않는 거예요. 세자가 문정 왕후의 마음을 읽고 일부러 나오지 않는 것이었어요. 그때였어요. 밖에서 아버지인 중종이 다급하게 세자를 불렀어요. 이에 세자는 "내가 죽는 것이 어머니에게는 효도일지 몰라도 아버지에게는 불효가 되는구나." 하며 비로소 밖으로 나왔다고 해요.

하루는 어쩐 일로 문정 왕후가 인종을 불러 다정하게 대하며 떡을 내놓았어요. 인종은 너무 기뻐서 그 떡을 맛있게 먹었지요. 그러나 떡을 먹은 뒤 인종은 시름시름 앓다 죽고 말았어요. 이 이야기는 전해지는 이야기일 뿐 확인된 사실이 아니지만, 이런 이야기가 돌 정도로 문정 왕후가 인종에게 차갑고 못되게 굴었던 것은 사실이에요. 착한 인종은 결국 왕이 된 지 9개월 만에 세상을 떠나고 맙니다.

동궁

세자궁을 달리 부르던 말이에요. 세자가 거처하던 곳이 궁궐의 동쪽에 있던 데서 유래했어요.

2 헤드라인 뉴스

을사년에 사림들이 다시 화를 입다

단독 입수한 뉴스입니다. 인종이 죽고 명종이 왕위에 올랐지만 문정 왕후는 인종의 외삼촌, 즉 대윤의 뿌리를 뽑고 완벽한 권력을 차지하기 위해 을사사화를 준비하고 있다고 합니다. 자세한 소식을 듣기 위해 김역사 기자가 직접 경복궁에 나가 있습니다.

인종이 죽자 사실상 권력은 소윤에게로 넘어갔습니다.

김역사 기자

문정 왕후의 아들인 경원 대군이 12세의 나이로 왕위에 올랐기 때문에 실제 정치는 문정 왕후가 하고 있다는 건 다들 아실 겁니다.

인종의 즉위와 함께 대윤이 권력을 잡았지만 명종이 즉위하자 곧 권력에서 밀려나게 되었지요. 하지만 이들은 최대한 권력에서 내밀리지 않기 위해 끊임없이 소윤을 공격했어요. 권력을 잡은 소윤 또한 결코 만만치 않았어요. 소윤은 꼬투리를 잡아 대윤을 싸그리 몰아내고자 했고, 이를 위해 일을 벌인 것이 '을사사화'예요.

하지만 '사화'라는 의미에서 알 수 있듯이 을사사화는 단순히 대윤과 소윤의 싸움만은 아니었어요. 문정 왕후는 대윤을 제거하면서 동시에 사림파들을 대거 내쫓았어요. 사림파들이 문정 왕후의 정책에 반대했기 때문에 소윤의 입장에서는 사림파들이 눈엣가시였지요. 그 결과 사림

세력은 문정 왕후가 다스리는 동안에는 조정에 발을 붙이지 못하고, 죽거나 고향으로 내려가야 했습니다.

사화에서 가까스로 목숨을 건진 사림파들은 지방으로 내려가 힘을 키웠어요. 그들은 서원을 세우고 그곳에서 제자를 키우면서 세력을 넓혀 나갔어요. 서원은 양반 자제들이 교육을 받던 사립 학교 같은 곳이라 볼 수 있어요. 비록 지방에 자리 잡았지만 사림들은 백성들과 삶을 함께하며 배운 것들을 실천해 나갔지요. 그들은 향약을 통해 자신들의 생각을 백성들에게 전파했어요. 그리고 서원을 통해서는 자신들의 뜻을 이어받은 제자들을 길렀지요.

경북 영주에 있는 소수 서원은 명종이 이름을 지어 주고 땅과 노비, 책 등을 내려 준 곳으로 유명해요. 나라에서 이런 지원을 받게 되면서 서원은 사림파들이 다시 세력을 키울 수 있는 기반이 되었어요. 이렇게 나라의 지원을 받는 서원을 '사액 서원'이라고 해요.

후에 명종의 뒤를 이어 선조가 즉위했을 때 서원을 기반으로 자리를 잡은 사림의 제자들이 대거 조정에 진출했어요. 이들은 자신들이 배운 대로 정치를 펼쳐 나갔어요. 이 덕분에 사림파의 정신이 끝까지 이어질 수 있던 것이지요.

▲ 소수 서원 ⓒwikipedia. Jjw

3 심층 취재

수렴청정, 문정 왕후의 시대

문정 왕후는 12세의 어린 왕, 명종을 대신해 약 8년간 수렴청정을 했습니다. 여인이면서도 당찬 논리로 신하들을 압도했던 문정 왕후! 그녀가 정치를 하는 동안 조선에는 어떤 변화가 있었는지 알아보겠습니다. 취재한 내용을 현장에서 직접 전달해 드리겠습니다.

> 문정 왕후가 정치하는 동안의 가장 특이한 점은 유교 국가 조선에서 불교를 장려했다는 것입니다.

김역사 기자

이에 따른 부작용도 매우 컸지만 문정 왕후는 개의치 않았습니다. 그녀는 승려 보우를 봉은사 주지로 임명하고 본격적으로 불교를 육성했어요. 보우는 학식이 깊어 유학자들과도 친분이 두터웠는데, 이를 눈여겨본 윤원형의 첩 정난정이 보우를 문정 왕후에게 소개해 인연이 되었지요. 보우에게 깊은 감명을 받은 문정 왕후는 신하들의 반대를 무릅쓰고 **도첩제**를 실시했습니다.

태종 이후 조선은 불교를 엄격하게 배척했어요. 고려 시대에 절이 시내 곳곳에 있었던 것에 비해, 조선 시대에는 깊은 산속이 아니면 있을 수 없게 된 것이지요. 당연히 승려가 되는 것도 철저히 제한했어요. 농사를 짓는 노동력과 군대에서 활약할 군인이 줄어들기 때문이었지요. 하지만 도첩제가 실시되어 불교가 순간적으로 크게 일어날 수 있었습니다.

문정 왕후 | 조선의 여장부

이런 문정 왕후의 정책은 유학자들에게 비난을 받았지만 문정 왕후 덕에 불교가 힘을 얻어 훗날 임진왜란이 발생했을 때 사명 대사나 서산 대사 같은 승병을 배출할 수 있었다는 것도 잊어서는 안 됩니다.

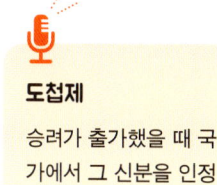

도첩제
승려가 출가했을 때 국가에서 그 신분을 인정해 주는 제도

그렇다면 문정 왕후의 정치에서 특별히 문제가 되었던 것은 없습니까?

문정 왕후는 유학과 경전을 공부했고 사치나 부패를 일삼지도 않았어요. 좋은 정치를 하려고 노력했던 점은 인정해야 할 것 같습니다. 하지만 동생인 윤원형과 그의 애첩 정난정이 문정 왕후의 권세를 믿고 온갖 부정을 저지른 것은 씻을 수 없는 과오가 될 것 같습니다. 윤원형 집 곳간에서는 뇌물로 받은 고기가 썩어서 냄새가 진동했다고 할 정도니까요.

수렴청정을 그만둔 후 문정 왕후는 어떻게 생활했는지 궁금한데요.

수렴청정을 끝낸 후에도 명종을 불러 혼을 내거나, 성인인 아들의 종아리를 때리기까지 했다고 전해지지만 사실인지는 알 수 없습니다. 실록을 보면 수렴청정을 그만두고는 그다지 정치에 간섭하지 않았거든요.

　명종이 즉위하고 20년, 문정 왕후가 숨을 거두자 유교적 질서를 흐리는 보우를 내치라는 유학자들의 상소가 빗발쳤습니다. 이후 보우는 제주로 유배되었다가 죽임을 당했어요. 또한 문정 왕후의 곁에서 권력을 휘둘렀던 동생 윤원형과 정난정 또한 응징을 당했지요.

　문정 왕후는 그동안 의붓아들을 죽이고 여자이면서도 권력을 쥐고 휘둘렀다고 나쁜 평가를 받았지만, 오늘날에는 남성 중심의 조선 사회에서 자신의 목소리를 낸 적극적인 여성으로 평가받기도 한답니다.

상징어로 알아보는 정난정

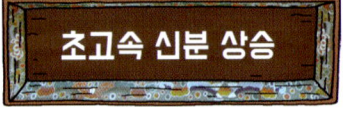

정난정은 양반집 첩의 딸로 태어나 자라서는 기생이 되었어요. 그녀 안에는 신분 상승에 대한 강렬한 욕망이 있었지요. 우연히 윤원형의 눈에 들어 그의 첩이 된 정난정은 윤원형의 누이인 문정 왕후에게 접근해 그녀의 마음을 사는 데 성공했어요. 문정 왕후가 얼마나 총애했던지 그녀는 궁궐 출입도 자유롭게 했을 정도였지요. 게다가 당시 사회에서는 파격적으로 정경부인 자리에까지 올랐어요. 문정 왕후가 정난정이 천민 출신인데도 관리 부인에게 내리는 품계 중 가장 높은 정경부인 작호를 내렸던 거예요.

윤원형에게는 본래 아내였던 김씨가 있었어요. 하지만 윤원형은 정난정에 대한 사랑에 눈이 멀어 왕으로부터 이혼을 허락받아요. 그리고 정난정은 윤원형의 정실부인이 됩니다. 그러나 정난정은 이것으로 만족할 수 없었어요. 그녀는 김씨가 죽어야 두 다리를 뻗고 잘 수 있을 것 같았지요. 정난정은 김씨에게 며칠 동안 밥을 주지 않고 굶깁니다. 그러다 멋지게 한상 차려서 내주지요. 몹시도 배가 고팠던 김씨는 허겁지겁 밥을 먹고는 곧 죽어 버리고 말아요. 그 밥 안에 독이 들어 있던 거지요.

사실 을사사화는 대윤파가 명종을 죽이려 한다는 거짓된 말에서 시작되었어요. 그 거짓을 고한 사람이 바로 정난정이에요. 문정 왕후의 마음을 정확히 읽고, 문정 왕후가 원하는 목적을 달성하기 위해서는 물불 가리지 않고 많은 사람을 죽이기까지 한 여자였어요. 당연히 문정 왕후에게 큰 신임을 얻었겠지요?

문정 왕후 | 조선의 여장부

불교

정난정은 문정 왕후에게 보우를 소개시켜 불교를 일으켰어요. 그녀 역시도 불교를 열심히 믿었지요. 불교 관련 행사에 재정적인 지원도 아끼지 않았어요. 이런 점도 문정 왕후와 잘 맞았어요. 명종 대의 불교는 문정 왕후와 정난정 덕에 크게 성장할 수 있었지요.

신분 차별 타파

타고난 신분 때문에 정난정은 어린 시절 천민으로 살아야 했어요. 그래서 그녀는 남편인 윤원형을 시켜 정실부인과 첩의 자식 간의 차별을 없애 첩의 자식들도 벼슬을 할 수 있게 해 달라는 상소문을 올리게 했어요. 당시로서는 무척 파격적인 제안이었답니다. 그것은 신분 제도에 좌절했던 사람들로부터 좋은 반응을 얻기도 했어요.

부정부패의 상징

문정 왕후가 다스리던 시기 윤원형과 정난정의 권세는 하늘을 찌를 지경이었어요. 신하들은 그들의 자녀와 혼인을 맺기 위해 노력했고, 한양에 윤원형의 집만 15채가 있었지요. 창고에 쌓아 놓은 쌀이 썩어가는 것이 속상해 쌀 대신 구리를 이용해 재산을 늘릴 정도였지요. 뇌물을 받고 관직을 파는 경우도 허다했어요.

자살

문정 왕후가 세상을 떠나자 신하들은 앞다투어 윤원형을 탄핵했어요. 그동안 어머니의 기세에 눌려 있던 명종도 윤원형의 잘못을 아는지라 받아들였지요. 윤원형과 정난정은 황해도 강음으로 유배되었어요. 정난정은 다시 천민이 되었고 그 많던 재산도 모두 빼앗겼어요. 정난정이 죽인 김씨의 어머니는 그동안 딸의 죽음이 너무 억울했지만 정난정이 무서워 아무 말도 못하고 살았는데, 문정 왕후가 죽자마자 관아에 달려가 그 사실을 고발했어요. 결국 모든 게 사실로 드러나자 정난정은 죽임을 당하기 전에 스스로 독약을 먹고 생을 끝냈어요. 천민에서 정경부인, 그리고 다시 비참한 죽음을 맞이한 정난정의 생이 참 파란만장하지요?

스페셜뉴스 취재 수첩

명종 시절의 의적, 임꺽정

> "도적이 성행하는 것은 관리들이 가혹하게 백성들을 수탈하기 때문이며, 그것은 재상이 청렴하지 못한 탓이다. 가난한 백성들은 하소연할 곳이 없으니, 도적이 되지 않으면 살아갈 길이 없다."

임꺽정에 대해 적고 난 후 평가한 『명종실록』의 글이에요. 당시 사람들도 임꺽정 같은 도적이 생겨난 것은 정치에 문제가 있기 때문이라는 것을 알고 있었던 거지요.

명종 시절, 백성들의 삶은 너무나 고단하고 힘들었어요. 자연재해도 많았을 뿐더러 나랏일을 하는 관리들은 자신의 지위를 이용해 욕심을 채우기에 바빴지요. 엎친 데 덮친 격으로 전염병까지 돌아 백성들은 살 곳을 잃고 떠돌다 도적이 되곤 했어요.

임꺽정은 경기도 양주의 고리 백정이었어요. 고리 백정은 갈대로 바구니 같은 것을 만드는 사람이지요. 그는 어릴 때부터 힘이 남다르게 셌다고 해요. 임꺽정과 뜻을 같이 했던 사람 중에는 상인, 대장장이, 노비, 아전, 역리 등 다양한 직업을 가진 사람들이 많았어요. 임꺽정은 이들을 이끌고 처음에는 구월산, 서흥 등에서 활동하다 점차 평안도, 강원도, 수도 한양까지 그 활동 범위를 넓혀 갔지요.

임꺽정이 주로 표적으로 삼았던 것은 부자들이었어요. 그는 관청이나 양반의 집을 습격해 백성들로부터 거둔 재물을 가져갔고, 심지어는 지방에서 서울로 올라오는 세금을 털기도 했어요. 그리고 이것들을 가난한 사람들에게 나누어 주었지요. 사람들은 임꺽정을 의적이라 칭하기 시작했어요.

임꺽정은 신발을 거꾸로 신어 들어가고 나간 것이 헷갈리게 함으로써 추적을 불가

문정 왕후 | 조선의 여장부

능하게 했어요. 임꺽정은 쉽게 잡히지 않았고 오히려 임꺽정을 흉내 내는 가짜 임꺽정들이 생겨나 세상은 더욱 시끄러워졌지요.

 명종은 임꺽정을 잡아오라고 특명을 내릴 정도로 두려워했어요. 그런데 임꺽정의 참모 역할을 하던 서림이라는 사람이 붙잡히고 말았어요. 그가 관군의 길잡이로 나서면서 본격적인 체포 작전이 시작되었지요.

 서림의 배반으로 궁지에 몰린 임꺽정은 산을 넘어 도망치다 급기야 한 집으로 숨어들었어요. 그 집을 관군이 포위하자 임꺽정은 집 주인인 노파에게 집 밖으로 뛰쳐나가라고 시켰어요. 노파는 임꺽정이 시킨 대로 외치며 문밖으로 달려 나갔지요.

 "도적이야!"

 노파가 나가자 관군 차림으로 변장을 한 임꺽정이 노파를 뒤쫓으며 "도적은 벌써 달아났다." 하고 외쳤어요. 임꺽정을 알아보지 못한 군사들은 일제히 그가 가리킨 방향으로 뛰어갔지요. 하지만 멀리서 임꺽정을 알아본 서림이 외쳤어요.

 "임꺽정이다!"

 이에 관군들은 수많은 화살을 임꺽정을 향해 날렸어요. 그는 그렇게 죽음을 맞이하고 말았지요.

 임꺽정 외에도 연산군 때 활동했던 홍길동, 숙종 때 활동했던 장길산이 의적이라 불리던 도둑들이에요. 이 중 장길산은 끝내 붙잡히지 않았다고 해요. 이들 세 명을 가리켜 조선의 3대 의적이라 부른답니다.

고종훈의 한국사 브리핑

인물 핵심 분석 ▶ 문정 왕후

QR 코드를 찍으면 고종훈 선생님의 강의를 볼 수 있어요.

시대 ▶ 1501년~1565년
별명 ▶ 슈퍼맘, 여장부, 불교홀릭
국정 운영 스타일 ▶ 왕까지 휘두를 수 있는 내가 권력의 중심!
목표 ▶ 기필코 내 아들을 왕으로 만들리라!
대윤VS소윤 싸움 전적 ▶
 1차 싸움 : 인종의 즉위로 대윤 승리
 2차 싸움 : 인종의 이른 죽음으로 소윤 승리

외척 간의 싸움으로 인해 사회가 혼란스러웠어요.

왕위 계승을 두고 외척 간에 세력 싸움이 심했습니다. 문정 왕후도 자신의 아들을 왕으로 세우고 싶어 했습니다. 중종 뒤에 왕위에 오른 인종이 얼마 지나지 않아 죽고 말지요. **이 뒤를 이어 문정 왕후의 아들 명종이 어린 나이에 왕이 되었습니다.**

수렴청정으로 권력을 쥐고 불교 진흥 정책을 펼쳤어요.

어린 명종을 대신해 문정 왕후가 정사를 돌보는 수렴청정을 하였습니다. **문정 왕후는 적극적으로 불교 진흥 정책을 펼쳤습니다.** 이것은 유교의 나라 조선에서 많은 유학자들의 반발을 샀지요.

을사사화를 일으켜 권력을 강하게 하였어요.

문정 왕후는 정책에 반대하는 대윤파와 사림을 내쫓기 위해 **사화를 일으켰습니다.** 사림은 다시 향촌으로 내려가 서원을 세우고 제자들을 키웠습니다. 문정 왕후가 힘을 잡자 소윤파는 많은 비리를 일으켰고, 사회는 점점 혼란스러워졌습니다.

인물 관계 분석

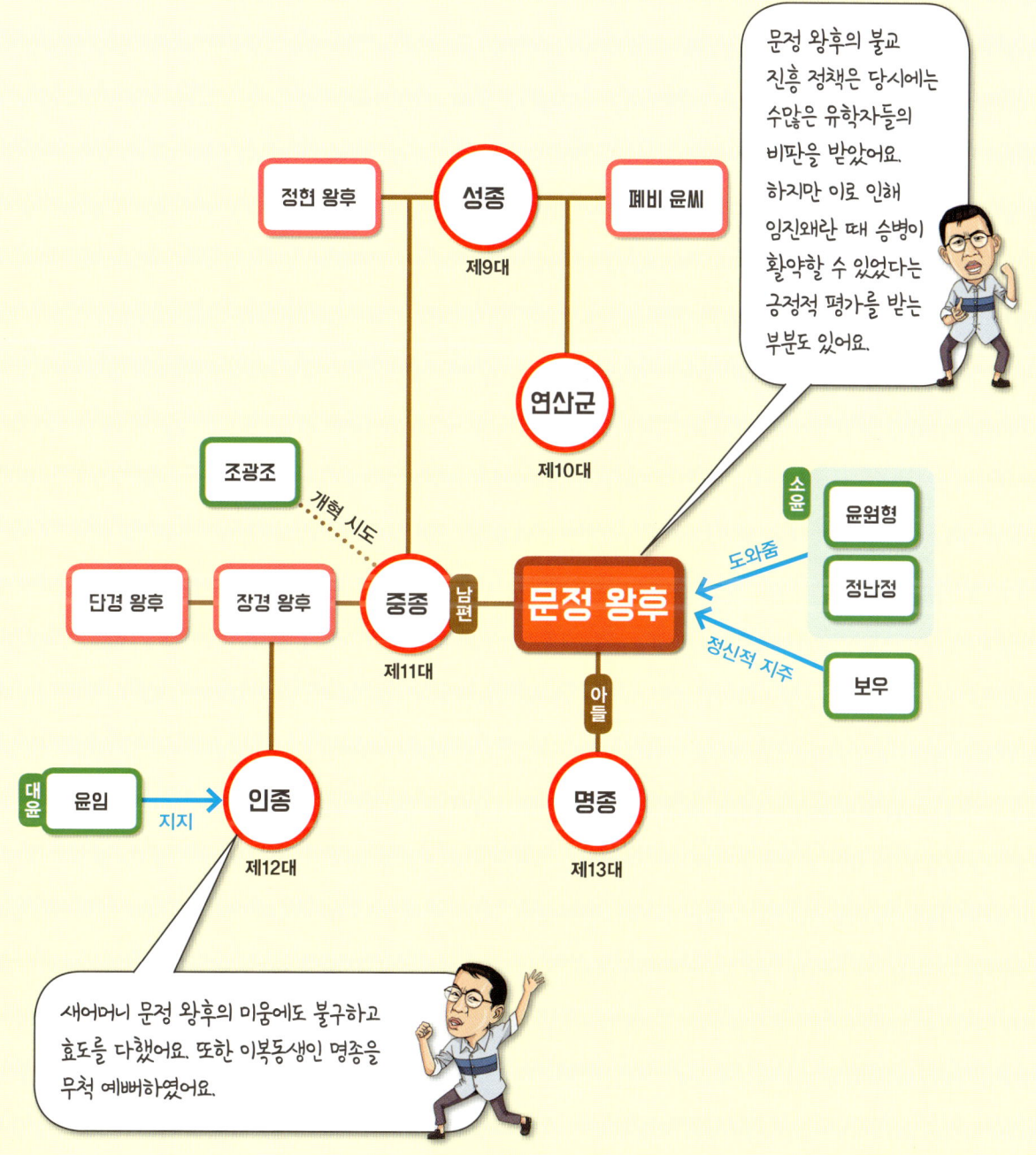

타임라인 뉴스

1552 — 중종의 서자였던 덕흥군의 셋째 아들로 태어나다

1567 — 조선 제14대 임금으로 즉위하다

1570 — 도요토미 히데요시 큰 전투마다 승리하며 권력을 장악하기 시작하다

1575 — 사림파가 서서히 동인과 서인으로 패가 갈리다
이이가 이를 조정하려 하였으나 실패하다

1576 — 사림파가 동인과 서인으로 완전히 갈라서다

1587 — 도요토미 히데요시가 일본을 통일하고 막강한 권력을 휘두르게 되다

1589 — 정여립의 난이 일어나다
동인이 남인과 북인으로 나뉘다

1592 — 임진왜란이 발생하다
광해군을 세자에 앉히다
명이 구원병을 보내다
이순신, 김시민, 권율 등이 적에 대항해 싸우다

1593 — 평양성을 되찾다
행주 대첩에서 권율이 승리하다

1597 — 정유재란이 발생하다
이순신을 감옥에 가두었다가 백의종군 시키다

1598 — 도요토히 히데요시가 조선에 파견된 군대를 돌리라는 유언을 남기고 사망하다

1602 — 의인 왕후 사망(1600) 후 인목 왕후를 중전으로 들이다

1608 — 임진왜란을 겪었던 선조가 목릉에 잠들다

1 헤드라인 뉴스

명종의 뒤를 잇는 선조

조선 왕실이 위험에 처했습니다. 아들이 없는 상황에서 명종이 죽음을 앞두고 있기 때문입니다. 이로써 조선 왕실이 문을 닫게 되는 것은 아닌지 백성의 한 사람으로서 걱정되지 않을 수 없습니다. 이후의 일이 어찌 진행될지 김역사 기자가 취재했습니다.

문정 왕후가 죽자 명종은 인재를 고루 등용하고 바른 정치를 펴려고 노력했습니다. 그러나 그 뜻을 이루지 못하고 34세의 나이에 죽음을 앞두고 있습니다.

김역사 기자

명종에게는 일찍이 순회 세자가 있었지만, 세자는 13세의 어린 나이에 죽고 말았어요. 이후 명종은 여러 왕손들 가운데서 후계자를 찾았지요. 명종이 특히 관심 있게 본 이들은 이복동생인 덕흥군의 세 아들이었어요. 어느 날 명종은 세 조카를 불러 이야기를 하다 장난치듯 왕이 머리에 쓰던 익선관을 써 보라고 합니다.

그런데 막내 하성군은 신하가 어떻게 왕이 쓰는 관을 쓰냐며 사양했어요. 이어 명종이 임금과 아버지 중 누가 더 귀하냐고 묻자 하성군은 임금에게 해야 하는 충과, 아버지에게 해야 하는 효는 같은 것이라고 답했습니다. 어린 하성군의 말을 기특하게 생각한 명종은 마음속으로 하성군에게 왕위를 물려줄 결심을 하지요. 결국 하성군은 명종이 죽은 후 왕위에 올랐습니다. 그가 바로 선조예요.

2 인물 초대석

생방송 한국사

붕당의 출현

요즘 조정의 분위기가 심상치 않다고 합니다. 과거 똘똘 뭉쳐 훈구파에 대항했던 사림이 이제는 서로 나뉘어 헐뜯는 분위기로 치닫고 있습니다. 초기에 사림은 건전한 정책 토론을 하며 다같이 성장하는 듯 보였는데 어찌된 일일까요? 나신하 씨를 모셨습니다.

앞선 왕대에 공을 세워 한자리씩 차지했던 훈구파들은 대부분 죽었기 때문에 선조는 사림파를 적극적으로 정계에 불러들였어요. 이들과 더불어 선조 초기는 평화롭게 흘러갔지요.

나신하

그럼 언제부터 사림이 끼리끼리 뭉쳐 다니게 된 겁니까?

서로 학문적 생각이나 정치적 생각이 비슷한 사람들이 모이기 시작했는데 이를 붕당이라 해요. 이건 자연스러운 거지요. 그런데 그 시작은 엉뚱하게도 '**이조 전랑**'이라는 벼슬 때문이었어요. 이조 전랑에 김효원이라는 사람이 추천되자 명종 비인 인순 왕후의 동생 심의겸이 한때 훈구파였던 사람이라며 반대하더라고요.

당시 김효원의 집은 한양의 동쪽, 심의겸의 집은 한양의 서쪽에 있어

이조 전랑

높은 관직은 아니었지만 관리들을 추천하고 뽑는 인사권을 가진 직책이었기 때문에 큰 권력을 가지고 있었어요.

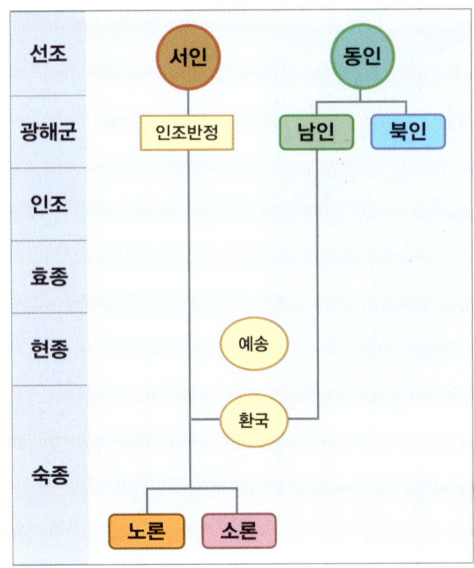

▲ 붕당 정치의 전개

이를 지지하는 사람들을 각각 동인과 서인이라 부르게 되었지요. 이때 동인은 주로 이황과 조식의 학문을 이어받은 경상도 출신이 많았고, 서인에는 이이와 성혼의 제자들을 중심으로 한 충청도와 경기도 출신이 많았어요.

그럼 동인과 서인은 처음부터 서로 으르렁거렸겠네요.

아니에요. 처음에 동인과 서인은 서로를 건전하게 비판하며 바른 정치를 하려 노력했어요. 하지만 점차 자기 당파의 이익만을 앞세우는 형태로 변했지요. 그들은 권력을 잡기 위한 경쟁에 바빠 나랏일은 뒷전이었어요. 이이는 붕당을 막기 위해 노력했지만 안타깝게도 49세에 죽으면서 이러한 노력도 끝이 났지요.

그렇다고 각 붕당들이 끝까지 의견을 함께한 것도 아니에요. 광해군 대에 권력을 잡고 있던 동인이 또 뜻이 갈려 남인과 북인으로 나뉘고, 서인은 숙종 대에 노론과 소론으로 나뉘게 되지요.

마지막으로 붕당이 조선 사회에 어떤 영향을 미쳤는지 들으면서 인물 초대석을 마치겠습니다.

진정으로 나라를 위하는 정책을 만들고 실천해 나가야 하는데, 내 당파를 먼저 생각하는 습관이 생기면서 나라 운영이 점점 힘들어졌지요. 그 와중에 임진왜란까지 일어나 더 가슴이 아픕니다.

3 헤드라인 뉴스

속보입니다. 남산 봉수대 다섯 개가 모두 불타오르고 있습니다. 이건 적이 조선에 쳐들어와서 전쟁 중이라는 뜻인데요. 대체 무슨 일이 일어난 것일까요? 얼마 전부터 일본이 곧 쳐들어올 것이라는 소문이 돌았는데 그게 사실일까요? 김역사 기자가 알아보았습니다.

그런데 일본에 다녀온 **통신사**들이 일본의 조선 침략 가능성에 대해 서로 다른 주장을 펼칩니다.

한 명은 일본이 곧 쳐들어올 것 같다고 했고, 다른 한 명은 일본이 통일을 이룬 지 얼마 되지 않아 전쟁을 할 상황이 아니라고 말한 거지요. 이때도 사림들은 깊은 고민을 하기보다는 당을 따라 뭉치기 바빴어요. 결국 결론은 전쟁 준비를 하지 않는 것으로 끝이 났지요.

사실 조선으로서는 전쟁 준비가 부담스러웠어요. 무기 준비며 군사 훈련에 돈도 많이 들고, 백성들을 많이 동원해야 하기 때문에 농사에 소홀해지는 등 고려해야 할 점이 한두 가지가 아니거든요.

그런데 조선의 예상과는 다르게 왜군은 임진년인 1592년 4월 13일 700여 척의 배를 끌고 조선을 침략합니다! 조선 조정의 잘못된 판단으

조선 조정은 얼마 전 일본의 상황을 알아보기 위해 일본에 통신사를 보냈습니다.

김역사 기자

▲ 임진왜란 때 왜군의 침입로

통신사
조선 시대에 일본으로 보내던 사신

로 나라 전체가 큰 위기에 처하게 된 것이지요.

그런데 일본이 왜 느닷없이 조선을 침략한 것인지 궁금하지 않으십니까? 그 무렵 일본은 도요토미 히데요시가 분열되어 있던 나라를 막 통일한 직후였어요. 그래서 통일 전쟁에서 한몫했던 군인들의 관심을 빨리 다른 데로 돌릴 필요가 있었지요. 또 도요토미에게는 중국 대륙을 정복하고 싶다는 허무맹랑한 욕심이 있었어요. 그래서 처음에는 조선에 "명을 치러 가려 하니 길을 빌려 달라."고 요구했습니다. 하지만 조선이 이를 거절하자 결국 쳐들어왔지요. 이때 일본은 '조총'이라는 신무기를 갖추고 있었어요. 일찍부터 서양과 교류해 서양식 무기인 조총을 받아들였던 거지요.

부산 앞바다에 도착한 왜군은 무서운 기세로 올라왔어요. 정발과 송상현은 각각 부산진성과 동래성에서 목숨을 바쳐 싸웠지만 지고 말지요. 심지어 원균은 왜군이 쓰지 못하게 무기를 바다에 버리고 도망쳐 버립니다. 게다가 조정이 믿고 있던 신립 장군은 일본이 해전에만 강할 거라 생각하고 기병으로 맞서야 한다며 평야 지역에 진을 쳤어요. 하지만 비가 온 탓에 진흙밭이 된 곳에서 말은 속도를 내지 못해 결국 패배하고 말았어요. 이 일로 신립은 강물에 뛰어들어 자살하고 말지요.

왜군이 충주를 점령해 버리자 선조는 피란을 떠납니다. 유교 사회에서 임금은 어버이와 같다고 생각하는데, 선조 혼자 급히 피란을 떠나자

204 선조 | 임진왜란이 벌어지다

백성들은 어버이가 자기만 살자고 자식들을 내팽개쳤다며 분노했어요. 한편, 선조는 자신에게 일이 발생할 것에 대비해 광해군을 세자로 삼았어요. 그러고는 광해군을 함경도로 보내서 백성들을 이끌게 했지요. 왜군이 20여 일 만에 한양을 점령하고 함경도 지방까지 공격해 오자 선조는 의주로 떠나 명에 도움을 요청했어요. 왕이 도망간 경복궁에는 노비들이 몰려가 노비 문서가 보관되어 있는 건물에 불을 질렀지요.

왜군은 바다를 통해 전쟁에 필요한 물자를 전달받을 생각이었지만 이순신 장군이 전라도 앞바다를 내어주지 않자 곤란을 겪었어요. 또 고장의 지리를 잘 아는 **의병**들과 **승병**들이 들고 일어나며 곳곳에서 승전 소식이 들리기 시작했어요. 용기를 얻은 관군도 차츰 힘을 찾기 시작했지요. 이즈음 명은 조선과 일본이 화해를 할 수 있도록 자리를 마련했어요. 기세가 꺾인 왜군은 회의에 응했어요. 도요토미는 몇 가지 요구를 했지요.

"중국의 황녀를 후비로 보내시오. 그리고 조선의 8도 중 4도를 우리에게 넘기시오. 우리와의 무역도 부활시켜야 하오. 그럼 전쟁을 종료하겠소."

명이 이런 요구를 받아들일 리 없다는 것을 안 명 사신은 본국에 거짓으로 일본이 항복했다고 보고했어요. 이 사실을 안 도요토미는 화가 나서 다시 군대를 보냈는데, 이것이 정유재란이에요. 이를 막으려 나섰던 원균은 수군을 이끌고 거제 전투에 참전했지만 크게 지고 말았어요. 결국 이순신이 명량 대첩에서 왜군에게 큰 타격을 입히며 승기를 가져오지요. 이후 도요토미가 죽자 왜군은 허겁지겁 후퇴하기 시작했고, 이 무리들을 이순신 장군이 노량 해전에서 크게 무찌르면서 7년간의 전쟁이 끝났답니다.

의병
나라에 속한 군사가 아니라 스스로 군대를 조직해서 외적과 맞서 싸운 사람들

승병
나라에 속한 군사가 아니라 자발적으로 군대를 조직해 외적과 맞서 싸운 승려들

김충선, 그는 과연 평화주의자인가, 배신자인가?

내 이름은 김충선. 일본 이름은 사야가이다.

나는 가토 기요마사가 이끄는 부대의 장수였다. 가토가 나에게 선봉장을 맡기겠다고 할 때 나는 순순히 받아들였다. 전쟁을 좋아해서가 아니라 예의의 나라, 유학의 나라를 내 눈으로 직접 보고 싶었기 때문이다. 일본 사람 중에서도 이 전쟁에 찬성하는 이들은 과대망상에 사로잡힌 도요토미 히데요시 측의 부하 몇몇일 것이라고 생각한다.

조선에 가자마자 나는 단 한 차례의 전쟁도 치르지 않고 바로 조선군에 항복했다. 나와 같은 사람들을 '항왜'라고 부른다. 내 경우처럼 야만적인 전쟁을 일으킨 사람에 반대한다거나, 일본으로 돌아가도 전쟁 준비에 내몰려 먹고 살기 힘든 사람들이 항왜가 되었다. 나는 조선에 귀화해서 조선군의 치명적 약점인 조총 기술에 대해서도 알려 주었고, 크고 작은 전투에 나가 일본에 대항해 목숨을 걸고 싸웠다.

나는 임진왜란에서 활약한 공을 인정받아 벼슬길에 나아가게 되었다. 이후에도 북쪽 국경을 침범하는 여진족과의 전투에 나가 싸우는 등 66세까지 전장을 누볐다.

나도 사람인지라 가끔 일본에 있는 형제자매가 생각나 울적할 때가 있다. 이럴 때는 조선에서 얻은 내 가족들이 큰 위로와 힘이 되고 있다. 나는 자식들에게 개인의 이익을 추구하기보다는 나라와 민족을 위해 힘을 쏟아야 한다고 가르쳤다.

평화주의자

일본군에 명군까지 뛰어든 전쟁으로 인해 조선은 그야말로 어마어마한 피해를 입을 수밖에 없었어요. 하지만 전쟁을 일으킨 일본이라고 해서 피해가 없었던 것은 아니에요. 다음 기록을 보면 그 사실을 알 수 있답니다.

> "전쟁으로 2년 동안 조선으로 건너간 병사와 수송원 15만 명 가운데 5만 명이 사망했다. …… 적과의 전투로 죽은 사람은 그 수가 적고 대부분은 가혹한 노동, 질병, 기아, 추위로 죽었다."
>
> - 포르투갈 선교사, 루이스 프로이스 -

임진왜란에 참전한 일본군은 오랜 전쟁으로 지칠 대로 지쳐 있었어요. 그들의 절반 이상은 훈련받은 병사가 아니라 전쟁에 어쩔 수 없이 끌려 나온 일반 백성이었어요. 도요토미 정권은 힘없는 백성을 병력에 동원시키기 위해 밀린 세금 문제를 트집 잡아 협박하거나 도망치지 못하게 감시했어요. 그렇게 해서 병사가 된 이들이 낯선 땅에서 죽어 갔던 거예요.

조선에 항복하고 귀화한 일본인들은 그런 일본의 현실이 마음에 들지 않았던 사람들이었어요. 또 정당한 이유가 없는 전쟁에 동원된 것 자체가 잘못된 일이라고 생각하는 사람들도 많았지요. 이런 이유 때문에 어쩔 수 없이 귀화한 사람들을 배신자라고 하는 것은 옳지 않다고 생각해요. 이들은 배신자가 아니에요.

VS
배신자

조선의 입장에서는 김충선과 같은 귀화인들이 큰 힘이 되었을 거라고 인정해요. 하지만 결론적으로 볼 때 그들은 자신의 조국인 일본을 배신했다고밖에 볼 수 없어요.

전쟁이라는 다급한 상황에서 개인의 의지만을 앞세우고 나라를 생각하지 않는 것은 사실 이해가 되지 않아요. 설령 그것이 그릇된 전쟁이라 할지라도 일단은 나라에 충성해야 하는 게 백성된 도리가 아닐까요? 그래서 전 이들을 조국에 대한 배신자라고 생각해요.

동아시아의 판도를 바꾼 임진왜란

명 조선에 군사를 보내 줄 당시 명의 국내 사정은 그다지 좋지 않았어요. 하지만 조선과의 의리를 중히 여겨 군사를 보냈고, 그 여파는 곧 명 황실을 뒤흔들었지요. 살기 힘들어진 백성들은 여기저기서 반란을 일으켰고, 명이 전쟁에 신경 쓰느라 잠시 내버려 두었던 여진족이 그 틈을 타고 힘을 모아 결국 명을 위협하는 세력으로 성장했어요. 그리고 명을 무너뜨린 후 청을 세우게 되지요. 결국 임진왜란은 중국의 주인까지 바뀌게 하는 원인이 되었어요.

조선 임진왜란을 치르면서 농사지을 수 있는 땅의 70% 가량이 파괴되었어요. 또한 수십만 명의 사람들이 사망하는 등 그 피해가 어마어마했지요. 많은 사람들이 일본에 포로로 잡혀갔다가 일부는 유럽 등 외국에 노예로 팔려 가기도 했어요. 일본은 조선의 기술자 중 도자기공을 집중적으로 끌고 갔어요. 당시 일본은 도자기를 빚는 기술을 가지고 있지 못했는데, 이를 계기로 일본의 도자기 기술은 세계적인 수준으로 발전했지요. 그래서 이 전쟁을 '도자기 전쟁'이라고도 해요. 또한 조선은 소중한 문화재인 궁궐과 사찰, 역사책을 보관해 두던 사고가 불타 없어지는 등 많은 피해를 입었어요.

한편, 임진왜란 중에 공을 세운 사람들의 신분을 올려 주고, 궁핍한 재정을 채우기 위해 돈을 내면 벼슬을 주는 등의 일이 잦아지면서 조선의 신분제가 흔들리게 되었어요. 그리고 조선을 도운 명에 대한 의리만 강조하고, 떠오르는 태양격인 청을 무시하다 정묘호란, 병자호란이 일어나고 말았지요.

선조 | 임진왜란이 벌어지다

일본 일본은 조선의 약탈품 덕분에 사회와 문화가 급격히 발전했어요. 도요토미 히데요시의 뒤를 이은 일본의 새 지도자 도쿠가와 이에야스는 자신이 조선 침략에 가담하지 않았음을 내세워 몇 해 뒤 조선과 국교를 수립하는 데 성공합니다. 조선은 일본에 사신을 파견하는 게 썩 내키지 않았지만 북쪽에서 청의 위협이 점점 거세어지던 터라 일본 감시도 할 겸 국교를 맺었지요. 이렇게 다시 파견된 통신사는 일본의 문화 발전에 크게 이바지했어요.

임진왜란은 각 나라별로 다르게 불립니다. 거기엔 각 나라의 입장이 담겨져 있어요.
- 한국: 임진왜란(임진년에 일본인들이 난동을 저질렀다는 뜻)
- 일본: 분로쿠노 에키(분로쿠노는 연도를 말하고 에키는 '전쟁'이라는 뜻)
- 중국: 항왜원조(일본에 맞서 조선을 도왔다는 뜻)

우리나라가 부르는 '왜란'에서 '왜'는 일본을 낮춰 부르는 말이에요. 난 또한 난동을 가리키는 것으로, '임진왜란'이라는 말에는 일본에 대한 우리의 분노가 담겨 있지요. 일본은 자신들의 침략을 감추려고 객관적인 느낌의 전쟁이라는 용어를 썼어요. 중국은 조선을 도운 자신들을 강조하려는 듯 보입니다.

고종훈의 한국사 브리핑

인물 핵심 분석 ▶ 선조

QR 코드를 찍으면 고종훈 선생님의 강의를 볼 수 있어요.

시대 ▶ 1552년~1608년
재위 기간 ▶ 1567년~1608년
별명 ▶ 피란 선조, 겁쟁이, 도망자
국정 운영 스타일 ▶ 나의 안전이 곧 조선의 안전!
연관 검색어 ▶ 임진왜란, 의주, 붕당정치
역사적 중요도 ▶ ★★★★★
시험 출제 빈도 ▶ 매우 높음

선조가 왕위에 올랐어요.

중종의 아들들인 인종과 명종이 아들을 남기지 못하고 죽었습니다. 그러자 **명종은 자신의 이복형제였던 덕흥군의 아들인 선조를 왕으로 세우고 죽었습니다.**

붕당이 발생했어요.

시간이 많이 지나자 점차 훈구 세력은 사라졌어요. 조정은 사림들 차지가 되었습니다. 그러나 **정치적 견해 차이 때문에 사림은 동인과 서인으로 나뉘게 되었습니다. 붕당 정치가 시작된 것입니다.**

임진왜란이 일어났어요.

조선은 그동안 전쟁을 치른 지 오래되어 왜구의 침입에 대한 준비를 하지 못했어요. **1592년 왜군은 부산을 거쳐 한양을 향해 빠르게 쳐들어왔습니다. 임진왜란이 시작된 것이지요.** 미처 전쟁 준비를 하지 못한 선조는 평양을 거쳐 의주로 피란을 떠났습니다. 전쟁은 7년이나 지속되었어요.

인물 관계 분석

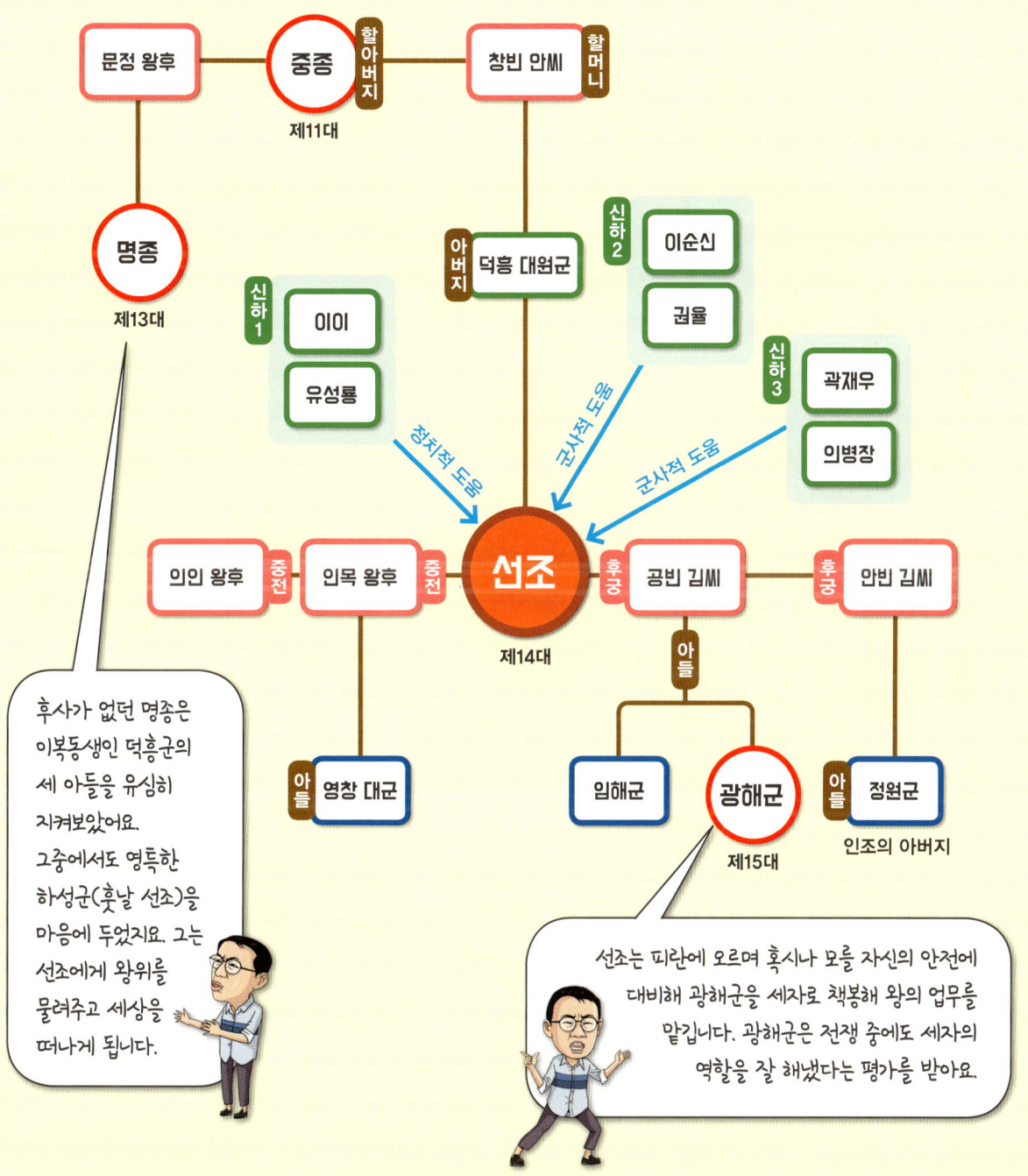

타임라인 뉴스

1545 아버지 이정과 어머니 변씨 사이에서 셋째 아들로 태어나다

1576 무과에 합격해 관리로서의 생활을 시작하다

1580 전라도에서 군인으로 근무하다

1587 두만강 국경 지역에 배치되어 여진족 방어에 힘쓰다

1589 유성룡의 추천으로 정읍현감으로 일하며 백성들의 칭송을 받다

1591 전라좌수사로 부임해 성 쌓기, 무기 점검, 군사 훈련에 힘쓰는 한편, 거북선 만들기에 온힘을 기울이다

1592 5월 옥포 해전에서 최초로 승리하다
합포 해전에서 적선 5척을 불태우고 승리하다
사천 해전에서 적군 400여 명을 무찌르고 승리를 거두다
6월 당포 해전에서 적선 12척을 침몰시키다
당항포 해전에서 적선 72척을 침몰시키고 약 3만 여 명을 죽였으나 원균과의 갈등이 시작되다
7월 한산 대첩에서 학익진을 이용해 아군 1만 명으로 적군 4만 명 이상을 죽이고, 적선 66척을 침몰시키다

1597 정유재란이 발생하다
원균의 모함에 의해 감옥에 갇혔다가 백의종군을 하게 되다
7월 원균이 칠천량 해전에서 패하다
9월 명량 대첩에서 12척의 배를 가지고 133척의 적군과 전투를 벌여 적선 31척을 부수는 등 큰 승리를 거두다

1598 노량 해전에서 도망치는 왜선을 쫓다 적의 총탄을 맞고 숨지다

1 헤드라인 뉴스

임진왜란에서 승리하다!

요 근래 계속 조선 관군이 졌다는 소식만 전해 드리다 정말 오래간만에 승전 소식을 전하게 되어 눈물이 날 것만 같습니다. 이렇게 조선의 운명은 끝이 나나 싶었는데, 남해안에서 들려온 이순신 장군의 승전 소식은 가뭄에 단비 같습니다. 김역사 기자, 소식 전해 주시지요.

혹시 이순신 장군을 낯설어 하시는 분이 계실지 몰라 간단하게 소개부터 하겠습니다.

김역사 기자

이순신은 1545년, 한양에서 태어났어요. 어려서부터 활쏘기를 좋아해 28세에 무과에 응시했는데, 시험을 보던 중 말이 넘어지는 바람에 말에서 떨어지고 맙니다. 이때 부러진 다리를 버드나무 껍질을 벗겨 싸맨 후 끝까지 시험을 치렀지요. 시험에 떨어졌다는 걸 알면서도요.

이순신은 4년 뒤 당당하게 무과에 합격합니다. 그리고 여러 변방 지역의 장수를 지내며 무관으로서 생활했지요. 당시 북쪽 국경 지역에는 여진족이 자주 쳐들어왔는데, 이순신은 이곳에서 자신의 능력을 발휘해 여진족의 우두머리를 체포하는 등 많은 성과를 올렸어요.

이런 이순신의 소문을 듣고 당시 병조판서였던 율곡 이이는 이순신을 만나보고 싶어 했어요. 당시 이순신은 초급 군관이었기 때문에 이이가 불러주는 것이 엄청난 기회가 될 수도 있었어요. 하지만 이순신은 이

이가 병조판서로 있는 동안은 인사권이 있으니 만나지 않겠다고 답했어요. 그의 올곧은 성격을 알 수 있는 이야기이지요.

그 후 이순신은 정읍 현감을 거쳐 유성룡의 추천으로 전라 좌수사에 임명되었어요. 전라 좌수사는 전라도의 수군을 총괄하는 총책임자를 말해요. 이순신은 부임하자마자 왜군의 침략에 대비하기 시작했어요. 병사들을 훈련시키고 배와 무기를 정비했으며 식량 확보에도 신경 썼지요.

그 덕에 이순신은 첫 싸움인 옥포 해전에서 이길 수 있었어요. 이것은 임진왜란이 시작되고 맞은 조선의 첫 번째 승리였어요. 이를 시작으로 이순신은 사천, 당항포, 한산도, 부산포 해전을 모두 승리로 이끌며 조선을 위기에서 구했습니다.

그러나 조정에서는 이순신의 승리에 대해 시큰둥한 반응을 보였어요. 그래서 일본은 이순신을 위험에 빠뜨리기 위해 계략을 짭니다. 일본이 흘린 정보를 믿고 조정은 이순신에게 일본군을 공격하라는 명령을 내렸지만 이순신은 출동하지 않았어요. 이순신을 질투하던 다른 신하들이 이것을 기회 삼아 그를 탄핵했지요. 결국 이순신은 왕의 명령을 따르지 않았다는 죄목으로 관직에서 쫓겨나고 말았어요. 그러고는 한양으로 끌려와 모진 고문을 당하고 옥에 갇혔지요. 그 사이 원균이 조선의 수군을 이끌고 전투에 나섰지만 왜군에게 크게 패하고 말았어요.

사태가 악화되자 조정은 다시 이순신을 삼도 수군통제사로 임명했어요. 이순신은 남아 있는 수군과 배들을 이끌고 명량 해전을 승리로 이끌었지요. 그러나 정유재란의 마지막 전투인 노량 해전에서 죽음을 맞이하고 말았습니다.

2 인물 초대석

생방송 한국사

〈인물 초대석〉 시간입니다. 무패의 기록을 보유한 이순신 장군이 요즘 젊은이들의 우상으로 떠올랐는데요. 오늘은 임진왜란의 영웅 이순신 장군을 모시고 당시의 이야기를 나누어 보겠습니다. 장군님, 반갑습니다. 첫 승리를 거둔 옥포 해전부터 설명해 주시겠습니까?

이순신

옥포 해전에서는 적의 배를 26척이나 격침시켰지만 우리 쪽의 피해는 부상자 한 명뿐이었어요. 적에게 큰 충격을 안겨준 셈이었지요.

임진왜란 3대첩 중 하나인 한산도 대첩에서는 어떻게 승리를 거두셨나요? 일본은 몇 차례나 패배하자 모든 함대를 모아 총공격에 나선 것으로 알고 있는데요.

저는 후퇴하는 척하며 한산도 앞바다로 적을 유인했어요. 그 다음 학이 날개를 편 모양으로 적을 둘러싸 포위했습니다. '학익진 전술'인데요. 이렇게 적을 포위시켜 놓고 함포로 공격을 했지요. 우선 거북선이 돌격하여 적을 혼란에 빠뜨린 사이, 나머지 배들이 포를 쏘았기 때문에 왜군은 당하기에 바빴어요. 이것은 세계 해전사에도 길이 남

이순신 | 조선을 구하다

을 전법으로 평가받고 있지요. 제 입으로 말하기 좀 부끄럽지만 전 세계의 해군 사관 학교에서 제 전법을 공부하고 있습니다, 허허.

그렇군요. 저도 자랑스럽습니다. 이젠 명량 대첩과 노량 대첩에 대해 좀 알아봤으면 하는데요.

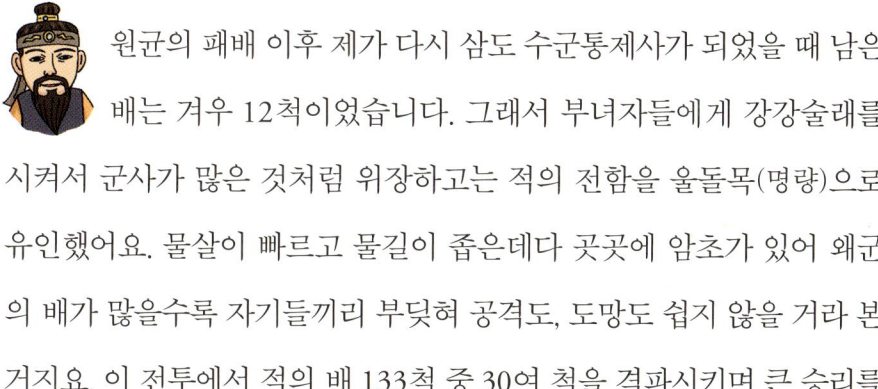
원균의 패배 이후 제가 다시 삼도 수군통제사가 되었을 때 남은 배는 겨우 12척이었습니다. 그래서 부녀자들에게 강강술래를 시켜서 군사가 많은 것처럼 위장하고는 적의 전함을 울돌목(명량)으로 유인했어요. 물살이 빠르고 물길이 좁은데다 곳곳에 암초가 있어 왜군의 배가 많을수록 자기들끼리 부딪혀 공격도, 도망도 쉽지 않을 거라 본 거지요. 이 전투에서 적의 배 133척 중 30여 척을 격파시키며 큰 승리를 거두었습니다. 이게 바로 명량 대첩이에요.

도요토미 히데요시가 사망하면서 왜군은 조선에서 철수하기 시작합니다. 그러나 저는 돌아가는 왜군도 격파시켜야 한다고 생각했어요. 그래서 일본군 전함 500여 척과 노량에서 최후의 해전을 벌였습니다.

노량 대첩에서 이순신 장군은 "싸움이 급하니 나의 죽음을 알리지 말라." 하며 최후를 맞이했어요. 하지만 그는 우리 가슴속에 영원히 살아 있을 것입니다.

3 심층 취재

생방송 한국사

기뻐해 주십시오. 이순신 장군이 해전에서 승리를 거둔 이후, 기운을 차린 조선 관군이 육지에서 승리를 거두기 시작했다고 합니다. 저는 긴장감이 감도는 이곳 행주산성에 나와 있는데요. 권율 장군과 김시민 장군의 승전 소식을 전할 수 있어 몹시 설렙니다.

앞에서 이미 임진왜란 3대첩 중 한산도 대첩에 대해서 알아봤는데요. 오늘은 나머지 두 대첩에 대해 알려 드리겠습니다.

김역사 기자

바다에서 이순신 장군이 승전 소식을 전해 오자 육지의 관군도 조직을 재정비하면서 승리를 거두기 시작했어요. 대표적인 전투가 바로 행주 대첩과 진주 대첩입니다.

우선 행주 대첩에 대해 알아볼까요? 1593년 1월 조선과 명의 연합군은 평양성을 되찾는 데 성공합니다. 후퇴하던 왜군은 행주산성으로 향했지요. 이때 행주산성을 지키던 사람이 권율 장군이었어요.

행주산성에서 백성과 관군은 힘을 합쳐 권율 장군의 지휘 아래 최선을 다해 싸웠어요. 이것이 바로 임진왜란의 3대첩 중 하나인 행주 대첩이에요. 행주 대첩 당시 성 안의 부녀자들은 긴 치마를 잘라 짧은 덧치마를 만들어 입고, 그 치마폭에 돌을 주워 담아 병사들에게 가져다 주었어요. 이것이 승리로 이끄는 데 도움이 되었지요. 보통 엄마들이 부엌일을 할 때 입는 앞치마를 행주치마라고도 하지요? 행주치마라는 말은 바로 행주 대첩과 관련이 있답니다.

이후 왜군은 경상도 해안 지역까지 물러나게 되었어요. 1592년 4월, 전쟁이 시작된 후 관군은 1~2개월 동안 계속 지기만 했어요. 하지만 가을로 접어들면서 조선군도 승리의 소식을 전할 수 있게 되지요. 대표적인 전투가 10월에 벌어진 진주성 전투예요.

당시 진주 목사 김시민이 거느린 병사들은 4천 명도 안 되었어요. 왜군은 무려 3만여 명이었지요. 10월 6일 전투가 시작되자 왜군은

▲ 임진왜란 때 관군의 활동

3층 누각을 만들어 그 위에서 조총으로 사격을 가했어요. 성안 백성들은 적들을 향해 활을 쏘고, 성벽을 기어오르는 적에게는 돌을 던지거나 뜨거운 물을 끼얹으며 열심히 싸웠어요. 치열했던 전투였지만 결국은 조선의 승리였어요. 하지만 이 전투에서 김시민은 왜군의 총에 맞아 숨을 거두고 말아요.

이듬해 왜군은 진주성에서의 패배를 되갚기 위해 다시 쳐들어와 두 번째 전투가 벌어지지요. 관군과 의병은 죽을힘을 다해 싸웠지만 진주성은 함락당하고 말았어요. 두 번에 걸친 진주성 전투를 가리켜 진주 대첩이라 하지요. 진주성 전투 후 논개라는 여성이 적장을 끌어안고 남강에 빠져 죽으며 나라에 보탬이 되고자 했던 일도 있었답니다.

스페셜뉴스 그때 그 물건

화제의 그 물건!
임진왜란을 극복한 조선의
신무기 4종 전격 소개

처음 일본이 쳐들어왔을 때 조선에서는 일본은 수군의 비중이 클 거라고 생각했어요. 섬나라니까요. 하지만 막상 일본군의 구성은 육군의 비중이 매우 컸어요. 일본 내 통일 전쟁을 치르며 육군이 강해질 대로 강해진 상태였거든요. 반면 조선은 오래전부터 주변 바다를 안전하게 지키기 위해 배를 만드는 기술이 많이 발달한 상태였어요. 조선의 배가 어떤 면에서 우수했는지 알아볼까요?

조선 수군에서 중심이 되었던 배는 판옥선이에요. '판옥'은 널빤지로 지은 집이라는 뜻으로, 갑판 위에 2층으로 된 판옥을 올려서 판옥선이라 부르게 된 거예요. 거북선도 판옥선의 형태를 기본으로 하고, 그 위에 튼튼한 덮개를 씌워 놓은 거예요. 판옥선은 높이가 높아 아래를 향해 화살을 쏠 수 있도록 되어 있어 해전에서 유리했어요. 게다가 두 개의 돛이 움직임을 자유롭게 해 적의 배 사이로 깊숙이 침투할 수 있었답니다.

반면 왜군의 배는 바닥 부분이 좁고 날렵한 모양으로, 빠른 속도를 내는 데 유리하지요. 해적질을 많이 했던 일본은 빠른 속도가 중요했거든요. 하지만 방향을 바꾸는 것에는 자유롭지 못합니다. 그런데 판옥선은 바닥이 평평하기 때문에 속도가 느린 대신 뱃머리를 돌리기 쉽습니다. 즉, 방향을 바꾸는 데 유리한 거지요.

거북선은 노를 젓는 1층과 대포를 발사하는 2층으로 만들어진 높고 큰 배입니다. 왜군이 쉽게 배 위에 뛰어오르지 못했지요. 지붕엔 적의 침입을 막기 위해 거북 등딱지 같은 것에 철심을 박아 두었어요. 그 아래에는 노를 젓는 사람과 포를 쏘는 포수가 있도록 했지요. 또한 뱃머리에 용머리와 도깨비 머리를 달고 있어 공포심을 불러일으켰어요. 거북선은 주로 돌격선으로 사용되었어요. 배에 있어서도 조

▲ 지자총통 | 우리나라 고유의 대포예요. 임진왜란 때 판옥선과 거북선에 주로 실렸어요. 멀리 있는 상대방을 공격할 때 유리했지요.

▲ 신기전

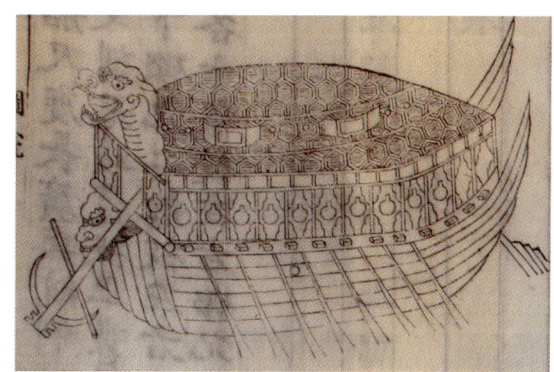

▲ 거북선 ⓒwikipedia. PHGCOM

▲ 판옥선

선과 일본의 수준 차가 컸던 셈이에요.

육지에서 싸울 때 일본의 조총은 조선군에게 그야말로 충격 그 자체였어요. 하지만 바다에서 싸울 때 조총은 아무런 도움이 되지 못했지요. 배와 배 사이의 거리가 멀어 소용이 없었던 거예요. 실제로 조총의 사정거리는 50~100m 사이였지만 화포의 사정거리는 800m~1km에 이를 정도였지요. 이순신의 전술도 뛰어났던데다가 먼 곳까지 정확하게 맞히는 화포 때문에 일본 수군은 맥을 못 추렸어요. 반면, 조선은 다양한 종류의 화포가 개발되어 있었고, 해전에서 뛰어난 활약을 보였지요. 조선의 화포 앞에서 일본 배는 격침되기에 바빴어요.

이외에 수십 발의 화살이 먼 거리까지 불을 뿜으며 날아가는 신기전 등도 전쟁에서 큰 위력을 발휘했답니다.

임진왜란과 관련된 기록들

생생한 전쟁의 기록, 『난중일기』

『난중일기(亂中日記)』는 이순신이 임진왜란 때 쓴 일기입니다. 전쟁 중에 쓴 일기라고 해서 이런 이름이 붙었지요. 『난중일기』는 임진왜란이 일어나던 해부터 시작해 이순신이 전사하기 이틀 전까지의 이야기를 담고 있어요.

『난중일기』에는 그동안 이순신이 치른 전투의 이야기나 그가 전쟁에 대비하여 얼마나 많은 준비를, 어떻게 했는지가 나와 있어요. 전쟁 중에 도망친 군사들을 붙잡아 처형했던 일이나, 조정의 명령에 대한 반응, 그리고 자신을 지지해 줬던 영의정 유성룡에 대한 생각도 있지요. 또한 경상 우수사 원균에 대한 평가도 있어요.

뿐만 아니라 이순신의 가족 이야기도 나옵니다. 일기인 만큼 그는 솔직하게 자신의 감정을 적었는데요. 어머니를 생각하는 마음이나 아들들과 조카들에 대한 이순신의 애잔한 감정도 드러나 있어요.

『난중일기』를 읽으면 이순신이 어떻게 병사들을 대했는지 알 수 있답니다. 이순신이 보여 준 리더십의 특징은 말보다는 행동으로 아랫사람들에게 본보기가 되어 주는 것입니다. 그는 먼저 나서서 일하는 솔선수범형 지도자였던 거예요. 이런 모습을 보여 주었기 때문에 많은 병사들이 그를 믿고 따를 수 있던 것이겠지요.

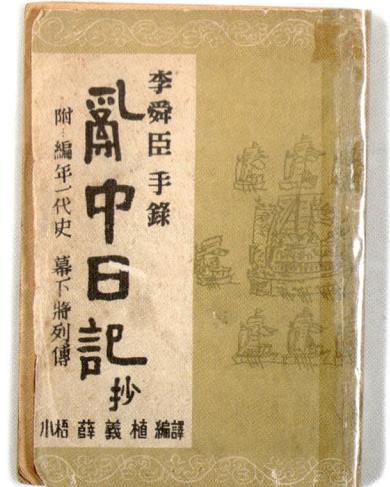

◀ 『난중일기』

뼈아픈 반성의 기록, 『징비록』

선조 대는 유난히 뛰어난 인물들이 많이 활약한 시대였어요. 이순신 장군을 비롯해 율곡 이이, 서애 유성룡, 오성과 한음으로 유명한 이덕형과 이항복 등이 모두 선조 대에 활약했던 사람들이에요. 승병으로 활약했던 서산 대사와 사명 대사도 큰 몫을 했지요. 이 중 사명 대사는 일본에 잡혀 있는 조선 포로들을 구출해 오는 협상까지 담당할 정도였어요. 불교를 천시하고 박해하던 조선 사회에서 승려들마저 나라를 위해 헌신했다는 점에서 과연 우리에게 나라는 어떤 의미인지 한 번쯤 생각해 볼 필요가 있을 거예요.

▲ 『징비록』

수많은 인물 중 서애 유성룡은 단연 돋보이는 인물이에요. 재상의 자리에 있으면서 선조와 함께 어려운 전쟁을 헤쳐 나갔고, 선조가 올바른 판단을 내릴 수 있도록 도움도 주었어요. 예를 들어, 선조가 의주에서 압록강을 넘어 중국으로 망명하려 하자 유성룡은 어떤 부모가 자식을 버리냐며 극구 반대해 선조도 포기할 수밖에 없었어요. 뿐만 아니라 이순신을 적극 추천해 조선을 구하는 데 큰 공을 세웠으며, 권율의 인물 됨됨이를 일찌감치 알아보고 그를 적재적소에 배치해 전쟁에서 승기를 잡을 수 있었지요.

전쟁의 한복판을 거쳐 온 유성룡은 후일 고향으로 돌아가 전쟁의 경험을 되살려 철저히 준비해 이런 피해를 다시 겪지 않게 하겠다는 의지를 담아 『징비록』을 썼어요. 『징비록』에는 전쟁 전부터 유성룡이 느꼈던 일본과의 전쟁의 기운, 전쟁 과정에서 일어난 많은 사건들, 이순신이나 권율에 대한 객관적인 평가 등이 아주 자세하게 기록되어 있답니다.

 고종훈의 한국사 브리핑

인물 핵심 분석 ▶ 이순신

QR 코드를 찍으면 고종훈 선생님의 강의를 볼 수 있어요.

시대 ▶ 1545년~1598년
별명 ▶ 갓순신, 바다의 왕자.
좌우명 ▶ 살려고 하면 죽을 것이요, 죽으려고 하면 살 것이다!
취미 ▶ 일기 쓰기 (난중일기)
임진왜란 전적 ▶ 23전 23승
역사적 중요도 ▶ ★★★★★
시험 출제 빈도 ▶ 매우 높음

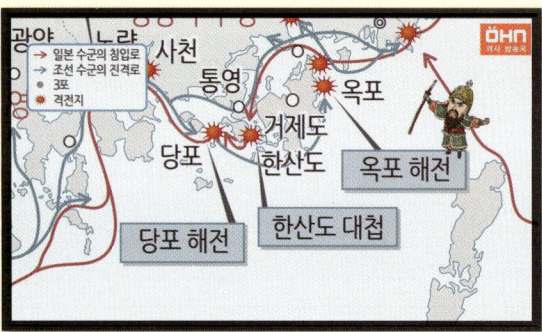

임진왜란 때 많은 해전에서 승리를 이끌었습니다.

이순신은 왜란에 미리 대비했어요. 그는 **옥포해전을 시작으로 모든 해전에서 승리하였어요.** 이순신의 승리는 많은 사람들에게 희망과 힘을 주었어요. 그러나 그는 마지막 해전인 노량 해전에서 전사하였습니다.

뛰어난 전법을 많이 사용했어요.

이순신은 때마다 지형이나 상황 등을 고려하여 뛰어난 전법을 사용했어요. 그중 대표적인 것이 한산도 대첩 때 사용한 학익진 전법이에요. 또한 판옥선과 거북선, 화포 등을 사용한 것이 이순신의 승리에 큰 도움이 되었습니다.

육지에서도 관군들의 승리가 있었습니다.

이순신이 적군의 보급로를 차단시켰기 때문에 왜군은 이전만큼 힘을 쓰지 못했어요. 조선 관군은 이 기회를 놓치지 않고 **권율은 행주산성에서 행주 대첩을 승리로 이끌었습니다.** 또한 김시민은 진주성 전투에서 승리하였습니다.

인물 관계 분석

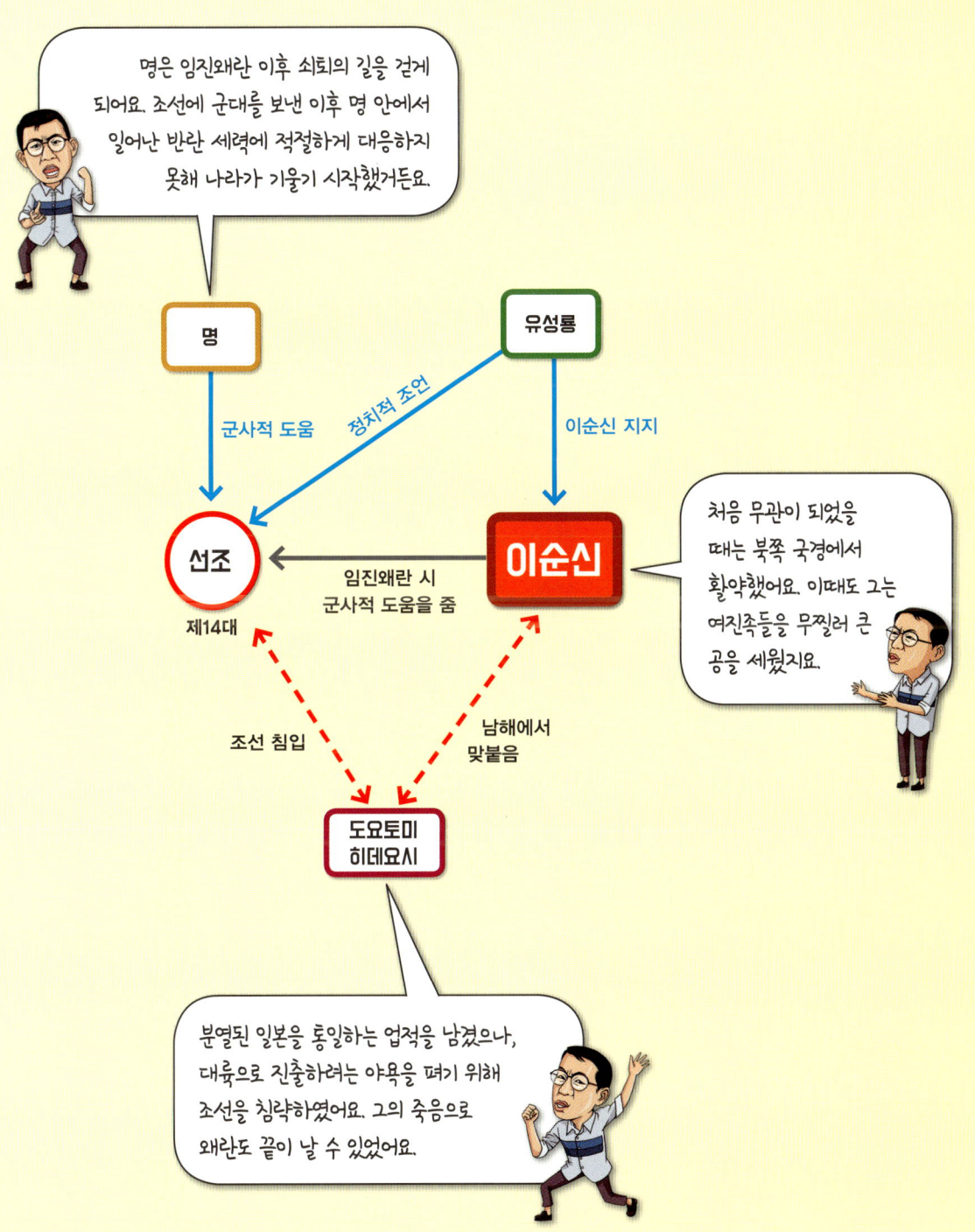

타임라인 뉴스

1552 아버지 곽월과 어머니 강씨 사이에서 태어남

1585 과거 시험에 2등으로 합격하였으나 글의 내용이 선조의 마음에 들지 않아 결국 합격이 취소되다

1592 4월 13일 임진왜란이 벌어지다
4월 자신의 재산을 모두 털어 고향 의령에서 의병을 일으키다
5월 함안에서 왜군과 싸워 큰 승리를 거두다
경상도에서 전라도로 넘어가는 길목인 정암진에서 왜군을 크게 무찌르다
붉은 옷을 입고 싸워 홍의 장군이라 불리며 큰 활약을 펼치다
7월 고경명의 의병 부대(광대 등 하층민 참여) 7천여 명 금산에서 싸우다 결국 고경명이 사망하다
권응수의 의병 부대가 치밀한 작전으로 적과 싸워 크게 이기다
8월 조헌의 의병 부대 1천 명, 영규의 승병 부대 1천명이 힘을 합쳐 청주성을 점령하다

1596 곽재우의 업적을 시기한 사람들에 의해 반역군으로 몰려 고문을 당했으나 곧 풀려나다

1597 정유재란이 일어나다
고향에서 다시 쳐들어온 왜군을 상대로 군사를 일으켜 싸우다

1599 경상좌도 병마절도사에 임명되었으나 사양하고 고향에서 지내다
이후 광해군 대에도 여러 차례 벼슬을 받았으나 사양하다

1617 왜적의 침입 앞에 목숨을 걸고 일어나 싸운 의병장 곽재우가 사망하다

1 헤드라인 뉴스

의병의 활약

전쟁의 기운이 감도는 이곳은 의병들이 숨어 있는 곳입니다. 이곳으로 적이 지나갈 것이라는 첩보를 접하고, 지형을 최대한 이용해 숨어서 작전을 짠 후 전쟁을 치를 준비를 하고 있습니다. 백성 여러분께도 많은 응원 부탁드리겠습니다. 쉿!

임진왜란 동안 나라를 위해 싸운 사람은 조선의 장군과 군인들만이 아니었습니다.

김역사 기자

많은 백성들과 승려들이 나라를 지키겠다는 일념으로 전쟁터로 나갔습니다. 이들이야말로 전쟁의 숨은 공로자들이 아닐까요?

바다에서 이순신 장군의 승리가 계속되는 동안 육지에서는 의병이 일어났습니다. 이들은 정식으로 훈련을 받은 나라에 속한 군사가 아니었지만 열심히 싸웠고 전국적으로 일어났어요. 또 의병은 다양한 직업을 가진 사람들로 구성되어 있었어요. 전직 관료와 유생이 있는가 하면 승려도 있었는데, 농민이 가장 많았어요.

의병은 수가 많지 않아 왜군과 정면으로 싸우는 것은 불리했어요. 하지만 의병들은 그 지역에 사는 사람들이기 때문에 지역 지리를 잘 알고 있었어요. 그래서 몰래 숨어 있거나, 기습적으로 공격해 왜군을 막아 냈지요.

그중 곽재우에 대해 이야기해 볼까요? 곽재우는 성리학자 조식의 제자로 후에 그의 손녀와 결혼을 하지요. 곽재우는 임진왜란이 일어난 지 열흘도 안 된 4월 22일에 고향인 의령에서 의병을 일으켰어요. 처음에는 거느리던 노비 10여 명으로 시작된 의병 부대였지만, 그의 설득으로 이웃 양반들까지 참여해 이틀 만에 50여 명으로 불어났고, 후일 약 2천 명까지 되었다고 해요.

곽재우 부대는 의령에서 시작해 진주 등 낙동강 일대를 중심으로 많은 공을 세웠어요. 우선 영남에서 호남으로 들어가는 길목인 정암진을 지키는 데 성공했지요. 이것이 곽재우의 유명한 승리인 '정암진 전투'예요.

왜군은 정암진에 도착해 지역 주민을 동원해서는 강을 건널 지점을 정하고 정찰대를 시켜 통과할 지점에 나무 푯말을 꽂아 표시하게 했어요. 이것을 안 곽재우는 밤 동안 군사들을 동원해 나무 푯말을 늪지대에 꽂고 정암진 구석구석에 군사들을 숨겨 두었어요. 날이 밝자 왜군은 나무 푯말을 따라 늪지대로 잘못 들어가 곽재우의 의병 부대에게 당하고 말았어요. 남은 왜군도 남강을 건너려고 했으나, 미리 대기하던 곽재우 부대의 기습 공격을 받아 크게 패하고 말았답니다. 이것은 육지에서 조선군이 왜군에게 이긴 최초의 전투예요. 왜군의 호남 진출을 막는 데 큰 역할을 했지요.

또한 곽재우 부대는 왜란 초반의 중요하고 규모가 큰 전투였던 진주성 전투를 도왔어요. 왜군은 바다에서 온 물자를 받지 못한 탓에 식량을 확보하는 것이 급했어요. 그래서 곡창 지대인 전라도를 공격하기 위해 진주성 전투가 벌어졌지요. 관군이 진주성에서 열심히 싸울 동안 의병들은 진주성 외곽에서 왜군들에 맞서 싸웠어요.

▲ 임진왜란 당시 주요 의병 항쟁지 지도

곽재우가 싸울 때마다 붉은 옷을 입고 항상 제일 앞에 섰기 때문에 사람들은 곽재우를 '홍의 장군'이라고 불렀어요. 그는 다른 병사들에게 자기와 똑같은 옷을 입혀 적들을 헷갈리게 하기도 했어요. 왜군은 곽재우의 붉은색 옷만 봐도 벌벌 떨며 두려워했다고 해요.

충청도의 조헌도 유명한 의병입니다. 조헌은 스님들로 구성된 승병들과 힘을 합쳐 청주에 침입한 왜군을 물리쳤어요. 그러나 아쉽게도 금산에서 7백여 명의 부하들을 이끌고 전투하던 중에 전사하고 말지요.

또 김천일은 진주성에서 일본군과 맞닥뜨렸어요. 화살이 떨어지고 창이 부러지자 대나무 창으로 싸웠으나 끝내 패배하자, 아들과 함께 남강에 뛰어들어 죽음을 택했어요.

이러한 의병과 승병들의 활약은 임진왜란을 승리로 이끄는 데 큰 도움이 되었어요. 그러나 전쟁이 끝난 뒤 의병장들은 대체로 그들이 세운 공에 합당한 상이나 대우를 받지 못했어요. 선조가 임진왜란을 이겨 낸 데는 명의 도움이 크다며 의병장들의 공로를 인정하지 않은 거예요. 오히려 자신과 함께 피란 갔던 신하들에게 공신의 지위를 많이 내렸지요. 열심히 싸운 곽재우도 전쟁에 공을 세운 '선무공신'으로 책정되지 못했답니다.

2 헤드라인 뉴스

생방송 한국사

천대받던 승려들의 눈부신 활약

여러분, 믿어지십니까? 국토가 일본군에 의해 짓밟히자 승려들이 손에 무기를 쥐고 일어났습니다. 불교에서는 본래 생명을 중시하는 것이 가장 기본인데, 승려들마저 나라를 지키기 위해 **살상**의 현장인 전쟁터에 나선 것입니다. 현장에서 김역사 기자가 전합니다.

선조는 근처 묘향산에 있던 서산 대사에게 편지를 띄워 당시의 긴박한 상황을 알렸지요. 늙은 나이임에도 선조를 만나러 온 서산 대사에게 선조는 어떻게 하면 나라를 구할 수 있는지 물었습니다.

서산 대사는 나이가 많거나 병약한 승려는 절을 지키며 나라를 위한 기도를 하고, 젊은 승려들은 자신이 직접 군대를 조직해 전장에 나가 싸우겠다며 선조를 안심시켰어요. 그리고 승려들로 조직된 군대, 즉 승군을 이끌고 조선을 도우러 온 명군과 함께 싸워 승리를 거두었지요. 선조가 한양으로 돌아갈 수 있게 되자 서산 대사는 묘향산으로 들어가 죽음을 맞을 준비를 했어요.

서산 대사는 승병과 관련된 일을 제자인 사명 대사에게 맡겼어요. 자신은 나이가 많아 계속하기에는 무리라고 판단한 거지요. 임진왜란이

> 임진왜란이 일어나자 선조는 평양을 거쳐 의주로 피란을 떠났습니다.

김역사 기자

살상
사람을 죽이거나 상처를 입히는 것을 뜻해요.

일어날 즈음 사명 대사는 강원도 지역에 있었어요. 그곳에서 스승인 서산 대사가 왜적에 대항해 일어나야 한다는 격문을 보내자 바로 승려들을 모아 근처 고을의 백성들을 안전하게 지켜 냈지요.

그러고는 곧장 스승인 서산 대사가 있는 묘향산 쪽으로 가서 스승과 합류했어요. 서산 대사와 사명 대사는 그동안 모집한 승병들을 이끌고 명과 함께 전쟁을 벌여 평양성을 되찾았는데, 이때 승병들이 매우 큰 공을 세워 선조도 그 공을 칭찬할 정도였다고 해요.

사명 대사는 전쟁에만 참여한 게 아니었어요. 선조의 명을 받아 왜군들과 휴전 회담에 참여하기도 했거든요. 사명 대사는 명의 주선으로 휴전 회담이 벌어질 때 조선의 4도를 일본에게 넘기라는 등의 무리한 요구를 명쾌한 논리로 모두 물리쳤지요. 회담이 끝나고 선조에게 그 결과를 알리는 글을 보면 문장이 참으로 화려하고도 웅장해 그가 얼마나 학식이 두터웠는지 알 수 있어요.

전쟁이 완전히 끝난 후 사명 대사는 일본으로 건너가 일본에 붙잡혀 있는 조선인 포로들을 데려오는 일에 열과 성을 다했어요. 적들이 있는 곳으로 들어가 과감하고도 명쾌하게 회담을 이끌어 3천 명이 넘는 포로들을 배에 태우고 무사히 조선으로 돌아왔지요. 이 일은 사명 대사의 업적 중 가장 빛나는 것이라 해도 과언이 아니에요.

서산 대사와 사명 대사 외에도 임진왜란에는 수많은 승병들이 참여했어요. 영규, 처영 등의 승려가 전국에서 활약했지요. 종교에 앞서 나라의 운명을 걱정했던 그들의 충성심은 우리에게 많은 가르침을 주고 있어요.

스페셜뉴스 체험! 역사 현장

조선인의 한이 서린 귀 무덤

일본 교토에 가면 높이 약 9m에 이르는 귀 무덤이 있습니다. 이름은 귀 무덤이지만 실제로는 코 무덤이기도 해요.

전쟁이 계속될수록 죄 없는 백성들의 피해는 날로 심해졌어요. 도요토미 히데요시는 전쟁이 별다른 성과 없이 계속 이어지자 부하 장수들을 독려하기 위해 조선인의 코와 귀를 베어 전리품으로 바치라고 명령해요. 영수증에 몇 명을 죽였는지 적어 주며 그 공을 인정해 주었지요. 수량을 적은 확인서까지 보내니 일본의 장수들은 서로 더 많은 공을 세우기 위해 조선의 백성들을 죽이기 시작했어요.

얼마 후, 귀는 두 개여서 수를 부풀릴 수 있다며 코를 베어 오라고 명령을 내렸어요. 그들은 그것을 소금에 절인 뒤 일본으로 보냈어요. 오사카 항에 도착한 코와 귀는 도요토미 히데요시의 명에 따라 교토로 실려가 매장됐어요. 그것이 오늘날 귀 무덤이라 불리는 이총입니다.

이총은 일본 전역에 흩어져 있어요. 그중 가장 규모가 큰 것이 바로 교토에 있는 이총이지요. 무려 조선 백성 12만 6천여 명의 코와 귀가 잘려 무덤에 매장된 거예요. 죽은 사람뿐 아니라 산 사람의 코를 베어가는 일까지 발생했지요.

▲ 교토의 귀 무덤

혹시 어른들이 아이들이 위험한 행동을 하려 할 때 "에비!" 하고 겁주는 소리를 들어 본 적이 있나요? 이때 '에비'는 귀와 코를 뜻하는 한자어인 이비(耳鼻)에서 나온 말로, 오늘날까지도 어린아이에게 주의 줄 때 사용되고 있어요.

신출귀몰 의병들의 눈부신 작전들

싸우지 않고도 승리한 곽재우 의병 부대

곽재우 부대는 낙동강을 건너 현풍성을 향했어요. 연이은 승리에 자신만만해진 곽재우는 수백 명의 의병들과 함께 싸움을 걸었지만 홍의 장군 곽재우의 명성을 들은 왜군은 성문을 굳게 잠근 채 전혀 싸우려 하지 않았어요.

곽재우는 작전을 바꿔 주변의 비파산과 성 뒤에 있는 산에 군사들을 배치했지요. 두 군데 산에 몸을 숨긴 병사들은 번갈아가며 횃불을 들고 소리를 질렀어요. 비파산에서 함성이 잦아들고 횃불이 꺼지면 이번에는 성 뒷산에서 횃불이 오르고 함성이 들려오는 식이었어요. 그러다 성 안을 환하게 비추며 '홍의 장군이 여기 있다. 내일 성을 함락시키고 너희들을 모조리 죽일 것이다.' 하고 외쳤지요.

심리전에 휘둘린 왜군은 다음날 조용히 성을 버리고 다른 곳으로 이동했어요. 홍의 장군은 피 한 방울 흘리지 않고 땅을 되찾았답니다.

황해도 연안성을 지킨 이정암 의병 부대

이정암은 관리가 떠난 연안성에 의병 부대를 이끌고 들어갔어요. 성안에 대포를 놓고 군대를 정비하며 전쟁 준비를 마쳤지요. 왜군은 '너희들은 솥 안에 든 물고기다! 항복하라.'라고 협박했지만 이정암은 굽히지 않았어요.

왜군은 세 겹으로 성을 에워싸고 조총을 쏘아댔어요. 또 사다리를 놓고 성벽을 올랐지요. 이정암 부대는 짚에 불을 붙여 왜군에게 던지고, 사다리를 오르는 왜군에게는 끓는 물을 부었어요. 이정암은 조용히 날씨를 살폈어요. 바람의 방향이 바뀌는 것을 직감했지요. 의병 부대는 적을 향해 불화살을 쏘았어요. 4일간의 전투는 의병의 승리로 끝났고, 왜군은 이후에도 연안성을 함락시키지 못했지요.

▲ 임진왜란에서 사용되었던 무기

곽재우 | 칼을 들고 일어선 백성들

고종훈의 한국사 브리핑

인물 핵심 분석 ▶ 곽재우

QR 코드를 찍으면 고종훈 선생님의 강의를 볼 수 있어요.

시대 ▶ 1552년~1617년
별명 ▶ 정의남, 공포의 붉은 옷, 홍의 장군
좌우명 ▶ 나라를 위해 목숨을 바치자.
활약지역 ▶ 진주 등 낙동강 일대
연관 검색어 ▶ 임진왜란, 홍의 장군, 승병, 정암진 전투
역사적 중요도 ▶ ★★★★☆
시험 출제 빈도 ▶ 중요

관군은 계속 왜군에게 패하고 있었어요.

신립 장군마저 패하면서 관군은 계속 싸움에서 지고 있었어요. 왕까지도 멀리 피난을 떠났지요. 이런 상황 속에서 나라를 구하고자 양반부터 천민에 이르기까지 의병을 조직해 왜군에 대항해 싸웠습니다.

왜군에 대항해 의병들이 일어나 활약했어요.

곽재우는 의령 지역에서 처음으로 의병을 일으켰어요. 곽재우는 홍의 장군이라 불리며 큰 활약을 하였습니다. 충청도에서는 조헌이 활약하며 왜군의 기세를 눌렀어요. 이외에도 나라 곳곳에서 많은 의병들이 활약했어요.

승려들도 나라를 구하기 위해 일어나 싸웠어요.

조선은 불교를 탄압했던 유교의 나라였지만, 조선이 위기에 처하자 억압받던 승려들도 스스로 전쟁에 나서게 되었습니다. 서산 대사와 사명 대사를 중심으로 승병들은 왜군과 싸웠습니다. 사명 대사는 후에 포로송환에도 큰 역할을 합니다.

인물 연표 조선 전기

1대
태조 1335~1408
재위 1392~1398

고려 말 왜구를 무찌르며 백성의 우상으로 떠올랐어요. 신진 사대부와 손잡고 고려의 개혁을 주도했으며 이후 역성혁명을 일으켜 조선을 세웠어요.

정도전 1342~1398

이성계와 손잡고 조선을 세운 후에는 민본사상에 따라 다양한 정책을 펼쳤지요. 정치적으로 뜻을 달리했던 이방원에 의해 죽음을 맞았어요.

2대
정종 1357~1419
재위 1398~1400

세자로 지목된 이복동생을 죽이고 권력을 잡은 이방원(태종)에 의해 왕이 되었어요. 동생 눈치를 보며 사냥을 즐기다 얼른 왕위를 동생에게 물려주었어요.

3대
태종 1367~1422
재위 1400~1418

아버지 태조 이성계를 도와 조선 건국에 결정적인 역할을 했어요. 다양한 제도를 만들어 나라의 기틀을 만들었으며 외척을 제거해 왕권 안정에도 크게 기여했답니다.

사육신 생육신

세조의 왕위 찬탈을 반대하고 단종을 향한 충절을 지킨 신하들이에요. 사육신은 죽어가면서도 단종에 대한 충성을 부르짖었고, 생육신은 세조에게 등을 돌린 채 평생을 단종을 추모하며 살았어요.

7대
세조 1417~1468
재위 1455~1468

권력욕이 강했던 세조는 어린 조카인 단종을 몰아내고 왕이 되었어요. 왕이 되어서는 느슨해진 왕권을 강화하기 위해 애썼지요.

한명회 1415~1487

왕이 되고자 하는 수양 대군(후일 세조)에게 필요한 것이 무엇인지를 가장 정확하게 알고 있던 사람이에요. 수양 대군을 도와 계유정난을 일으켜 정권 획득에 큰 역할을 했어요.

11대
중종 1488~1544
재위 1506~1544

연산군을 내쫓은 신하들에 의해 왕이 되었어요. 사림을 다시 조정으로 불러들여 개혁을 시도했지만 뜻대로 되지 않았지요.

조광조 1482~1519

사림을 대표하는 이상적인 개혁주의자예요. 처음 중종과 손을 잡고는 과감한 개혁을 실시했지만 중종의 마음이 떠나면서 개혁도 멈추었고 자신 또한 죽음을 맞았어요.

문정 왕후 1501~1565

중종의 비예요. 아들 명종이 태어난 후에는 자신의 아들을 왕으로 만들기 위해 모든 방법을 다 썼지요. 명종 즉위 초기에는 문정 왕후가 수렴청정을 했어요.

12대
인종 1515~1545
재위 1544~1545

중종의 첫 아들로 왕위에 올랐지만 아들을 낳지 못하고 빨리 죽고 말았어요.

4대 세종 1397~1450
재위 1418~1450

백성을 위해 과학 기술 및 문화 발전에도 힘썼고, 국방도 튼튼히 했어요. 훈민정음을 창제한 것도 백성이 억울한 일을 당하지 않게 하기 위해서였지요. 세종의 노력 덕에 조선은 큰 발전을 할 수 있었어요.

장영실 ?~?

장영실은 측우기를 비롯해 해시계, 물시계, 각종 천문 관측 기구들을 만들었지요. 하지만 이런 장영실을 알아본 세종이 없었다면 우리가 아는 장영실도 없었을 거예요.

5대 문종 1414~1452
재위 1450~1452

어진 성품과 똑똑한 머리 덕에 기대를 한몸에 받았던 임금이에요. 하지만 몸이 약해 왕이 된 지 얼마 안 돼 죽고 말았지요. 세종 말기의 업적은 문종의 것이라 해도 과언이 아니에요.

6대 단종 1441~1457
재위 1452~1455

아버지인 문종이 일찍 죽어 어린 나이에 왕이 되었어요. 김종서 등의 도움을 받으며 업무를 보았지만 결국 삼촌(수양 대군, 세조)에게 왕위를 넘겨주고 역적의 누명을 쓴 채 죽어야 했답니다.

8대 예종 1450~1469
재위 1468~1469

몸이 약해 별다른 업적을 남기지 못하고 일찍 죽고 말았어요.

9대 성종 1457~1494
재위 1469~1494

성인이 되기 전까지는 정희 왕후가 수렴청정을 했어요. 이후 직접 정치를 하면서 조선의 제도와 문물 정비에 힘썼지요. 『경국대전』을 완성한 것은 성종의 빛나는 업적이에요.

10대 연산군 1476~1506
재위 1494~1506

두 번의 사화를 일으켜 자신에게 반기를 드는 사림을 죽이고 내쫓았어요. 게다가 잔치와 사냥을 하며 흥청망청 지냈어요. 백성을 돌보지 않아 결국 왕위에서 쫓겨났지요.

13대 명종 1534~1567
재위 1545~1567

문정 왕후의 아들로 초기에는 문정 왕후가 수렴청정을 하였어요. 이 당시는 모든 것이 문정 왕후의 뜻대로 움직였지요. 명종도 아들을 낳지 못하고 죽었어요.

14대 선조 1552~1608
재위 1567~1608

임진왜란이 일어나자 한양을 떠나 의주까지 피란을 떠나야 했어요. 초기에는 똑똑하게 정치도 잘했지만 붕당 정치 속에서 전란을 겪으며 많은 어려움을 겪어야 했답니다.

이순신 1545~1598

임진왜란에서 조선을 구한 영웅이에요. 뛰어난 군사 작전으로 단 한 번도 패배한 적이 없었지요. 이순신이라는 이름만 들어도 일본군은 도망가기에 바빴다고 해요.

곽재우 1552~1617

임진왜란이 벌어지자 의병을 일으켜 나라를 구하는 데 큰 힘이 되어 준 인물이에요. 항상 붉은 옷을 입고 다녀 홍의 장군이라 불리고, 지역의 지형을 잘 이용해 기습 작전을 펼쳐 일본군을 따돌리고 무찔렀답니다.

찾아보기

3사 57, 139

ㄱ
간의 68, 82
갑자사화 157
거북선 216, 220
경국대전 119, 140
경복궁 36, 38
경연 117
계유정난 107, 115, 128
과거 56, 144
과전법 19, 33
곽재우 228
권람 127
권문세족 18
권율 218
귀 무덤 233
금성 대군 93
기묘사화 167, 179
김시민 219
김시습 104
김종서 91, 92, 113
김충선 206

ㄴ
낙점 144
난중일기 222
남효온 104
노량 대첩 217
논개 219

ㄷ
단경 왕후 168
단종 90, 100, 113
대간 139
도요토미 히데요시 204
도첩제 190

도학 정치 167
동인 202

ㅁ
명량 대첩 215, 217
명종 188, 194, 200
무오사화 154
문정 왕후 169, 186
문종 88

ㅂ
박팽년 90, 101
박포 50
방석 47
보우 190
봉수 제도 143
붕당 201

ㅅ
사가독서 67, 167
사간원 139
사림파 154, 189
사명 대사 191, 231
사육신 100
사헌부 139
삼강오륜 34
생육신 104
서산 대사 191, 231
서얼 176
서인 202
성균관 55
성담수 104
성리학 25, 32
성삼문 68, 101
성종 122, 131, 136
성희안 164
세조 93, 112

세종 66, 113
소격서 177
수렴청정 137, 191
수양 대군 91, 101, 112
승병 203, 205
승정원 118
신기전 221
신문고 59
신숙주 68, 106
신진 사대부 18
쌍성총관부 14

ㅇ
6조 직계제 57, 118
안평 대군 92, 114
압구정 130
압권 144
앙부일구 83
양녕 대군 54, 61, 66
연산군 150, 159, 165
왕도 정치 33
왜구 14
요동 정벌 15, 16
원경 왕후 48, 53, 61
원균 215
원상제 139
원호 104
월산 대군 137
위화도 회군 17, 18
유성룡 215, 225
유응부 100
윤원형 186, 191
을사사화 188
의병 205, 228
의정부 서사제 56
이개 90, 101

이맹전 104
이방간 49, 50
이방원 46
이성계 14, 49
이순신 214, 224
이조 전랑 201
이황 183
이이 202
인수 대비 151, 157
인종 168, 187
임꺽정 194
임진왜란 203, 214

ㅈ
자격루 83, 84
자을산 대군 137
장경 왕후 168
장길산 195
장영실 81
전시과 19, 33
정난정 187, 191, 192
정도전 18, 32
정몽주 18
정순 왕후 96
정인지 68
정종 47
정현 왕후 151, 165
정희 왕후 122, 136
조광조 166, 174
조려 104
조의제문 154
조헌 229, 230
중종 151, 164, 174
직전법 119
진성 대군 152
집현전 66, 117
징비록 223

ㅊ
최만리 72, 76
최영 14
최윤덕 71
충녕 대군 66
측우기 82
칠정산 67

ㅌ
태조 14, 47
태종 46, 66

ㅍ
판옥선 220
폐비 윤씨 150
풍수지리설 23

ㅎ
하위지 90, 101
한명회 101, 127
한산도 대첩 216
행주 대첩 218
향약 166, 182
현덕 왕후 89, 120
호패법 57, 58, 118
혼천의 68, 81, 85
홍건적 14
홍길동 195
홍문관 139, 167
황보인 91, 113
훈구파 117, 154, 166, 178
훈민정음 72
흥청 158, 160

한국사, 더 쉽고, 재밌고, 생생하게!

생방송 한국사 시리즈

총 10권

〈생방송 한국사〉에서 생생한 뉴스로 전해드립니다.

시대별 8권
선사 시대·고조선 | 삼국·가야 | 남북국 시대 | 고려
조선 전기 | 조선 후기 | 근대 | 근대·현대

종합편 2권
용어 편 (571개 어휘 정리)
문제 편 (한국사능력검정시험대비 문제 수록)

한국사 대표 강사 고종훈!!

수능 한국사 강의 1인자 고종훈 선생님과 함께!
〈생방송 한국사〉로 한국사 완전 정복!!

- 수능 한국사 강의 독보적 1인자!
- 메가스터디 13년, 누적 유료 수강생 70만 명 돌파!
- 9년 연속 유료 수강생 1위!
- 한국사능력검정시험 고급 합격자 최다 배출!
- 〈생방송 한국사〉 시리즈 감수 및 동영상 강의

1. 역사 인물의 이야기를 통해 역사를 쉽고 재미있게 이해해요.
2. 다양한 방송 프로그램 형식으로 시대와 사건의 배경을 알아봐요.
3. 고종훈 선생님의 동영상 강의로 다시 한번 개념을 정리해요.
4. 용어 편, 문제 편으로 한국사능력검정시험까지 완벽하게 준비해요.

한국사 완전 정복

아울북

생방송 한국사 시리즈는 이런 내용으로 구성되어 있어요.

01 선사 시대, 고조선

우리 역사의 시작! 한반도에는 사람들이 언제부터 살기 시작했을까?

02 삼국 시대, 가야

고구려, 백제, 신라의 물러날 수 없는 대결! 그리고 홀로 고고히 풍요를 누리던 가야의 이야기

03 남북국 시대

천년 왕국 신라의 시작과 끝! 신라의 저력과, 광활한 영토를 차지했던 발해의 모습

04 고려

드높은 고려의 자긍심! 수많은 외적의 침략을 물리치고 나라를 지켜낸 고려의 이야기

05 조선 전기

유교의 나라, 백성의 나라. 드디어 조선이 시작됐다!

06 조선 후기

조선의 위기! 임진왜란 이후 조선의 운명이 달라지기 시작했다.

07 근대

일본과 서양 열강이 조선을 노린다! 어떻게든 조선을 지키고자 했던 우리의 슬픈 역사

08 근대, 현대

지금의 대한민국이 있기까지! 우리의 민주주의의 모습

09 핵심 용어 편
역사적 흐름 속에서 이해할 수 있도록 구성된 571개의 용어 정리

10 기출 문제 편
개념 정리부터 한국사능력검정시험 문제까지 총정리